尋找生命的春光

何懷嵩 — 著

行腳節目

導演技術

與

美學

理論與實務兼具的重要參考書

丘岳

何懷嵩老師是世新大學廣電系副教授，是位理論與實務兼具，廣受學生歡迎的優秀學者。他在電視實務界工作多年，並取得廣電藝術博士學位，曾經編導影視作品無數，擁有豐厚的電視製作經驗。

2014年，懷嵩兄和我在世新產學合作的計畫下，支援有線電視台的節目製播工作，其中包括了行腳節目《悠遊台北》，也是本書所依據分析的三個節目之一。正如書中所提，《悠遊台北》設計之初，希望結合棚內棚外主持，穿越時空，期待創造出行腳節目之嶄新風格。唯在實際執行後，企劃內容有所調整，製作團隊全力以赴，懷嵩兄增添了更多創意性設計，最終順利完成十三集錄製，播出後反應極佳，也留下許多珍貴的工作紀錄。

電視節目製作過程繁複，無論任何類型，從企劃到完成，必須經歷長時間的討論、寫作、攝錄與後製，層面甚廣，其中必定遭遇許多問題，皆須予以有效克服，節目錄製始能順利進行。而最可貴之處正是過程所留下的原始紀錄，加上播出後觀眾反應和建議，若能有系統地分類整理，予以分析討論，並能出版公諸於眾，必可為後進節省許多時間與預算。

《悠遊台北》、《台北文創遊》和《城鄉印記》，正是懷嵩兄連續三年所製作執導，性質相近的電視行腳節目，這是相當難得的機會，所累積之經驗和紀錄，經過整理後，內容自然十分豐碩。

　　懷嵩兄並以TLC旅遊生活頻道的定位為例，說明行腳類型節目定義：「生活就是樂在每件事都不平凡！」節目內容可涵蓋旅遊、美食、時尚、設計與裝潢等，範圍既廣且深，觸及議題相當多樣，幾乎無所不包，製作難度可想而知。

　　本書以創作理念出發，繼之以學理基礎和內容形式等討論，有系統地將行腳節目做完整說明，並以圖片、圖表穿插其中，盡是三大節目的心血結晶，懷嵩兄鉅細靡遺一一列舉，冠以學理分析，雖以行腳節目為例，實已擴及所有型態之節目製作，仔細研讀，必然收穫豐沛，誠屬難得之參考書籍，值得大力推介。

丘岳　曾任台視駐美記者、公共電視總經理、台灣電視公司副總
　　　經理，目前任教於世新大學廣播電視電影學系。

|推薦序二|
電視實務工作應用寶典

廖本榕

　　寫下這個標題，內心其實滿吃味的。因為，這本書不但包羅萬象，而且鉅細靡遺地呈現電視節目製作的整個過程。從節目構思、企劃、製作、編劇、導演、美術、音樂、音效、剪輯、梳化，乃至拍攝光影美學與後製特效，如果不是事必躬親，親力親為，真的無法如臨其境地寫出箇中滋味。

　　認識何懷嵩是在拍攝《心靈之歌》電影時，此前僅屬點頭之交，認識不深。拍片一個多月，日夜相處，近身觀察，發覺他雖然體型高大，內心卻是細膩溫文無比。懷嵩做事有條有理，積極努力，卻穩當不躁進，有目標，有方向，就像他的人生規劃一樣，總會在適當的時間，完成預定的工作。

　　「創作理念」導出一個重要觀念：製作節目或任何創作都需要讀萬卷書。雖然他說：「旅行與影像價值勝讀萬卷書。」但是，要製作行腳旅行節目，沒有田調工作的萬卷書，怎麼會有精彩內容以吸引觀眾的凝視？觀看影片是一種享受，而匯聚精華給人享受的背後，是那不眠不休、殫精竭慮的付出，與不符成本的代價，所得來的。

　　學校老師帶學生產學合作，最大的痛苦是，怎麼樣讓原本外行的學生，在製作節目的短時間內，很快進入狀況，從外行變成內行，甚至有業界專業水準的演出。加上低廉的製作經費和學校不足的器材支援，那種顛躓困頓的折磨，與心力耗損，遠非一般傳播公司所能相提並論的。而他能在短短三年間，完成《悠遊台北》、《台灣文創遊》與《城鄉印記》共三十八集節目，這種耐力、魄力和戰鬥力，真是無幾人能及。

　　整本書的內容非常豐富紮實，可供有志於電視製作的各個專業領域作為學習和參考。好東西要分享，但也要有緣的人才有資格分享。購買這本書的人，正是有緣人！

廖本榕　前中央電影公司資深攝影師，金馬獎第四十屆最佳攝影及年度最佳電影工作者，目前任教於崑山科技大學視訊傳播暨媒體藝術研究所。

| 作者序 |

尋找生命的春光

　　《悠遊台北》、《台灣文創遊》與《城鄉印記》三部節目參與團隊成員包括台北市府觀傳局、聯維有線電視、俊彩媒體科技、悅多影像及鉅家錄音室等團隊，書文中第四章的許多創作技術心得都來自團隊成員專業表現與合作，除了製作過程中交流，撰寫中也多次打擾他們協助完善企劃攝影剪接錄音等製作工具與流程的說明，方有這本書的隻字片語，書稿順利完成，要謝謝團隊協助與支持。

　　感謝世新大學陳清河副校長、楊曉雯老師、聯維集團李錫欽董事長、翁麗美副董事長、洪東華協理和聯維團隊環宜、賴泰宏、游皓凱、金寶等人的包容支持；附錄中學者專家對創作寶貴觀察建議，是期待能有不同專業角度看待行腳節目，衷心感謝紀錄片導演謝寒、聲音藝術學者吳麗穎與傳播學者張明超；三個節目參與的企劃與後期製作夥伴羅敏慈、王奕翔、林虹君、曾雅萍、王家敏、柯韋臣、蔡欣莉、顏城鈞、張明超、高于婷、陳聖雅、呂雅恬、蔡家綺等人協助，吳胤庭統籌城鄉印記的行政工作，讓我放下心中大石。攝影溫朝鈞、曾冠毓大力幫忙，協調規劃《台灣文創遊》播映的TVBS琦琦（潘思琦）。

　　非常感謝二位前輩撥冗寫序。廖本榕教授是中央電影公司資深攝影師，一位率真爽朗的前輩。我一直都在電視製作環境工作，對電影有種仰之彌高的距離感，與廖桑交遊，開拓不少視野，也佩服資深前輩孜孜不倦創作教學的精神，及將寶貴經驗著書立說的胸襟情懷。2005年擔任輔導金電影《心靈之歌》製片，我們一起勘景拍片，許多觀點交流，記憶尤深。書中提到和他勘景時，他對視角經營的觀察，非常感謝書序的美言。

見丘岳教授，心中總想要說：「我是看你的報導長大的。」他在台視特派駐紐約的新聞採訪，是我輩初具國際觀來源，大雪紛飛的紐約伴隨著低沉感性嗓音，遙遠國度的熟悉國語聲調，一直是吾人心中經典的新聞面貌。多年後，居然和丘岳老師在世新廣電共事，他豐富的媒體經驗，台視副總及公視總經理的行政閱歷，常被我叨擾請益。非常感謝他無私地分享傳承經驗，以及在校內課程的提攜關照。因為產學合作節目《悠遊台北》之機緣，和丘老師有了不一樣的合作，他一貫謙遜厚道，配合企劃導演設計演出節目效果，犧牲頗大，不勝感激。

本書引用圖照，感謝財團法人草根影響力文教基金會
《台灣文創遊》、聯維集團《城鄉印記》《悠遊台北》
授權。

Contents +

導演技術與美學

緒論

肇因《悠遊台北》、《台灣文創遊》與《城鄉印記》三部行腳節目共三十八集的導演創作，三個節目分別是城市行銷、文創風情、在地文史發展等主題，事畢後彙整資料，包括田野調查影視企劃設計、主持人甄選與攝製後製技術等，撰寫**《導演技術與美學》**技術應用報告，希望能留下節目定位風格、視覺氛圍等應用紀錄，說明節目探索思考過的企圖，提供一個觀察行腳節目樣貌的文獻。

　　創作常在懂與不懂間激盪。在影視製作領域多年，經常有機會拍片，被委託或邀約拍攝各類作品，諸如微電影、廣告片、行銷影片、簡介片，或擔任大型Event導播，如iCampus Scenario情境影片、e21 Forum科技論壇導播[1]工作，自覺作品很雜，類型非常多元。iCampus Scenario情境影片[2]，為資訊工業策進會委託世新大學產學合作專案，由資策會數位教育研究所與世新大學資訊傳播設計系監製影片；影片呈現未來教育現場樣貌，主旨是希望展示智慧校園六種智慧層面；影片中大量建構虛擬場景，提供科技應用於教育的情境想像，讓教與學的過程大幅改觀為智慧數據化被理解；智慧校園不僅是教育模式或趨勢，也是資訊產業龐大商機。影片主要挑戰在視覺設計，建構虛擬未來與現實想像的合

---

[1]　從1999年起擔任e21 Forum導播，協助英特爾（Intel）演講者展示理念Demo產品。e21 Forum是全球第三大電腦展Computex台北電腦展主要論壇，由電腦晶片大廠Intel高層演講未來數位趨勢，是台灣科技產業觀察技術發展的盛會。e21FORUM 2017的主題是「智慧致勝　開展新局」，演講者為英特爾副總裁宋義瀟（Gregory Bryant），闡述人工智慧（AI）狂潮和機器學習（Machine Learning, ML）推動對資訊產業的機會。

[2]　iCampus Scenario情境影片獲美國地平線互動媒體影展（2015 Horizon Interactive）Viral Video Silver AWARDS病毒行銷影片銀獎、2015 Horizon Interactive Short Film Silver Awards短片銀獎，此獎項的主辦單位為Horizon Interactive Awards-Noblesville, IN 46062 USA。

理性。

　　從2014年起，連續三年拍攝行腳節目，非常巧合，每年一部：《台灣文創遊》與《城鄉印記》都是一季十三集，《悠遊台北》是以台北市十二個行政區為主題，所以是十二集，總集數三十八集。面對行腳節目的製作機會，貪玩的個性，使腦中浮現出很多想法，也想利用日趨進步的影視科技嘗試影像特色。過往眾多類型的拍攝經驗，似乎成為養分，感覺壓力不大，頗有自信。直到試拍《悠遊台北》主持人，設計主持人合成影片，才慢慢發現自己對行腳節目概念過於輕忽。

　　《悠遊台北》為台北市政府觀光傳播局監製，世新大學與聯維集團產學合作專案。企劃初期曾邀請丘岳[3]擔任主持人，在定位上與另一年輕女主持人互動，設定智慧長者對應單純無知年輕人，二人由此角色展開對話。因丘岳在1980年代曾長期擔任台視駐美記者，具新聞專業形象，有相當觀眾知名度，且是產學合作單位世新大學教師，所以被徵詢提名。當由丘岳擔任行腳節目主持人這樣的概念一提出來，頓生許多疑慮。主要擔心：丘岳是資深新聞記者，新聞播報嚴謹真實，若主持行腳節目，節目效果活潑搞笑，會與原來形象有極大落差！角色個性形象設定為何？與活潑有趣節目屬性衝突嗎？有鑑於盛竹如都能主持出《藍色蜘蛛網》的特色，那麼何妨讓丘岳試試呢？於是進行企劃，試圖找出主持概念方向，釐清疑慮。

　　當時《來自星星的你》風靡全台，穿越時空的「都教授」成為設計構想之一；「丘教授」穿梭時空，與在台北市旅行的年輕主持人互動，提供資訊或推薦旅遊行程，也告知旅程可能挑戰。

---

[3] 丘岳為世新大學廣播電視電影學系副教授，曾任台視副總經理、公共電視總經理，當時參與產學專案的另一南向資訊專題節目。

丘教授在影棚綠幕合成，進行串場式任務提示，解說城市觀光的資訊，暨展示節目視覺魅力，也跳脫既定行腳節目樣貌。這個構想方式在拍攝人物、合成實景與虛擬場景後，視覺感不佳，無法克服透視感合理性，觀眾將被過度的包裝困擾，遂宣告放棄。細思放棄二地穿越時空的原因，製作單位的虛擬場景預算不足，時空穿梭視覺樂趣建立困難，預算與人物形象細節建構不易，都是放棄「丘教授」穿梭時空的原因。《悠遊台北》最終還是由單一主持人「安娜」，展開自己的旅程，自行帶領觀眾《悠遊台北》。

旅行的目的常是富有意義的人生探索，猶如行腳節目多元議題。旅行不僅止為了「出門」，有動機緣由才可能是旅行的目的和動力。例如最常見的旅行動力是美食，旅行反為其次。不妨思考美食旅行的魅力：透過美食看見在地文化，由美食引導出人物，欣賞做美食的人物，懂美食可看見品味，吃是種藝術，而追求生活品味是現代主流價值。行腳節目獨特議題是探險、冒險類，這種探險的內涵與實境秀不同；在一系列國家地理頻

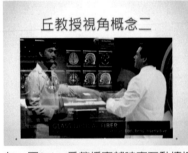

左：圖0-1　丘教授穿越時空互動情境示意圖
右：圖0-2　接收丘教授資訊的現場主持人，進行檢視情境示意圖

道中，有個NG Adventure頻道，中文譯為「歷險」頻道。探險議題，不是《跟著貝爾去冒險》的荒野求生方式，也不是亞馬遜叢林探險，更多是像骨董車英倫露營的軟性與溫馨，像《遊歷札記》（*Departures*），二個陽光大男生史考特（Scott）及賈思汀（Justin），兩個好友，拋下他們的生活，出國尋找獨特的經驗及冒險，經歷未知旅程。「歷險」重點概念是體驗，旅行是一連串的摸索探尋，對尋常人而言，沒有經歷的過程都是種探險，誰都不知道會發生什麼事。公共電視的《勝利催落去》詮釋旅行的冒險，是安排盲人擔任主持人，讓一個眼盲的人去攝影、潛水，觀眾看著他的焦慮、他的愉悅，體會到旅行有時並不需要用眼睛看，因為他感受到的刺激，不是視覺的，從而詮釋出旅行是某種身心靈感受。

本書《行腳節目導演技術與美學》應屬於技術應用文獻，技術應用報告應該展示挫折，許多嘗試過的錯誤技術，未來都有機會再次使用。提升行腳節目觀賞價值，善用創新的攝製技術，呈現獨特視角，是製作過程一再努力的方向。摸索新技術，付出若干代價，包括損失二台空拍機：一台在萬里風櫃嘴山凹處，晴空萬里中不受遙控，逕自飛走；一台在台北植物園欽差行台拍攝中撞樹摔下，無法修復。空拍意外，還包括數十次的摔傷，卡在二十公尺樹上等待救援，甚至為了墜落軍營而得與相關單位協商。

關於主持人的挑選與定位，經歷多種挑戰，預期要找具有適合旅行人格特質者，例如貪玩、富有好奇心，也要長得賞心悅目，才有觀眾緣。這些考量，看似目標明確，卻依然問題重重。因為，有足夠經驗的主持人不見得最稱職，她可能經常質疑新模式，有自己預期的主持方式，偶而還自負無禮。此外，主持人須有深度，理解資訊後能立刻面對鏡頭，自然流露。這些特質和因素，都得一一考量，協調一致，實在不易。在歷經三個節目之後，對導演跟主持人彼此溝通的技巧，開始有了深刻感受。

　　導演技術涵蓋企劃階段組建團隊、邀請與主持對話的人選、地點場景、題綱引言等，接著是繁雜的影視攝製，要將文字變成影像，決定多機位置角度、分鏡頭、機位運鏡、空拍與後製等等。設計對話場景，既要展示場域美感且有具體資訊細節，行腳節目最重要的，要能看到人物情緒細節與景色。技術好說，美學難言。想要拍的山水，經常不是自然唯美山水，而是以城市行銷理念尋找出來的美，既是富有創意巧思的文創美，亦是隱身悠久歷史中的情懷之美。

導演創作理念

Chapter 1

1.1　行腳節目本質

　　「行腳節目」用在電視類型的節目稱謂，僅止於台灣，不見大陸與香港等華文傳播圈使用。「行腳」二字，一般理解用於宗教情懷的行旅，親身實踐的踏查。《百度百科》網站關於行腳的定義：「又作游方、遊方、遊行。謂僧侶無一定的居所，或為尋訪名師，或為自我修持，或為教化他人而廣游四方。游方之僧，稱為行腳僧，與禪宗參禪學道的雲水同義。」行腳另外還有行乞、行走、行路的意思。遼寧省大悲寺每年農曆八月十五日以行腳方式，托缽行乞。行腳，就是不假舟車，二腳不停地移動，是行走的象徵延伸，行腳意即徒步旅行。行腳強調身體力行的精神，一步步辛勞修行，徒步參道，廣遊四方，體驗人生。

　　根據105年度金鐘獎獎勵辦法的行腳節目定義：「行腳節目，指藉由親身探訪，介紹在地采風、休閒旅遊、美食等內容之全外景節目。」依此可分類出常態「行腳」內涵有旅行（旅遊）節目、美食節目、休閒節目等概念，皆屬行腳節目。106年度電視金鐘獎獎勵辦法中取消行腳節目獎項，取而代之的獎項稱為生活風格節目獎。辦法中說道：「所稱生活風格節目，指提供美食、旅遊、流行文化、健康、美妝、藝文時尚、室內設計、休閒等生活資訊節目，或藉由親身探訪介紹上述內容之節目。」

　　在台灣有線電視系統中，TLC旅遊生活頻道，就頻道名稱與內容，最契合行腳概念的頻道。頻道介紹TLC定位：「生活就是樂在每件事都不平凡！」TLC旅遊生活頻道鼓勵觀眾追求優質生活，並探索吃喝玩樂新體驗，節目內容涵蓋旅遊、美食、時尚、設計與裝潢等，是最受女性喜愛的生活頻道之一。

TLC頻道為Discovery電視集團旗下的亞太電視網家族頻道，TLC頻道除了《瘋台灣》為台灣製作團隊製作與本土議題，其餘多數是國外地區的旅遊主題內容。透過TLC節目表強檔推薦的《小夫妻的天空》、《爸媽當紅娘》、《大廚房的挑戰》、《去旅行變美麗》等四個節目，可初步觀察國際旅遊節目的本質。《小夫妻的天空》（*The Little Couple*），是透過比爾‧克萊因（Bill Klein）和珍‧阿諾‧克萊因（Jennifer Arnold Klein）這對年輕侏儒夫妻，處理人生中的生活、經濟、親子關係等事務，看他們如何接納人生。《爸媽當紅娘》（*Married By Mom And Dad*），則找出願意讓父母根據老一輩傳統價值交往約會的現代都會男女，真實呈現價值觀落差，成功案例往往能讓觀眾衷心獻上祝福，是種獨特的聯誼節目視角。《大廚房的挑戰》（*Big Kitchens*）尋訪世界上最大最瘋狂的廚房和餐廳，見識令人暈頭轉向的複雜烹飪物流動線、一盤接一盤的食材以及山珍海味，還有讓這一切順利運作的幕前幕後關鍵人物。《去旅行變美麗》（*Tour of Beauty*）透過超模瑞秋‧杭特（Rachel Hunters）帶領，前往世界上最有異國風情的地方，尋找真正的美，揭露讓人美麗的祕密。

　　分析TLC四個節目本質：《小夫妻的天空》是紀實本質，展示生活環境的各種面向，有人物，有事件，也有故事發展；獨特的是，「小」夫妻是對侏儒，領養小孩，好像老小孩照顧小小孩，卻充滿樂觀與正面精神，平淡感人。《爸媽當紅娘》有聯誼節目框架本質，媒人是最富張力的角色，尤其媒人是爸媽；觀眾看到二代價值觀，有人生閱歷的父母與愛情至上的孩子，如何面對衝突。以結婚為前提的旅行元素就是在約會，透過約會旅行，培養感情的要件一一展示，浪漫、美食、歡樂；在旅行過程檢視一個人能否共度一生，你說旅行多重要！《大廚房的挑戰》獨特性是從未見聞的場域和美食勝景，以及超大廚房──展示部隊廚房、航空公司空廚等，都是一般人無法到達的地點。景色必定是旅行的要件，餐廳廚房等工作場合通常不算景色，但具有獨特工業風格美感。廚房最大賣點，當然是美食，尤其是從食材到食物的料理過程。從《去旅行變美麗》的節目名稱就能感受旅行最強烈的訴求：「變美麗」。美是什麼？瑞秋‧杭特說：「簡單就是美。」一語道破節目主持人的旅行價值，簡單是態度，變美麗不僅止於外在改變，從內心由衷感受平靜愉悅的美，也是極富魅力的。《去旅行變美麗》的視覺設計，不會吝惜展示超模瑞秋‧杭特的美貌，也讓觀眾體會美是種心靈滿足。

一、城市行銷《悠遊台北》

《悠遊台北》節目本質是台北市政府的城市行銷節目，透過節目告知觀眾最新熱門旅遊地點與議題等資訊，結合台北市府交通資源，推薦觀眾在台北市旅行規劃安排最好使用大眾交通工具。「悠遊」是強調用大眾交通工具BMW遊台北：B有二個意思──Bike跟Bus，即公共自行車跟公車；M是捷運MRT；W是走路Walk。BMW意即騎單車、走路或搭捷運公車，以便捷大眾交通工具BMW方式遊台北，方便健康，預算低又環保，是都會旅遊的最佳選擇。BMW具諧音趣味，用此代稱台北市便捷交通系統旅行，希望加深觀眾印象。

2014年2月企劃時，台北市府公共自行車租賃系統YouBike（U-Bike）正式啟用一年多，市民大眾熱烈肯定，形成風潮，市府繼續推廣U-Bike改善交通，也塑造綠色健康台北形象。台北市府觀光傳播局的觀光白皮書中提到城市品牌時說：「倫敦有豐厚的音樂文化，巴黎則令人想到浪漫的氛圍，台北亦應積極建立自己的城市品牌（City Brand）。」白皮書中提到「台北觀光ABC」：A是指APP，觀光客只要下載APP軟體，便能引導他們交通、住宿事宜；B是指用Bus穿越巷弄，深刻體驗台北的在地特色；C是指Culture。台北市觀光白皮書推薦來台北旅遊的建議之一是搭乘Bus穿越巷弄，走進巷弄，擺脫走馬看花旅行，深入探索台北，與市民同樣移動方式，讓旅行不再局限於景點，更多元地遊歷台北。

　　《悠遊台北》製作時為了兼顧各行政區觀光平衡，單元規劃公平分配給十二行政區，每個行政區一集。但有些行政區的旅遊資源並不突出，有些區域的公共交通並不發達，例如南港區的觀光景點，挑選困難，選擇南港展覽館這種不算主流的觀光場地。在《悠遊台北》的BMW主題下，沒有大眾交通工具的地方，換乘郊區小巴，反而呈現台北市民都意外的世外桃源之旅。例如台北市文山內湖南港的小巴，可以去到台北近郊，體驗淺山地區的在地產業，如木柵的茶葉步道、內湖的白石湖農場。因為風景區管理單位並不是全都隸屬台北市政府，《悠遊台北》只行銷台北市府自己管轄的觀光景點館舍，這是一般觀眾無法理解的資訊。例如士林區最知名的旅遊地點應算是故宮博物院，故宮非台北市府管理，是無須行銷的景點，若不明白，將會質疑挑選《悠遊台北》選擇的標準。中正區的植物園、歷史博物館，也是同樣概念，它們都不是北市府的行銷標的。城市行銷的另一面向，是設定主題，景點有主題限制，也有主管機關台北市政府觀光傳播局的考量，可供行腳節目展示操作的城市行銷景點，未必如大眾想像的，是最佳或最知名的地點。

二、創意生活《台灣文創遊》

　　2014年春夏間，構思報導旅行節目主題，希望擺脫美食玩樂節目類型，要有質感，不希望曲高和寡，從貼近社會的視角，尋找雅俗共賞的主題。發現當下旅遊主題與文創場域息息相關，這些具設計感的巷弄小鋪、園區聚落，洋溢著獨特氛圍，文化主題，創新態度，正是能夠兼具知性與感性的元素。節目的主題，在一連串的議題蒐集後，企劃隱然呈現，文創旅行，以行走來品味文創，觀察設計師藝術家生活理念。《台灣文創遊》本質就是文創風情，帶觀眾找尋設計師的文化靈感、創意魅力與內涵，並展示商品化的創作作品。

　　文化創意產業的概念源自於英國工黨政府，1997年執政後決定發展知識經濟，成立文化媒體體育部（DCMS），1998年，文化媒體體育部組成創意產業任務小組（Creative Industries Task Force），提出創意產業發展藍圖。發展藍圖彙整英國既有文學媒體與音樂等英國的既有文化優勢，使各國關注這個存在已久的文化產業，被賦予創意概念的趨勢。隨後全球各地許多國家，皆將英國的做法引為國家發展政策，包括芬蘭、澳洲、紐西蘭、新加坡、韓國，也包括大陸和台灣。

　　既然以文創內容為主題，當了解《台灣文創遊》本質文創應如何詮釋。根據聯合國教科文組織對文化創意產業之定義：「結合創意生產和商品化等方式，運用本質為無形的文化內涵，這些內容基本上受著作權保障，形式可以是物質的商品或非物質的服務。這個文化產業也可以視為創意產業（Creative Industries），或是在經濟領域稱之為朝陽或未來性產業（Sunrise or Future

Oriented Industries），或是在科技領域稱之為內容產業（Content Industries）。」標榜生產製作的二個主軸特色是創意和商品化，說明文創的創意屬生產方式，本質是無形文化的內涵。

　　台灣對文創定義，可根據文化創意產業法第三條的說明了解產業概況：「源自創意或文化積累，透過智慧財產之形成及運用，具有創造財富與就業機會之潛力，並促進全民美學素養，使國民生活環境提升之下列產業：視覺藝術產業、音樂及表演藝術產業、文化資產應用及展演設施產業、工藝產業、電影產業、廣播電視產業、出版產業、廣告產業、產品設計產業……。」這個條例羅列出文創產業的十五個項目，涵蓋範圍甚廣。

　　2002年行政院「挑戰2008國家重點發展計畫」將文化創意產業列為國家重點發展政策。2010年，文化創意產業發展法立法通過，確定產業內容及範圍。2012年文化部成立，進行文化創意價值鏈建構與創新，希望把文化價值產值化。從產值統計數字看，2002年為文創產業營業額為四千三百億新台幣，2014年營業額則為七千九百億，十二年間成長180%[1]。從數據可以解讀文創的影響與產值，緩步上升，逐漸遍及十五個文創領域。從2002年算起，文化創意產業在台灣發展已經十六年，文創結合設計融入生活應用，成為一股風潮，透過工藝影視商業行銷，文創從概念變風景。隨著對文創場域與類型的資料蒐集，發現文創場地有幾種層級，最具規模是文化部五大文創園區：華山、台中、花蓮、嘉義和台南。創意文化園區標榜以文創產業軸帶概念，進行區域產業串聯，文創園區像是文創百貨，各式各樣的文創，一次滿足。《台灣文創遊》由文創園區開始，第一集松菸文創園區、第

---

[1]　文化部，《2015年文化創意產業發展年報》。

二集華山文創園區是大型文創主題園區，接著則以文創特色或活動規劃各集主題，包括《簡單生活節》、《音樂與生活創意》等單元，涵蓋文創氛圍鮮明的地點聚落街區，如西門町紅樓、寶藏巖、大稻埕等。在2014年初企劃階段，仍未見以文創為主題設計旅行節目[2]，因此在TVBS頻道播出時，節目的副標題突顯第一個文創類型節目，強調節目是展示台灣在地文化：「結合文創與觀光產業　看見在地文化」。

三、懷舊台北《城鄉印記》

在台北城許多靜謐的角落都有著各自美麗的故事，隨著時光的流逝，這些故事漸漸地被淡忘，被高樓大廈所遮掩。那些你常常經過的馬路、破舊的矮房與翻修的古蹟，也許曾是你在課文、散文、新詩或小說中看過的一段文字。鑑於越來越多的年輕人並不了解自己所居的城市，因此，透過《城鄉印記》從台北舊城出發，深入幾處你我居住了數十年卻不深刻甚至陌生的地方，可能是一棟建築、一條街道、一家老店、一座咖啡館或是一個社區，了解商品的設計、精湛技藝、歷史的演變與現今的概況，期待觀眾放下手機，拿起相機，帶著一本好書或是邀約三五好友，循著影像探訪這座富含新舊交融的美麗城市。

《城鄉印記》以時間先後引領觀眾走入大家熟知的台北景點，第一集《滄海桑田台北城》，介紹人類學家發掘的史前台北，有圓山遺址、芝山岩遺址等，由專家解讀久遠年代的台北故

---

[2] 三立的《文創Life》雜誌2014年9月創刊，同名稱節目三立電視台標榜台灣第一個HD播出的文創類型節目，而《台灣文創遊》於2014年3月開始企劃，2015年3月開始播出。

事，神祕史前先民在台北盆地的生活樣貌。再順著時間遞嬗，逐一介紹台北原住民凱達格蘭族、漢人移民台北的印記與國民政府遷台後的社會變遷，如大龍峒信仰文化展示漢人移民社會留下的文化資產，陽明山中山樓草山行館代表近代當代政治所遺留的人文面貌等等。透過歷史變遷的觀察，將台北市各地的傳統技藝、地方經營開發史、古蹟背後故事與人文發展，系統且深入性的專題記錄報導；以文史價值呼應在地精神，陳述人物精彩的過往；有時也展示技藝之美，盡可能依照正史記載或經由考證，忠實呈現出台北三百年故事。希望觀眾可以透過《城鄉印記》細微觀點，去重新認識探索台北歷史底蘊。

1.2　導演思維

一、旅行與影像價值──勝讀萬卷書

　　旅行節目如何擬真呈現旅行？行萬里路勝讀萬卷書，這是詮釋旅行所帶來的價值最鮮明且廣為影響的理念。去旅行，震撼人心不是萬卷書所能比擬，是成語的語意。旅行收穫為何？超過讀書嗎？不能較真，因為成語是是譬喻局法，鼓勵行動的精神，出門總有收穫。由此頓生幾點思考：行腳節目影像能取代行腳的收穫嗎？旅行是種親身經歷的體驗，觀賞節目會是宅在家的意淫嗎？旅行有實際互動，身體置身環境中真實感受，有願意面對探險的積極態度，這些是觀賞電視所缺乏的。當導演欲以影像取代旅行，製作行腳節目，導演該思考如何代替觀眾與他人溝通切身面臨的視聽覺感官刺激：影像如何貼近呈現，完整記錄位置角

度？要如何思考旅人感受？會看哪裡？想問什麼？這是種旅行意義探索，是導演設計思維，也是導演功課。

英國蘭開斯特大學教授John Urry，在《觀光客的凝視》（*The Tourist Gaze*）一書中，勾勒出觀光旅遊在過去幾百年來的演變流程，從大眾觀光旅遊（Mass Tourism）在歐洲和北美洲開始流行，到逐漸蔓延至世界大部分地區的整個歷史進程；觀光客在看什麼，除了社會學的思考之外，也對文學想像與美感經驗加以分析。什麼是「觀光客的凝視」？簡單來說，就是觀光客帶著慾望消費景點的符碼[3]。John Urry認為觀光經驗的建構，來自符號的消費與蒐集，觀光客的凝視是社會學符號化的凝視，是浪漫的，是集體的，更是多元而流動的。文創正是近年最鮮明的社會符號之一，透過對生活創意的浪漫想像，文創成為集體認識體驗。觀光客為什麼去旅行？社會學的意義是美食、文創體驗與打卡分享的社群交流，而文學想像或美感經驗，無疑都有觀光客凝視的樣貌。

余秋雨用獨特的觀察力和洞悉力去深思古老民族的深層文化，心思細膩的筆觸，視巡視華夏文化的旅程為「苦旅」。余秋雨在中國各地講學旅行，他發現他特別想去的地方都是古代文化和文人留下較深腳印的所在，說明他心中的山水並不完全是自然山水而是一種「人文山水」[4]。這種感受經常出現在節目企劃階段，提案時挑選的地點是種有特殊考量的規劃，為了有完整主題性，具有象徵意義等都是。《城鄉印記》的主題與地點思考，更貼近余先生人文山水的體悟，導演想去的老台北都是見證時代的

---

[3]   John Urry，葉浩譯，《觀光客的凝視》（*The Tourist Gaze*）（台北：書林出版社，2007）。

[4]   余秋雨，《文化苦旅》（台北：爾雅出版社，1992），頁4。

印記。懷舊是種情懷，然而生命經驗中的懷舊將帶領你回到從前的某處，《眷村時光的微旅行》選擇四四南村與陽明山美軍宿舍，都是時代變遷的見證，呈現近代歷史縮影。四四南村低矮平房，比鄰當下最時尚信義商圈，眷舍與101大樓，對比鮮明，印記尤為強烈。美軍離台不到四十年，執行企劃草案的大三同學已完全沒有任何概念與想像，中美斷交對這群二十歲青年而言，恍如隔世，導演童年在士林天母眷村成長經驗，想必跟眷村時光微旅行的緬懷有關。在《台北工藝聚落》單元中介紹打鐵與木作二項工藝，台北興城街為打鐵街與舊稱材寮街的寧夏路二處聚落，打鐵街工藝項目頗多，打鐵街不只是打鐵，打鐵店目前僅剩一家，目前打鐵街主要是各種機械五金加工，幫工業設計、商業設計的學生或企業，代工製作原型機械零件等，動用的機械品種主要有車床、銑床與各種電腦精密加工CNC機具。打鐵街現代功能雖沒落，卻具有令人讚嘆的工匠精神，企劃人員對工匠的議題設定，一再讓導演覺得沒有讓精密加工流程與工匠精神被展示出來，或許企劃並未具備機械工程背景，對機械代工領域認知有限，而導演曾經就讀南港高工機工科，並在機械工廠擔任建教實習生經歷有關。當議題具專業知識特性，該如何設定觀眾感興趣的範疇，也是種經常陷入左右為難的困境，過於深入未必適宜。企劃單元主題，必定經由彙整資訊，結合企劃編導人員的生活經驗或興趣，傾向熟悉領域地點，選擇擅長的專業。選題角度會隨著製作時程變化，雖在前製會議充分討論後擬定，定下方向，但勘景、預訪後，接著訪談對話人，這些時候都可能要調整方向，也經常與原選題角度有明顯落差。打鐵街本是企劃設定，企劃認為台北市府曾列為觀光產業著墨過，有相當田野調查資訊；然而，企劃要將複雜困難的專業，轉化為深入淺出的打鐵街文案，頗有不足。打鐵街的最終訪談議題，與後製粗剪後的OS撰稿，導演閱經歷成為詮釋主題的解說詞。

做電視不能亂說，不能胡說，電視一播不知道誰在看，要避免貽笑大方甚至可能被人笑很久，就要蒐集文獻、讀書研究與田野調查勘景。面對製作的挑戰，除了要掌握精確內容之外，還要讓團隊一起認識相關議題，大家一起成長，不能只有企劃或導演熟悉拍攝內容，攝影師僅能聽命拍攝。國際電視集團Discovery台灣區總經理林東民受訪時曾表示，Discovery在台灣自製節目，單是製作一集一小時的本土題材節目，製作時程大約就得耗時一年，研究期長達半年。

沒有研究就沒有創意的養分，《城鄉印記》製作過程，涉及許多史料的彙整，沒有史料佐證，必定不敢寫入企劃。在設定議題前，多次造訪中研院的歷史語言研究所、國史館台北分館、國家電影資料館與台北文獻會等地方。從世新大學圖書館的借閱資料中，也看到近一年有關台北原住民、台北史前遺址、日治時期交通史、台北城池、眷村等主題，為了製作借出五十餘本書籍，另外也自行購買二十餘本書，這八九十本書都是導演功課的一部分。製作團隊不能僅是導演和企劃自己做功課就好，也要幫團隊成員提升素養。導演和企劃通常是最理解製作主題的人，但應該何時用何種方式幫團隊其他人建構對製作內容的認識，也很重要。基於經驗，主持人是最該讀書內化的人之一，因為她要面對鏡頭，必須自然流暢地把企劃內容呈現給觀眾。主持人拍攝前將製作議題詳加閱讀，轉化為自己熟悉的事物，才能理解旁白解說詞，掌握關鍵字，形容描述觀點時用詞能用切合自身情感的口吻表達，觀眾將會看到節目的深度與自信。當主持人對場地與對話人物都陌生，初次見面，沒有準備很難談出深度，將使節目效果大打折扣。另一位需要提升製作題材素養的是剪接，若是剪輯師自行初剪，剪輯師必須從大量的訪談內容摘錄精要，他必須針對老台北的時代變遷，有足夠認識，方能適當取捨素材，留下合宜的部分。

影視旅遊是觀光與媒體二個產業的熱門議題，電影帶動觀光發展的案例不勝枚舉，影響最深刻且廣為人知的莫過於九份。由於《悲情城市》獲得義大利威尼斯影展金獅獎，電影主題涉及歷史禁忌題材的魅力，九份在《悲情城市》上映後，成為探索時代過往與見證藝術成就的聖地。猶記得1980年代初造訪時的愜意行走，沒落礦場與山村風情，如今俱往矣。近年造訪九份，老街摩肩擦踵的人潮，在荒野山村中顯得頗突兀。電影《悲情城市》對九份、金瓜石地區的發展，在影視旅遊眾多研究案中可算是經典案例。《達文西密碼》讓本已經是觀光勝地的羅浮宮成為充滿想像神祕宗教中的幻境，《海角七號》票房佳績也使南台灣小鎮恆春頓成為熱門景點。網路媒體評論跟著電影去旅行的風潮，可能會對當地造成負面衝擊：電影賦予空間有想像力與故事性，增加歷史與文學想像的層次感，除了娛樂符號建構，詩歌、文學、故事、繪畫、攝影、電影、音樂、舞蹈等藝術形式，都提供了旅遊目的地建構更多層次的豐富想像[5]。九份的電影基因還包括《神隱少女》，九份豎崎路茶樓紅燈與山徑，傳說是宮崎駿勘景的美術參考。九份竟是少女誤闖的神靈世界，更賦予九份一個更為夢幻神祕的境界，想要一探究竟的嚮往者絡繹不絕，說明想像力與符號連結的動力，動畫比實景提升更高層次數倍。

那麼，文創能否有足夠魅力成為紀實旅行主題，且足以取

5　賴嘉玲，〈跟著電影去旅行大受歡迎，但要小心過度電影觀光化的危機〉，
　　TheNewsLens關鍵評論網：http://www.thenewslens.com/article/14500

代美食美景呢？基於文創就是讓生活更有質感的理念，也知道質感是需要更細膩引導，不管是文化底蘊或創意巧思，其中許多內涵是需要觀眾具備基礎的。詹偉雄以都柏林的經驗，感覺台灣發展創意生活產業的需要與必要，他提到已開發國家推動經濟成長的要素，不再是資本、土地、工廠，而是知識；知識一旦落實在代表產出的產品或服務上，就是創意。創意不僅是一種理性的知識，也是一種感性、歡愉、體驗的生活態度和美學[6]。這個觀點是知識經濟的旁支延伸，知識經濟可以是高端的生物科技基因改造，也可以是詹偉雄提到的知識轉化創意。創意產業是知識經濟，具體說明創意除了文化底蘊，還需要理性知識，文創不只是文化加創意。台灣積極推動文創多年，一般人認知的文創是什麼？是有質感的設計，或者是以文化思維開發生活商品？從新舊媒體、網路和電視到商場資訊，都談論文創，但真正理解文創的觀眾有多少，製作單位無法預期。文創主題到底是做給懂文創的人，或者應該把觀眾都視為不懂文創？這些都是導演思維的一部分。

1.3　行腳方式與傳播科技決定論

　　行腳節目的魅力在於帶領觀眾去到獨特場域，領略罕見的風光。或許是旅行方式的獨特性，例如搭乘郵輪、熱氣球、骨董車、露營車，甚至是搭乘「加拿大人號」（Canadian）的全景車廂，都是迷人的旅行方式；抑或是旅行主題珍貴性，例如世界鐵

---

[6]　詹偉雄，《美學的經濟》（台北：風格者出版社，2007），頁58。

路之旅、聯合國文化遺產之旅、攝影愛好者之旅等。主題場域或旅行方式，往往能決定行腳節目帶來的魅力。影視企劃發想要有創意，不能天馬行空，上述許多場域主題要呈現內涵，涉及製作技術，有適宜設備與技巧方法才可能彰顯節目企圖，產生效果。

電影電視是根基於技術發展的媒體，許多節目類型是隨著技術誕生的。1970年代，錄影帶技術成熟，電子攝影機ENG（Electronic News Gathering）可以帶到戶外拍攝，擺脫影棚束縛，讓新聞採訪、深度報導，成為電視媒體最受歡迎類型之一。傳播學者形容ENG是電視製作的革命，ENG也讓新聞成為「外景」，在此之前，「新聞」這二個字是報紙獨享，在此之後，新聞是電視新聞的概念。然而，當今的新聞是移動裝置的「推播」，電視新聞也慢了。

2014年創作《悠遊台北》思考使用何種設備技術，適合行腳節目要展示的特性，爭取預算規劃無人空拍機，台北市觀傳局也十分肯定空拍影像獨特視角的優勢。2015年《台灣文創遊》的製作設備中，第一次使用陀螺儀三軸穩定架，拍攝坤水晶的玻璃創作體驗、大稻埕1920年變裝遊行。陀螺儀三軸穩定架像是輕裝Steadicam，手持拍攝，隨興機動運鏡，觀眾可以隨時掌握主持人正面情緒。2016年《城鄉印記》更新無人空拍機為DJI Phantom 3 Professional，可以室內定位、攝影師監視遙控圖傳具有HD品質，空拍攝影為4K超高畫質UHD，超清晰的影像解析度，提升旅行節目的觀賞魅力。4K解析度還可以用於後製時，框取理想範圍，改變構圖。媒體製播技術，每年快速推陳出新，攝影運動、剪輯外掛軟體，常常都有新工具，畫質不斷提升，輔助拍攝機具總在創新，當製作技術日新月異，科技往往決定影像風格的可能。

一、類型與質感的拉扯

　　行腳節目類型應該較適用電子攝影機，若要經營景深與畫面調性，則應該採用DSLR，類型與質感的拉扯，一直都在。電子攝影機對焦精確，收音品質佳，不必另外對同步音，方便很多，所以適用行腳節目。開拍前多次跟攝影師溝通討論，雖是行腳節目，旅行過程會盡可能設計拍攝，真正紀實捕捉機會不大，用DSLR是理想的，讓節目有電影調性，是種迷人的想像。《悠遊台北》實際執行的落差是，DSLR沒有足夠鏡頭，70mm-200mm鏡頭是經營細節的首選，卻不是每次租用。另外，合作攝影單位會更換攝影師，資深攝影師不常用DSLR，效率經驗不足，視覺感產生明顯落差。

　　畫面穩定是動態影像基本要求，手持拍攝有機動性卻不穩定，所以影視節目專業拍攝都一定上腳架。幸好機動化攝影技術演進變革並未停止，近年有多種輔助攝影機運動產品設備不斷推出，例如便攜型滑軌和手持穩定架。2013年，可以全自動且自行平衡的手持陀螺儀三軸穩定架MōVI問世，這項產品顛覆專業攝影運鏡作業方式，讓攝影師擺脫身上背負重裝SteadiCam的概念，體積小，重量輕，及機動性，在在令影視製作者感到雀躍。剛推出就使用過這個產品製作的導演兼攝影師Vincent LaForet表示，這是一個改寫遊戲規則的產品。MōVI 節省頗多製作時間，以往運動設備架設費時，MōVI執行行進拍攝、上下樓梯，或是讓攝影坐上車輛移動，靠著陀螺儀偵測，完美呈現毫無晃動的穩定影像。近年，陀螺儀穩定架由二軸到三軸逐漸成熟，許多經濟實惠的手持穩定架一一出現，這對行腳節目拍攝旅行過程要靈活

圖1-1　悠遊台北四四南村雙機拍攝現場。單眼相機DSLR具攝錄影功能
後，成為影視創作主流設備；然而DSLR與Video Camera 有許多應
用技術不同。

機動畫面，嘉惠不少。行腳節目的紀實特性，須靈活轉換位置跟
蹤拍攝，有穩定架的助力，環繞人物，高低角度運動，迅速提升
視覺豐富感，且拍攝效率大增。《台灣文創遊》多次以穩定架拍
攝對談鏡頭，安排一鏡到底，請對話二人連續行走移動到不同空
間，展示連貫的場景關聯，對話自然，不須貿然打擾中斷，一氣
呵成。若是定點拍攝，每段談話切割，要思考人物入鏡出鏡，要
留心場記人物位置，避免不連戲，對話情緒與感情也不真實。

　　2008年單眼相機DSLR開始可錄製動態影像後，從電影到電
視產製，深受影響，單眼具備的Film Tone風格，魅力無窮，用
DSLR拍片逐年蔚為主流。DSLR與ENG電子攝影機，產製流程
與技術有許多不同，視覺風格差異極大。2011年美國戲劇影集

《怪醫豪斯》（*House, M.D.*）使用Canon EOS 5D Mark II拍攝，《怪醫豪斯》預告未來的影視創作，用單眼相機拍片將成為一種未來趨勢，經由世界級專業團隊的掛保證，引領廣告、電影電視，戲劇影集與節目的產製，朝向採用DSLR製作。基於景色感染力要有質感，行腳節目製作前審慎評估，與攝影團隊技術人員釐清設備清單與預算，DSLR配件繁多，請技術團隊規劃適當周邊，包括光斗、肩架、監視器、麥克風等等。風格與質感，更仰賴DSLR內部設定與調校等關鍵技術能否發揮，包括韌體更新──著名的韌體是Magic Lantern Firmware，韌體增強攝影機寬容度等，也讓單眼相機可記錄更高階的影像品質。許多攝影師對Magic Lantern趨之若鶩，但此韌體未經Canon原廠認證，使用的

圖1-2　台灣文創遊《處處有創意》霽flower單元插畫；插畫使節目具有手作風情，用於人物與場地介紹圖文。此圖人物為花藝設計師李霽

風險也讓人擔心；能否善用韌體技術，成為DSLR使用的一道門檻。電視台資深攝影師長期使用影棚攝影機或外景ENG攝影，沒有DSLR創作經驗，拍攝時功能熟悉度欠佳，以致降低其效能。這種情況，一如電影攝影師拍慣了膠卷，要換用電視攝影機也很彆扭。曾請教過資深電影師攝影師、金馬獎最佳攝影廖本榕老師，電影攝影師為什麼非用Arri不可，他說「手感」不同。

圖1-3　台灣文創遊《搖滾地景 台灣創作音樂》展演基地Legacy單元插畫。插畫家漢可可作品。

旅行影視美學樣貌

Chapter 2

選擇導演技術及美學二個主軸，主要著眼於創作過程中導演角色處理事務範疇。導演技術就節目設計所採用技術論述或製作工具應用，美學乃試圖釐清設計畫面聽覺所追求的思維。不論攝製技術或是視覺風格，設計節目即經營影音的過程，設計就是美學想法的理性知識。

2.1　比例和諧的美學

以內容（Content）與形式（Form）來分析藝術作品，早在古希臘時期就出現了。美學家朱光潛在其所著述的《西方美學的源頭》中表示，西方最早出現的美學思想是西元前六世紀古希臘時期，由希臘哲學家畢達哥拉斯所倡導的「美是和諧與比例」的美學觀點。因此，美是和諧與比例的審美觀點被視為西方美學的源頭。哲學家以和諧與比例來觀察自然屬性時，發現美在黃金分割線的造型原理，間接推論出美在「物體形式論」。物體形式論也成為西方最早的形式美學思想[1]。黃金分割線是指一條線段的某一部分與另一部分比例，如果正好等於另一部分與整個線段的比例為0.618，這比例會讓人覺得有種美感。黃金分割線迄今仍未有明確定論，卻由數學家運算出意想不到的巧合，用於觀察建築、繪畫技法上，產生讓人訝異的數字比例，黃金分割線也普遍出現在大自然的動植物結構上。

綜合西方哲學家、藝術理論家、藝術創作者的說法，「形

---

[1] 鮑嘉頓（Baumgarten, Alexander Gottliel, 1714-1762），簡明、王旭曉譯，《美學‧美學的由來》（北京：文化藝術出版社，1987），頁3。

式」一詞的意義相當分歧，有指形狀及其方向、位置之安排，有時指的是點、線、面、體之幾何元素，有時指的是空間建築透視和視覺構圖，或繪畫技法，如各種畫派的風格。美學家宗白華在〈希臘哲學家的藝術理論〉一文，對形式表現在藝術作品的樣貌說到，藝術有形式上結構，如建築有數量上的比例，繪畫有色彩的和諧，音樂有音律的節奏，這些比例和諧節奏，使平凡的現實超入美境。「形式」，深深地啟示了精神的意義、生命的境界、心靈的幽韻[2]。

由文化的觀點來看，思想是根源，形式是表現，因此可以說，「內容」是對應形式，是形而上的，有多重意義的隱喻，要間接從畫面或影像判讀作品所想要表達的意向。影視作品的內容通常可直觀理解主題，但也有許多是隱身於反向意涵，如剪輯藝術蒙太奇理論，須對照創作思想根源才能掌握對象。而「形式」則是指在作品或畫面中可以直接觀察到的構圖形狀、色彩調性、運鏡技法等，是具體可見的。

如果「形式」意指作品的樣式類型，與之相對應的則是作品內涵與意義「內容」。例如，旅行節目形式為旅程規劃，向觀眾展示景點場域的形式，而旅行「實境」節目則注重旅程過程的彼此競賽與挑戰的形式。所以，旅行節目是以開拓視野相應旅行內容之形式，而旅行實境節目則是以實境秀的「Show」形式，旅行內容秀的是景點、場域元素。前者形式是從甲地到乙地的、景點的、地理位置的、空間的形式，而後者形式是甲方與乙方的、有目標、競爭的、有任務的形式。假定把「旅程」用來當成節目進行的概念，界定在「形式」如何進行這一範疇裡，而「旅行內

---

[2] 宗白華，〈希臘哲學家的藝術理論〉，《美學散步》（上海：人民出版社，1981），頁231。

涵」即為作品意義。

　　大部分觀眾在觀賞旅行節目，都無法將形式與內容絕對分開，形式與內容在畫面上是同時呈現的。在電視節目形式的思考中，很容易進入類型片的框架，電視為生活化媒體，新聞類、體育類、綜藝類等主要節目類型，也是節目內容。電影形式與電視形式差異頗大，電影類型片更是說明影視形式的最好範例之一；透過好萊塢片廠制度的運作，大量生產，流水線式規範化設計「Genre」類型片，模式化是類型片的特色。類型化電影有三個特色──公式化情節、定型化人物與象徵式視覺場景，不管是什麼樣的愛情故事，都可拆解出相當模式化框架元素，「類型」即是形式的鮮明展示。

　　推動美感教育不遺餘力的漢寶德先生說：「內容不能脫離形式。內容涉及生命，比形式重要。問題是，談到美，離開了形式，內容在哪裡？」[3] 一種好的節目形式，一定是從適合內容的方式去發展出來的；也就是說，「形式」事實上在創作中，很難被抽離出來獨立思考。多年的創作中，最常聽到委製者或創作者希望作品能有一個功能，達到一種境界：感動。一部好的影視作品能感動觀眾，即是內容與形式和諧，觸及心靈，引起共鳴的感受。

2.2　節目模式思考

　　電視Format，譯為電視模式、電視版式。Format主要意涵是

---

[3]　漢寶德，〈形式美與內容美〉，《談美感》（台北：聯經出版社，2010），頁196。

節目形式，對使用者而言是製作的模組版型，通常稱為節目模式。電視Format是節目企劃設計執行規範標準，是當今電視產業盛行的節目流通產品。當電視模式成為國際間節目交易產品，影響當今電視節目產製開發，極大改變媒體生態。電視台害怕觀眾不買單，輸入有一定收視效益的電視節目，造就跨國產製、版權保護、市場開發等熱門研究議題。就行腳節目的觀察，當可以作為節目形式的思考，什麼形式足以成為國際流通的創意。

Format指的是，針對某一創意主題構想，規劃節目單元內容、情節氛圍、產製流程、人物性格、角色樣貌、旁白台詞、舞台設計、美術布景、攝影運鏡、燈光技巧等，是一整套概念完善、涵蓋編導演、規範視覺聽覺效果的操作指導手冊。節目模式的基本內涵，或許可參考北京世熙傳媒公司舉辦的中國電視節目模式大賽「世熙獎」，其報名TV Format競賽之綜合陳述表項目包括：創意核心概念、節目型態、同類節目競爭分析、同時段競爭分析、演播室設計構想、包裝設計構想、資金投入分析、節目收益分析、節目環節或分鏡頭等九大項。

根據林佳蓁研究，最早的電視模式是瑞典製作人設計的《倖存者》（*Survival*）。2006至2008年，全球最成功的電視模式前五名分別是《1 vs 100》、《America's Got Talent》、《Are You Smarter than a 5th Grader?》、《Big Brother》、《Cash Cab》，這五個節目的輸出國是英國、荷蘭和美國[4]。

2012年《中國好聲音》第一季播出，即在中國大陸同一時段創造收視率第一名，接連播出四季，一路引起收視狂潮，挖掘出吳莫愁等實力唱將。從此，大眾開始注意到電視Format。《中

---

[4] 林佳蓁，《節目全球化的新思維：從節目模式的產製思考台灣節目外銷的未來發展》（世新大學廣播電視電影學研究所碩士論文，2015）。

國好聲音》是由燦星傳媒製作，購買荷蘭內容開發公司Talpa的《The Voice》節目模式，將原在荷蘭製作的電視節目，在中國大陸異地重新製作後，由浙江衛視播出。透過嚴格貫徹節目風格、導師（Trusted Advisors）角色、舞台效果等，競賽過程情緒張力幾乎完全一致，所有場景人物製作技術與相關元素，都是Format。《The Voice》節目模式，在不同國家地區，更換當地導師與選手，由另一組創作人員執行技術，製作過程須符合Production Bible要求內涵，節目模式即產製標準化，異地開發成為電視產業全球執行的模式，節目效果絲毫不減，TV Format具有統一規格模組化形式之樣貌。

　　2016年1月，《中國好聲音》第四季結束後，版權出現爭議。燦星製作發出聲明稿：「四年漲價幾百倍，今年要價數億元！Talpa違背國際慣例，索要天價模式費，燦星製作堅決捍衛《中國好聲音》。」[5]聲明文中提到版權生變的主要原因是授權費，Talpa調漲模式授權費為一季十八億台幣。從2012年授權費二百萬人民幣，2013年Talpa公司告知有人出價一億，經協商調整為六千萬人民幣，簽約三年，而後2014、2015年都沒改變。根據取得版權的浙江唐德影視股份有限公司2016年第一季度報告，《中國好聲音》2016版權費為六千萬美元，十八億台幣，節目模式價格令人瞠目結舌。聲明文也提到，燦星製作認為國際慣例版權費是製作費5%，因此可以得知《中國好聲音》第一季的版權費二百萬人民幣，製作費是四千萬人民幣，二億台幣。

　　節目模式買方在產製過程中，對節目模式延伸發展，是否有版權？燦星聲明稿提供觀察版權購買者對模式的主張。燦星製

5　燦星製作微博，2016年1月28日http://www.weibo.com/p/100160393616893
　　1633496?from=page_100206_profile&wvr=6&mod=wenzhangmod

作聲明稱：《中國好聲音》這一中文節目名稱，係由燦星製作與浙江衛視聯合創意命名，該節目品牌屬於燦星製作與浙江衛視共同擁有，Talpa公司無權授權任何一方製作名為《中國好聲音》的節目。如果Talpa公司單方面撕毀與燦星製作尚未到期的品牌授權合約，那麼燦星製作保留自主研發、原創制作《中國好聲音》節目的權利。從聲明看，The Voice of China 翻成「中國好聲音」，中文名稱是延伸出來的，確實與原來「荷蘭之聲」、「美國之聲」的直譯不同，是製作播出單位加入參與的創意。

版權爭議中，燦星製作於2016年5月在上海錄製《中國好聲音》第五季第一集，由於不能再使用原節目模式，因此他們將「導師轉椅」改成導師從高處滑下來。從網友的影片中可以發現，「滑椅」取代轉椅，當導師一推椅子從坡上面滑下，有網友揶揄，戲稱是「中國好滑椅」、「中國好雜技」。節目錄製報導後，遭到荷蘭內容開發公司Talpa指控侵權，Talpa指出《中國好聲音》的節目Logo與他們幾乎一樣。燦星製作錄製現場對Logo的解釋是說，持拳狀麥克風只是暫時的舞台美術道具。7月播出時，節目已改名《中國新歌聲》，導師依舊是四位，延續之前的超強陣容：那英、汪鋒、庾澄慶、周杰倫。現在從Logo可初窺節目模式有哪些差異：節目名稱與顏色調性絕然不同，從鮮紅調性方塊Voice字樣上V形手指圖示，改為手握持麥克風的意象，麥克風頭為五星圖案，星狀圖為一顆大星上有四小星，鮮明的中國概念，紅色調性改為藍色調。

一、形式與內容抽離的典範

荷蘭內容公司Talpa新聞稿指出，《The Voice》是該公司最為成功的Format，在全球總共授權五十一國家地區製作。新聞稿指出中東和北非單一地區的收視遍及二十二個國家；若以國家數量計算，全球有七十二個國家[6]正以一樣的形式，製作成不同的內容，播映《The Voice》樣貌一致的歌唱實境秀節目。《The Voice》的成功，可說是形式與內容抽離的典範，以同樣形式（Format），在世界各地呈現出五十一種內容。

　　台灣的購入節目模式的製播時間更早，節目類型也不少，因製作時間不長，且收視表現不如預期，未引起廣泛關注。2011年，利菁主持，壹電視綜合台播出的《真實謊言》，是頤合製作向美國福斯廣播公司購買版權，在台灣重新拍攝製作，英文名稱The Moment of Truth。製作單位準備的五十至八十道問題，參賽者由生理回饋檢測儀嚴格把關，每個問題參賽者只能回答是或不是，由儀器決定真實還是謊言。若能通過六個階段二十一道題目，即可獲得獎金二百萬。

　　2012年8月台灣電視公司監製的綜藝節目《王子的約會》，是購買英國獨立電視台的兩性聯誼節目《Take Me Out》版權，節目邀請二十六位女孩和一位男孩，男孩經由四輪的才華表演，邀請女孩，尋找願意和他約會的女孩。主持人庾澄慶（哈林），第三十二集開始加入Ella，與哈林搭檔主持，總共製播八十四

---

[6]　USA、UK、Germany、France、Australia、The Netherlands、Mexico、Brazil、Belgium-Flemis、Belgium-French、Turkey 、Italy、Ukraine、Middle East & North Africa (22 countries)、Spain、Russia、Bulgaria、Israel、reland、Poland、Portugal、Romania、Sweden、Norway、Denmark、Finland、Albania、Lithuania、Chile、Czech Republic、Slovakia、Thailand、Argentina、Indonesia、Vietnam、Colombia、Canada-French、Armenia、Georgia、Hungary、South Korea、China、The Philippines、Switzerland、Afghanistan、Serbia、Azerbaijan、Greece、Croatia、Cambodia、Pakistan.

集，在2014年4月播出最後一集。

除了荷蘭、英美的節目模式輸出外，韓國節目模式開發更具影響，形式特色從戲劇、實境秀、綜藝節目到電影、音樂，涵蓋整個娛樂產業，勢力擴及全球。從2013年，湖南衛視引進韓國綜藝節目《爸爸去哪兒》和《我是歌手》，引爆大陸收視狂潮，大陸的綜藝節目自此幾乎成為韓國節目模式的天下。據《北京青年報》統計，2014年中國各衛視頻道引進十二檔韓國版權節目，占引進節目總數的48%，其中六個節目收視率超過1%，更製作出《奔跑吧兄弟》這個超級王牌節目，平均收視率2.5%，最高達到4%以上。在2015年各衛視的二十一餘個綜藝節目中，超過一半從韓國引進，像《奔跑吧兄弟》、《真正男子漢》、《我們相愛吧》等收視較佳的節目，都是韓國節目模式，大陸引進模式製作的。《奔跑吧兄弟》並不是單純賣版權模式，是浙江衛視與韓國SBS電視台聯合製作，分享收益。

電視台願意花大錢買模式，是因韓國節目模式是收視率保證。2013年以來，韓國綜藝內容創新方式，一再讓有市場卻沒有形式的大陸製作單位趨之若鶩，大陸媒體把引進韓國內容分幾個階段，1.0版的買片時期，2.0版的借人時期，3.0版買人時期[7]。《我是歌手》和《爸爸去哪兒》時期的合作，算是1.0時代，模式單純以製作寶典輸入，提供相關技術指導，確保韓版和大陸版的節目效果一致。2.0版的借人時期，與單純引進不同，這一階段韓國電視台參與大陸版節目製作。《奔跑吧兄弟》即由原團隊操作前五集。3.0版買人時期是指從韓國引進明星，以卡司擴大節目差異，節目形式中韓國明星成為無法複製的門檻。《快樂大

---

[7]　搜狐娛樂網，買空韓國綜藝模式國內電視界開始買人：http://yule.sohu.com/20150720/n417136347.shtml

本營》中，韓國藝人參與的就有十三期，韓國男神張東健、池昌旭擔綱合拍戲。這股韓國明星與節目一併輸入的熱潮，引發2016年初「限韓令」傳言。

以前美劇、韓劇的全球行銷，影視作品版權的流通是完整的作品。具傑出創意《The Voice》在全球複製，有內容創新能力的荷蘭、英國、韓國節目模式輸出，日趨成熟，節目製作進入節目模式流通時代。取得中國好聲音2016版權的唐德影視說：「觀眾主觀偏好的預測是一種主觀判斷，若公司不能及時、準確把握觀眾主觀偏好變化，公司的影視劇作品有可能因題材定位不準確、演職人員風格與影視劇作品不相適應等原因，不被市場接受和認可，進而對公司的財務狀況和經營業績產生不利影響。」從這說帖可清楚知道，唐德花大錢買節目模式是因為：「強化電視欄目業務團隊引進和建設工作，盡快學習、消化全球先進的電視節目開發和運營經驗，充分整合、發揮自身業務和資源優勢。」[8]

台灣電視節目輸出主要平台是台北電視節，2015年將銷售節目改為媒合會方式。2015年台北電視內容交易創投媒合會，策展的文化部曾發新聞稿稱：台灣影視製作方搶攻海外買家！智利、Dailymotion、澳洲洽談滿檔。因交易內容屬商業機密，成果不得而知。台灣輸出的節目主流是偶像劇、綜藝節目，許多談話節目是透過網路影音輸出，並未獲得正式版權。林佳縈發現若台灣未來要轉變成輸出節目模式，應著重於「準備階段」、形成節目寶典、改以成本附加或赤字財政的方式，並且在輸出後如同節目模式般，能提供售後服務給輸入國。在行銷策略中應以「全球化思考、當地化行動」來付諸實行。她認為台灣製作節目模式有以下

---

[8]　浙江唐德影視股份有限公司2016年第一季度報告。

困難點：市場小、成本低、廣告回收慢、缺少節目創意發想與管理人才等[9]。

2.3 製作寶典

　　電視台基於節目模式（Format）的節目效果是可預期且低風險的，遂引進節目模式。節目模式含括構思、製作、包裝、售賣、經營等完整製作產銷流程，這些被嚴格定義的製作要求稱為「製作寶典」（Production Bible）。為符合全球節目交易製作精確，寶典指導節目風格、類型、流程、角色定位、舞台、燈光及商業推廣等描述，透過Bible嚴謹的寶典規定，可因地制宜地轉換內容。澳大利亞電影電視局（Screen Australia），Gary P. Hayes撰寫的《跨媒體製作寶典》（*Transmedia Production Bible Template*）第一頁介紹：對於引進模式者而言，寶典中明白陳述操作節目產製的細節與思維。製作寶典的目的是提供有用的最佳施作指導，用以思考規劃，開發跨多媒體平台屬性內容所需文字描述及配套材料。製作寶典主要是針對跨媒體專案的製作，團隊成員執掌責任，整體關鍵領域的方向，告知團隊成員需要研究探索各種學科的專業知識[10]。

　　《跨媒體製作寶典》的內容分為五大類，Treatment（故事摘

---

[9]　林佳蓁，《節目全球化的新思維：從節目模式的產製思考台灣節目外銷的未來發展》（世新大學廣播電視電影學研究所碩士論文，2015）。

[10]　Gary P. Hayes, *Transmedia Production Bible Template* (Screen Australia, July, 2011).

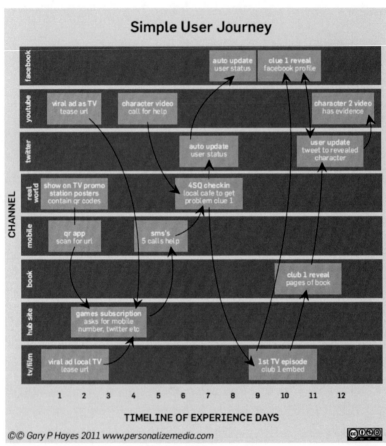

圖2-1　澳洲影視局出版跨媒體製作寶典（Transmedia-Production-Bible-Template）中使用者體驗路徑圖說

要）、Functional Specification（功能規範）、Design Specification（設計規範）Technology Specification（技術規格）與Business & Marketing（業務與行銷），五大類別區分四十細項。「功能規範」包括客戶端的實際工作原則。

「功能規範」是對使用者導向體驗詳細描述和界面元素的服務架構，此段是寶典核心，鏈接所有架構。「設計規範」主要是介面外觀，視訊和音訊元素，更細膩設計元件，品牌規範、線框，風格規範等。「技術規格」針對跨媒體多平台客戶端服務介面，技術分散應付不斷變化的網路，技術規格的執行人選最好由CTO（首席技術官）擔任。「業務與行銷」經常在其他寶典功能中放在首章，視製作寶典整體性質是否需要先建構行銷與商模式而定。

　　四十個《跨媒體製作寶典》的細項如下：

　　Tagline（標語）、Back Story And Context（故事背景脈絡）、Synopsis大綱）、Plot Points（劇情轉折點）、Characterisation And Attitude（人物性格和態度）、Scripts（劇本）、User-Centric Scenarios（使用者中心場景設計）、Multi-Platform Form（多平台形式）、Rules Of Engagement（教戰準則）、Platforms And Channels（平台和頻道）、Service Build Overview（觀眾服務建置概要）、User Journey（用戶旅程）、Key Events（關鍵事件）、Timelines（時間軸）、Interface And Branding（介面和品牌）、Design Specification 設計規範）、Design Aesthetic（設計美學）、Branding And Design Guidelines Introduction（品牌和設計指南的介紹）、Storyboard（分鏡表）、Wireframes（線框圖稿）、Style Guide, Colour And Font Specs（風格指引顏色和字體規格）、Media Design Styles（媒體設計風格）、Full Assets List（全部素材列表）、Technology Specification（技術規格）、Technology Platform Vision（技術平台視覺圖）、System Architecture（系統架構）、Underlying Magic In The Technology（獨到的技術）、Service Build

Infrastructure（服務建置設備）、Device Methodology（設備原理）、User Management（使用者管理）、Content Management, Back-End And Server（內容管理後端和伺服器）、Coding And Builds（編碼）、Quality Assurance Testing（品質保證測試）、Business & Marketing（業務與營銷）、Goals（專案目標）、Success Indicators（成功指標）、User Need（用戶需要）、Target Audience And Marketing（目標受眾和市場營銷）、Business Models（商業模式預測）、Projections, Budgeting And Timelines（預算和時間表）、Production Team（製作團隊）、Status And Next Steps（現狀與未來）、Copyright, IP & Licensing（版權知識產權和執照）、Summary And Calls To Action（摘要與召喚行動）。

表2-1　《城鄉印記》Format節目架構設計

定位	撰寫方向	影音設計	時間長度
全集精華	無須OS旁白	節奏快、畫面精華、主持人或與談人摘要，重點旁白點出要旨	20"
片頭		主題曲	25"
本集開場	說出《城鄉印記》的視角，為何要設計此集，這集的設計動機理念，要帶領觀眾了解何地、何物、何人，這些場地有何特色，曾經發生過哪些重要事件，有什麼可以讓觀眾產生好奇心，想往下看的故事描述	200-350字篇幅 影像呈現旁白所介紹的內涵 需要精確點的數據 有相關的舊影片、相片	60-90"
場景：開	主持人現場介紹，置身場景中，場景基本概述，可以看到、感受到的元素，帶出與談人，接著進入場景	80-100字	25"

定位	撰寫方向	影音設計	時間長度
對話專家圖文	專家大名、職稱、學經歷、著述等背景介紹。與《城鄉印記》有關的專業為主	30個字內	15"
場景：起	主持人訪問對話專家，場地所屬年代功能讓觀眾有概念 問題回應避免太長太短 列出訪問題綱，應先行電話拜訪，並將提綱交給主持人與受訪者準備	3問3答題綱	90"
圖文資訊：大事記	歷史建築所屬單位、興建年代，歷經事件。30個字內的介紹 4-6條資訊，每條資訊4-8字	手繪插畫	20"
場景：承	較為深入具體地進入場景的歷史事件中。可以涉略不同時間、不同議題與空間	5問5答題綱	100"
靜	美美空鏡頭的4-6秒 新詩一般的情境氛圍形容	2句話，每句4或6字	20"
轉場旁白：承	由上面的訪問內容，擷取一二句，轉入下一議題地描述	30個字內	15"
場景：轉	更深入具體地進入場景的歷史事件中。延伸追問，不同面向事件、不同議題與空間 給觀眾多元知性訊息	5問5答題綱	180"
處	美美空鏡頭的4-6秒。讓觀眾思考後有所得。新詩般的情境氛圍形容	2句話，每句4或6字 效果音	20"
轉場旁白：轉	由前段的訪問內容，擷取一二句，轉入下一議題地描述	30個字內	15"
場景：合	主要場景訊息未來規劃，建物主人延伸。展望、趨勢、呼籲等	3問3答題綱	120"
場景：收尾	主持人現場介紹，將聽聞感受分享，有特殊觀點概述，看到對話內容的思綺體會	80-100字	25"

定位	撰寫方向	影音設計	時間長度
下段預告	告知觀眾下一場景的魅力所在	30字內	10"
廣告破口			
場景二開	主持人現場介紹，置身場景中，場景基本概述，可以看到、感受到的元素，帶出與談人，接著進入場景	80-100字	25"
對話專家圖文	專家大名、職稱、學經歷、著述等背景介紹。與《城鄉印記》有關的專業為主	30個字內	15"
場景二起	主持人訪問對話專家，場地所屬年代功能讓觀眾有概念問題回應避免太長太短列出訪問題綱，應先行電話拜訪，並將提綱交給主持人與受訪者準備	3問3答題綱	90"
圖文資訊：大事記	歷史建築所屬單位、興建年代，歷經事件。30個字地介紹4-6條資訊，每條資訊4-8字	手繪插畫	20"
場景二承	較為深入具體地進入場景的歷史事件中。可以涉略不同時間、不同議題與空間	5問5答題綱	100"
靜	美美空鏡頭的4-6秒新詩一般的情境氛圍形容	2句話，每句4或6字	20"
轉場旁白—承	由上面的訪問內容，擷取一二句，轉入下一議題地描述	30個字內	15"
場景二轉	更深入具體地進入場景的歷史事件中。延伸追問，不同面向事件、不同議題與空間給觀眾多元知性訊息	5問5答題綱	180"
處	美美空鏡頭的4-6秒。讓觀眾思考後有所得。新詩般的情境氛圍形容	2句話，每句4或6字效果音	20"
轉場旁白：轉	由前段的訪問內容，擷取一二句，轉入下一議題地描述	30個字內	15"

定位	撰寫方向	影音設計	時間長度
場景二合	主要場景訊息未來規劃,建物主人延伸。展望、趨勢、呼籲等	3問3答題綱	120"
場景二收尾	主持人現場介紹,將聽聞感受分享,有特殊觀點概述,看到對話內容的思緒體會	80-100字	25"
全集回顧	歸納總結,經典事件補充,篇幅有限仍待觀眾發覺其他精彩。謝謝收看	80字	25"
片尾設計	幕後工作人員名單局部現場畫面感謝單位		20"

2.4 行腳節目觀眾收看動機

《台灣文創遊》播出後,觀眾到TVBS網站留言,由TVBS業務潘思琦轉告。她提到:節目播出後陸續接到許多觀眾來電與來信,詢問《文創遊》的景點與店家資料,以下是觀眾寄到TVBS官方信箱的完整全文。

您好:

在電視上看到《台灣文創遊》節目,覺得很清新。個人建議該節目可以參考資料:書名是《兩岸文創新世代台灣好實力》,作者是巫倫娜,網路上可查到,我們聽過她的演講很有收穫,祝節目成功:)

一名觀眾

這是少數願意留言的觀眾，針對節目有具體的友善建議，觀眾也以「清新」來形容他對節目的體會，足以讓製作單位參考。沒有先安排TVBS業務留下所有來電、來信的觀看集數與感興趣場景，有點可惜。從事影視行業都想知道，如何掌握觀眾的興趣喜好，這也是作品成功的關鍵。然而，觀眾想看什麼，是個隨時變動且不易掌握的課題，否則不會有票房差異和收視率高低，更不會去買電視模式。

隨著影視娛樂影視產業的國際交易，網路流通快速，韓劇播出次日網路就翻譯好上傳，看戲後興起觀光旅遊的嚮往，影視旅遊成為風潮，蓬勃發展。韓劇捧紅許多知名偶像，也帶動韓國光旅遊市場。觀眾看電視節目之後，如何理解節目從而產生旅行動機理念？劇情的場景意象與旅遊意願二者的關係為何？根據梁乃文研究結果，政府觀光單位借用形象良好名人、偶像作為城市行銷代言人，但在挑選名人、偶像上必須要慎選，才能有效提升影視旅遊產品的價值，並進行目的地整合行銷與溝通，加強旅遊服務配套措施，才能有效提升遊客旅遊意願[11]。

行腳節目的城市行銷或城市形象建構，僅是眾多行銷方式一環。推動觀光行銷策略，多是整合行銷，會隨季節時間改變議題，經常更換整合觀點，行腳節目當然也有其觀眾定位。以播出時間分析，《台灣文創遊》週六下午6點首播，《悠遊台北》是週日上午10點播出，於假日時段播出，無疑期待台北都會區觀眾，週日晚起，吃完早餐看到旅遊介紹，能激起出門走走的誘因。《台灣文創遊》規劃播出時，TVBS曾建議提前一個月到春節假期播出，2015年春節假期長達六日，適合看電視激發出門動

---

[11] 梁乃文，《影迷涉入、目的地意象與旅遊意願關係之研究》（國立台中科技大學企業管理系事業經營碩士班論文，2012）。

力，春節走春，逛逛台北文創風情。

《台灣文創遊》單元有大稻埕、富錦街與寶藏巖等聚落，在賦予文創形象前，大稻埕是春節年貨大街，寶藏巖為歷史聚落，都是獨具形象旅遊目的地。《城鄉印記》將北投文物館置於北投溫泉文化單元，與北投溫泉博物館並列，其根據是北投文物館在日據時期是北投最高檔的溫泉旅館，雖然現今的角色已是博物館，但仍符合過往所具有的溫泉角色。旅遊目的地意象是多元的，是文物館，也具有溫泉文化極富觀光價值的歷史遺跡，這都是觀光景點行銷中重要的概念。魏鼎耀針對目的地意象和知覺價值研究中提到：因為好的目的地意象可帶給遊客深遠的影響，不論是在目的地選擇前、遊憩中、遊憩後之評估，意象都會持續存在且持續影響[12]。在其行銷文獻中對顧客滿意度與購後行為意圖的研究，也看到觀光旅遊業必須探討影響遊客滿意與遊後行為意圖的主要因素，因為過去研究多將旅遊品質視作主要影響，但知覺價值應該在影響遊客滿意度與忠誠度中，扮演著很重要的角色。

有知名度的行腳節目主持人是絕對的收視動機。電視頻道眾多，隨意轉台，看到的是主持新人，觀眾的觀察與認知是保留的，若轉台到具有辨識度的主持人，節目型態與議題，足以成為收視保障。以TLC《瘋台灣》主持人Janet為例，其獨特的國外生長背景，以流利英語跟觀眾介紹，再用台語跟現場人物互動，使觀眾體會一種新奇、年輕朝氣與國外生長所形成特色，對在地陌生，隨時有好奇心，都是深獲觀眾青睞的原因。Janet成為《瘋台灣》節目型態的代稱，觀眾對即將呈現的節目內容期待自然不

---

[12] 魏鼎耀，《目的地意象、知覺價值與遊後行為意圖關係之研究》（國立成功大學交通管理學系碩博士班論文，2005）。

同。王士崇以電視美食旅遊節目之觀眾為研究對象，探究美食旅遊節目的收看動機發現，有趣的節目內容及提供正確美食的資訊，更能滿足與吸引觀眾收看節目。且收看動機與滿足因素，對收看後之行為意圖具有顯著影響力，主持人的專業程度也成為影響觀眾收看節目的重要因素[13]。周芳以媒體品牌權益的角度，檢視電視節目採取品牌化策略時，有哪些關鍵要素及其所產生的效益，對於節目品牌忠誠度而言有何幫助。她發現，節目品牌和主持人品牌，對節目品牌忠誠度之塑造具有顯著的影響，其中，又以節目感知品質和主持人關聯性最具影響力[14]。主持人成為節目最具體的象徵，遠超過節目名稱和節目品牌。

媒體品牌也影響節目收視動機。《台灣文創遊》在TVBS 56台播出，TVBS長期以來保持優質形象，其規劃播映時曾描述自身定位：以優質新聞性節目為主。廣受觀眾青睞的《看板人物》、獲金鐘獎肯定的《一步一腳印》、多元生活性節目創富新聞、地球黃金線等，皆是TVBS 56頻道的招牌節目！TVBS從「人」出發，製作與觀眾有所共鳴的優質節目，收視觀眾以都會工作男女以及社會領袖為主。《台灣文創遊》所傳達的文創體驗，亦可透過TVBS的收視觀眾，讓更多人看見文創產業所仰賴的文化內涵。56台的頻道定址，接著新聞類頻道群的55頻道後，比較容易不小心轉到。《悠遊台北》播出頻道是39台，中天娛樂台是以播出娛樂性質的電視節目為主，長期以來有許多收視不俗的綜藝型節目，如《康熙來了》、《大學生了沒》。由於具有

---

[13] 王士崇，《美食旅遊節目觀眾的收看動機與滿足、節目可信度、行為意圖之研究》（南華大學旅遊管理學系旅遊管理碩士班論文，2013）。

[14] 周芳，《從品牌權益觀點探究電視節目品牌與主持人品牌之影響：以綜藝類節目為例》（國立交通大學傳播研究所碩士論文，2014）。

娛樂的鮮明定位，連帶使《悠遊台北》的節目形象更具休閒綜藝感。

2.5　旅行節目文獻觀摩

一、台灣行腳節目文獻回顧

　　號稱第一個深入台灣山林的探險節目，衛視中文台的《台灣探險隊》，算是行腳節目的開創性類型之一，內涵是爬山健行展示山岳風情，真實記錄台灣的山川、生態之美，符合「行腳」之實。1996年開播，製作播出超過二百集，呈現當時電視尚少展示過的地方，曾創下尼爾森（ACNielsen）收視率4.5的紀錄。1996年剛開始週休二日，戶外活動風潮興起，節目應社會需求而誕生，開創行腳節目展示山岳景觀的先例。《台灣探險隊》製作的手法為單機拍攝，由主持人江宏恩和登山達人、野溪高手乘坐四驅車進入山區，一路互動對話報導見聞，大都是當時觀眾尚不多見的高山荒林景觀。製作小組將節目編撰《台灣探險隊之山林野趣大搜祕》一書：台灣探險隊不但引領台灣觀眾，看見台灣許多不為人知的山川僻野美境、罕見的生態之美，同時也建立了許多觀眾的探險新觀念熱潮，更成為其他有線電視台紛紛跟進效仿的節目範式。

　　以台灣為旅行場景地點，播出最久、集數最多的行腳節目可能是《台灣全記錄》。《台灣全記錄》是台灣三立都會台所製播的旅遊節目，1998年12月開播，前身為《世界地理雜誌》系列，2011年9月整併播出，製播時間長達十三年，播出總集數超過六百五十集。《台灣全記錄》節目企劃陳則霖說：當初的構思，只是把製作團隊的人力當成為一支自助旅行的勘察隊，專門蒐集台灣珍奇的自然生態和特殊的人物故事，用電視攝影機記錄即將消失的特種行業與物種。因此，必須面對劈荊斬棘的路程，才有壯麗的自然美景與畫面。由於加入現場測量及實地解讀，為台灣寫下珍貴的紀錄[15]。他說在1998年第一次製作旅遊節目時，僅由主持人帶領著觀眾進入台灣平常人無法進入的山林野外，藉由隨行的專家學者，介紹沿途所見的動植物，是帶給觀眾了解台灣自然生態、山水風光甚至是特殊民情的知性節目。

三立電視台的台灣行腳節目的議題範圍廣泛，有以美食介紹報導為主的《鳳中奇緣》，也包括《在中國的故事》、《美食大三通》、《冒險王》、《世界那麼大》等節目，這些節目2011年9月整併到為愛玩客系列節目。歷任主持人為李興文、顏行書、唐家豪、亮哲、張永政等。其中李興文主持六年，最為人熟知與認同，網路論壇網友free biker67留言：「近來的戶外行腳節目，總覺得沒有過去來得精彩，在這麼多的戶外行腳節目中，我最喜愛、懷念的，還是那幾年由李興文擔任行腳人的《台灣全記錄》，其中最喜歡的是那些攀登台灣各大山岳的系列，看著他們走過許多台灣的高山，真是令人感動萬分。後來，李興文卸下主持棒後，感覺後面接手的新人，整體的味道就是差了一大截，少了那份自然、純真。李興文主持時，讓我這觀眾，有著和他們一同冒險的感覺，但換人之後，覺得變成只是在看一個節目。」[16]free biker67的感受非常具體陳述行腳主持人的特質，對

---

[15] 陳則霖，《記錄報導節目製作之技術報告——以三立台灣全記錄為例》（世新大學廣播電視電影研究所碩士論文，2010），頁5。

[16] http://www.mobile01.com/topicdetail.php？f=37&t=1698654

李興文的「自然」與正面精神，印象深刻，投射在節目品牌的感動，就如同觀眾自己去登山。

《台灣全記錄》的版型分為九個段落，以探險登山活動為軸，始於準備階段，終於歸程，以活動進行順序，呈現節目結構，單純直接，觀眾可充分理解。

表2-2

定位	內涵
準備	旁白開場介紹主旨，小組整裝出發，可能與專家約在某地點，與專家會合、商談主要目標、次要目標後，便前往目的地。
啟程	駕駛四輪傳動車、騎上自行車甚至其他輕便的交通工具，出發進行觀察記錄的行程。
地標	沿路經過城鎮景點介紹，隨時以地圖顯示地理位置，節目中會製作紀錄表，記錄遇見的事物，包含自然生態、人文景觀。
發現	探尋搜奇的路程，沿路搜尋生態、地質、地理、水文或人文、史蹟等題材，並對即將消失或已經消失事物做探討記錄，也不忘以比較輕鬆的態度，介紹旅遊的景點風光。
抵達營地	以野外露營方式過夜，必要時也會住宿旅店，也可在住宿地點觀察夜間動植物活動，也會順便介紹野營的趣味。
野地	主題搜索：第二天早上，開車或徒步、騎車，搜尋探勘、記錄新奇的事物，主持人與專家間會互動，搭配主持人旁白，表達看法、想法。
繼續前進	繼續朝主題目標前進，與「發現」相同，陸續尋找與主題相關的事物
抵達目標	抵達主要目的地，徒步尋找主要目標，可能是年代久遠的舊車站、祕密溫泉，或千年神木群、原住民原始部落。抵達現場後，由專家詳細介紹，跟隨專家做現場記錄，並讓觀眾了解主要目標物重要性。
歸程	完成記錄後，帶著豐收愉悅的心情踏上歸途。

資料來源：陳則霖，《記錄報導節目製作之技術報告——以三立台灣全記錄為例》。

除上述二個開創性的代表節目，因為影視技術的進步，行腳節目製作方法技巧，已經有很大不同面貌。以2015年獲得第五十屆金鐘獎肯定入圍的五個行腳節目，來觀察行腳節目的架構與形式。

二、《世界第一等》

　　八大電視「大視界系列」的旅遊節目，2005年開播，至今仍繼續播出。節目探訪世界各地稀奇古怪、駭人聽聞的風土民情，首集即報導越南畸形村，創下一點多的高收視率，在媒體上引起相當關注。節目風格為搜奇，常會拜訪當地台商及移民、導遊、留學生，了解當地台商的成功經驗，與當地華僑一同探索該國家的文化和傳統。

　　奇人軼聞是《世界第一等》最鮮明的節目特質，透過企劃找尋聞所未聞的事物，有種既害怕又想看的微妙心理。稀奇古怪的主題包括泰國的嘔吐戒毒廟、死屍博物館、生吞癩蛤蟆奇人、會聽佛經的巨蟒等。這類特殊的資訊，未必足夠成為整集四十幾分鐘的素材，因此是以獵奇的元素，去延伸發展，保留線索。

　　以《前進北朝鮮》來看《世界第一等》的架構，可分為八段落，行走六個地點。片頭二十秒，接著主題介紹，以旁白介紹主題，濃縮整集內容的精華，以快節奏鏡頭更替，目不暇給，讓觀者期待接下來的豐富內容，特別強調能拍到什麼無法預期，如眾人所知封閉國度，塑造未知旅程的神祕。抵達北朝鮮，正式進入主題，向觀眾介紹時間、空間資訊，以地圖交代位置，用圖文設計告知觀眾有關導遊、在地達人的基本資訊。第一站水庫，導遊入鏡，二人互動對話，報導採訪，對談的畫面穿插主持人旁白介紹，第一段結尾由旁白引導畫面。到第二站，標題字幕、環境基本介紹，由對話者講出重點，並發掘一二則議題後，訪談加上主持人分享。第三站、第四站格式差異不大，幾個段落架構會利用廣告破口，先到下一站，再進預告，廣告回來播完整段落。

　　《世界第一等》節目有紀實特質，劇組在遭遇阻擋不准拍攝時，仍刻意錄影，將意外的挫折都入鏡。誇張地呈現不合理的對待，與沒有標準的採訪規定，尤其是特別保留拍飯店、商店採購中，發生警告拍攝違法，讓觀眾見識動輒得咎的國度。第五站是為人熟悉的樣板表演，五一體育場，建國六十週年晚會，呈現場面浩大的整齊一致。表演後採訪觀眾心得，有深度報導的機動性，且觀眾得以多元理解表演帶給觀者的感受，雖是樣板，卻也令人嘆為觀止。第六站是最後一場景，在政治象徵鮮明的金日成廣場，意即此地是北朝鮮最具代表性地點，旅程結束，節目收尾。

　　《世界第一等》的拍攝未必每次都出國，企劃也會在台灣蒐集奇人軼事，帶領觀眾探訪台灣風情特產，找出富有故事的人物。節目由主持人採訪報導人物，展示過程。《全台首創小丑貝果》單元，介紹花蓮一家全台首創小丑貝果店，主題介紹時刻意以後製隱藏怪人怪事，現場開始描述，相遇採訪，再由小丑貝果主人引導，抵達廚房介紹，街頭試吃，主持人跟著品味叫賣。另一場景七星潭，單元名喚《潛水戰士，海底育嬰》，由潛水勇士帶領，搭建海底另類產房，先砍竹上船去外海會合，再下海建構育嬰房，故弄玄虛——海底育嬰為何種生物？謎底揭曉，原來是烏賊產卵。這單元介紹一群生態保育人士，為高經濟生物烏賊提供優質棲地的暖心故事。接著是花蓮特產粉紅奇幻石，以旁白引言，到溪中撿拾奇幻石，體驗研磨施工，講解賞析石頭造型設計的巧妙。節目訪問玫瑰奇石收藏家，讓觀眾理解石材價值，學習如何觀賞奇石、品味奇石。最後一段拜訪花蓮蝴蝶蘭之父，參觀溫室蘭房，帶領觀眾了解人物堅持養蘭的故事。《世界第一等》以尋常製作貝果販賣貝果的人，營造出富議題魅力的小丑貝果議題，透過主持人採集石材，看到野溪場地魅力，以奇石、海洋保育、養蘭等人物，見證花蓮獨特的在地情感。

三、《作客他鄉》

為公廣集團客家電視台製播，在全球各地發掘海外客家人生活奮鬥的故事，標榜帶領觀眾看見客家新世界、新視野。節目架構是一段探訪客家鄉親的旅程，節目網頁上如此介紹：透過海外客家鄉親的帶路，一步步認識不同文化的在地生活、不同環境下成長的年輕世代、不同歷史文化背景的城市故事，還有不同種族不同膚色的生命價值！

透過2016年7月播出的第一百七十九集《赤道獅城　南洋崛起小巨人（新加坡）》，分析觀察《作客他鄉》的節目特色與架構。《赤道獅城　南洋崛起小巨人（新加坡）》有二位受訪客家鄉親，第一位是嫁到新加坡的Mia，長度較長約三十分鐘，對話場景有公園、港口與住家，並招待主持人在家裡用餐，品嚐在地華人的料理。第二位是旅居當地十五年的Grace姐，長度約十八分鐘，對話場景是植物園、食閣與社區巷弄，都是公共空間。

片頭二十秒後進序場，空景先行，客語旁白介紹地理基本資料，引介拜訪嘉賓，視覺質感頗佳，獨特的觀點，擷取獅城風情，路上行人、岸邊小貓造型公共藝術都入鏡，具有旅遊風情的視覺魅力。訪談起始，嫁到新加坡的Mia，率真開朗地介紹獅城的緣由，以風水螃蟹狀地理典故，引導認識新加坡，頗有趣味，強調新加坡綠化的成果。繼續行走進訪談二，以BMW諧音趣味，介紹公車、地鐵、走路等大眾交通工具，議題展示Mia的客居心情與體悟，告知觀眾擁車證的代價高昂，是地小人稠的新加坡特色，處處都是Mia的異國文化生活體驗。訪談第三段到小印度區，逛美食街，以食物展現新加坡多種族社會概況，同時也是種品味美食分享資訊的意涵。接著繼續走走談談，環境宜人的公園綠地，對話Mia工作權、買屋的計畫，與她進入職場前的遭遇等經驗，議題十分生活化。主持人再跟Mia一起回家，拜訪其家人。Mia的婆婆和家人下廚招待主持人，家常菜色，體驗客家傳統與新加坡特色結合的「新式」擂茶。一桌獨特新加坡在地特色飯菜，讓觀眾觀察到異國婚姻的細節。Mia態度非常大方自在，與新加坡夫家融洽相處，亦呈現出二種文化交流融合樣貌。進廣告前預告，先展示下段受訪者。破口回來後，拜訪另一位客家鄉親Grace——她十五年前即毅然帶著孩子舉家移民，從旅居新加坡二代人的經歷，看見不同世代在新加坡生活的情形。Grace以孩子教育因素移民，期待孩子在雙語環境成長，放眼國際。二人訪問皆在天橋、植物園附近類似居家環境中分享，呼應新加坡「花園城市」美名。Grace特別提及新加坡以往跟馬來西亞買水的資訊，水資源匱乏說明新加坡必須居安思危的特質，同時也是生活品質的改善過程。通常對話一段落，再搭配主持人旁白，不會讓對話超過二分鐘，避免枯燥。Grace介紹自己家庭，以舊照片搭OS，看到小孩十五年來的轉變，延續Grace陪讀媽媽的自嘲，道出酸甜苦辣一籮筐。再接著二位已是大學生的小孩參與訪談，看到下一代的價值觀，關心詢問：「移民是正確的嗎？」回答是肯定的。因生活重心轉換，心境大不同。在新加坡稱食閣的美食街用餐，孩子思考未來，若有機會選台灣或新加坡時，他們仍然覺得移民新加坡是正確且值得的。

　　《作客他鄉》帶領觀眾探尋旅居國外許久的鄉親，透過他們自身的人生經驗，觀察客家價值或生活方式之轉換，鄉親用生命去開創人生，及其異鄉生活的點滴，與文化差異所產生豐富見聞，都展現了客家人拚搏的硬頸精神。節目為報導式對話，人物很重要，富有故事，善於表達，成為節目流暢與否的關鍵。探訪過程中，主持人也讓觀眾看到海外客家鄉親的生活智慧，以及台灣人在世界立足的變通精神與生存勇氣。

四、《背包踐客》

　　中天電視股份有限公司製作播出，踐客是指實踐家，亦有「劍客」諧音。《背包踐客》格式特殊，不同尋常的節目視覺，有新媒體的實驗風格，由曹西平在電視台總部，稱「台北圓夢事務所」的地方控管，並交付任務。曹西平要適時提供支援，讓二位外景主持人進行踐客任務。畫面長時間停在雙現場，Picture in Picture，新聞鏡面樣貌。《背包踐客》有鮮明的實境秀特質，以明星藝人為背包踐客，進行實踐夢想的探險旅程，去完成頗具難度深藏心中的夢想——例如小鍾的三鐵夢、KID的鏢魚手夢想、歐陽娣娣的熱舞情懷等等。二位現場主持人與來賓人物約定目標，毫不掩飾幕後的情緒與事物，有真實過程記錄手法。節目進行邏輯為一連串任務，逐步由來賓和主持人完成，任務包括旅程的動機、住宿無法解決、首次露營與溯溪冒險挑戰等。

　　透過2015年8月播出的《謝祖武全新出發！與兒子獨一無二的旅程》，分析《背包踐客》的結構與特色。片頭二十五秒後接台北總部——台北圓夢事務所，曹西平在事務所自己獨自陳述，委託圓夢業務繁忙，說出委託者有哪些明星藝人。然後外景主持人Eason回到總部，二人藉由具有娛樂性質的對話帶出任務。回溯三天前的緣起時間，出發記者會上，外景主持人Eason、張文錡苦等委託人，謝祖武出現委託圓夢。謝祖武經常因工作之故，錯失參與兒子Junior的成長，想彌補遺憾，帶小孩去花蓮旅行增進親子關係。戲劇演員出身的謝祖武，形象幽默正面，並非諧星，節目魅力之一是讓觀眾看到演員的真實情感。

委託後，外景主持人出發接Junior，一路交流對話，計程車上對話，轉搭乘火車旅程，出發路程上對話，觀眾對明星家人普遍都有好奇心，對話是張文錡問Junior居多，可見外景主持人的分工。對話也呈現出小孩特質思維，觀察旅程中親子互動的要素。可愛率真的小男孩，成為節目賣點，展示藝人家人的面貌更是重要的資訊。Junior第一次上節目，卻大方自然，頗具魅力。旅程中告知謝祖武晚餐安排得不順利，考驗謝祖武與Eason如何處理晚餐。抵達花蓮，順利晚餐後入住飯店。由於Junior表示希望逛夜市，任務再度出現：出發去夜市。尋常的逛夜市，卻因謝祖武的公眾身分，引起騷動，影迷熱情搭訕合影，沒有辦法好好陪Junior逛，也沒了旅行度假的休閒感，讓小孩深刻體會到明星爸爸的身分多麼特殊。當初要求逛夜市時沒有考慮到這點，Junior為此有些自責，這也讓觀眾看見了小孩的體貼。

次日溯溪，展示好山好水，抵達砂婆噹溪。謝祖武遠看兒子跳下深潭，關懷緊張之情溢於言表，沒有多說，眉頭緊鎖，影像捕捉細節，以旁白稿搭畫面。企劃現場的觀察與後製設計出議題，一樣重要。節目非單純記錄，要找出議題，形成小情節（Plot Points）。Junior表達心情，新任務提出希望媽媽也能在場。繼續挑戰溯溪冒險，記錄體驗野溪美景，看明星家庭如何克服恐懼障礙。傍晚露營區，謝祖武父子齊力搭帳篷，不熟練中的摸索，穿插分享對孩子的觀察，體認孩子長大要尊重，也感性分享參與節目之心情。

次日起床，甚少戶外野營的小孩睡不好，頗具真實感。外景主持人分享見聞，節目要的人物或事件，並非隨時都有，也非連貫，常見昨日因今日果，這時要靠旁白或畫面註記，交代因果。所以，實境秀需要大量訪談，直接講出事件邏輯，成為解讀畫面的資訊。主持人等候謝太太時，謝祖武帶著Junior在度假園區與動物互動，看熱氣球升空。在沒預期下，謝太太突然現身，全家碰面，三人互動後分享近日旅行軼事。本來預期三人與劇組參與熱氣球升空，卻因天候不允許而放棄，最後由主持人張文綺訪談謝祖武，總結旅程的收穫與感想。

《背包踐客》最主要的節目魅力在於踐客明星本身和旅程事件與態度。由明星藝人擔任踐客，演示藝人幕後樣貌、人生態度及生活細節，有正面形象與好感度的明星會吸引收視。夢想實踐方式與過程是種未知旅程，節目魅力之一應當是「有夢最美」的態度，如何被欣賞，是製作挑戰。明星上節目是否比素人更具效果，不能一概而論，效果貼切自然很重要；專業藝人會帶鏡頭，素人對鏡頭掌握往往不夠專業。謝祖武常有自嘲式幽默感，這些表現在旅遊過程中都被捕捉到，留下紀錄，彰顯藝人特質，也增加娛樂效果。夢想是明星的，是否實現觀眾未必想知道，或說不是觀眾最關心的部分，重點在於旅程精彩與否。雙現場形式是少見的行腳節目樣態，頗有創意，但效果並不明顯，圓夢事務所不宜干擾旅程，分散主題。

五、《元味好生活》

英文名稱《Love Travel & Life》，可知是熱愛旅行精彩生活之節目，由傑星傳播製作，主持人為姚元浩；2014年11月首播，曾在公共電視、緯來綜合台，及香港無線電視高清翡翠台播出。節目以姚元浩健康陽光的型男形象，開著露營車旅行，享受自然風光，並在戶外烹飪美食，料理過程看見品味與人生態度。《元味好生活》也以來賓為節目特色，邀請與露營戶外活動等概念相近的明星藝人，一起露營進行戶外運動，展現公眾人物的特質，滿足觀眾好奇。

透過2015年元月在公視播出的陳金鋒、郭泓志專輯，來分析《元味好生活》的結構與特色。陳金鋒和郭泓志都是旅美棒球明星，二人的運動員背景，適合野外活動挑戰。陳金鋒外號「台灣巨砲」、「鋒哥」，是第一位在美國職棒大聯盟出賽的台灣選手，帶動台灣棒球選手旅美風潮。郭泓志是知名美國職棒大聯盟的棒球左投手，曾在美國職棒大聯盟洛杉磯道奇隊服務。二位棒球明星，都具有高知名度；節目結構分為五大段落，以棒球、海釣、露營與美食議題，經營單元段落。

表2-3　元味好生活單元結構

單元主題	內容
開場：大魯閣打擊場	開始在棒球打擊場開場並進行娛樂比賽，以輕鬆方式看陳金鋒打球
第二段：露營車上與釣具店	上車赴基隆，在釣具店與郭泓志交流釣魚專案與任務提示。
第三段：海釣船	出海海釣，進行三人釣魚競賽，郭泓志暈船不適。
第四段：碧砂漁港	漁港烤魚，享用海鮮美食，自己動手料理，也適時挖苦比賽中沒釣到魚的郭泓志。
結尾：露營區	最後一段開車露營，在露營區泡湯，輕鬆氣氛中談嘉賓的旅美甘苦。

序場快節奏鮮明風格介紹後，下車走進大魯閣棒球打擊場找人，陳金鋒出場。鋒哥現身帶出名人效應，一向寡言的運動員上

節目，要由其他元素來補足：二人進行趣味競賽，姚元浩、陳金鋒比賽時速一百四十公里打擊，輸的人伏地挺身。跟職業選手比賽，非常切合來賓身分的安排。陳金鋒打不到球，是觀眾無法想像的現實，也許是帶著娛樂效果的安排。最終，二人各罰十下伏地挺身。接著上車，開始進入正式活動，行進中對話，看見來賓的生活態度，介紹主持人對戶外活動與美食的理念。釣具店與郭泓志碰面，挑選釣魚工具，聊釣魚知識，處處皆學問，海釣釣竿與釣餌，都需要搭配季節與魚種，過程逐步呈現行腳節目冒險元素。在海釣船上三人比漁獲量，從碧砂漁港出發，郭泓志暈船，看見海釣實在不易。陳金鋒、姚元浩二人釣到一竿，成績也不行，顯然節目焦點並不真正在於釣魚。海釣攝製視角有限，漫長等待不能剪進來，造成海釣單元沒有亮麗的觀賞樂趣。上岸後輸家烤魚，贏家享用海鮮美食，也是小小樂趣。無論是看大明星出糗，或是逛逛碧砂海鮮街，莫不是旅行風情。接著溫泉露營區露營，這回晚餐不自己料理，而是搜尋露營地附近的道地餐廳，呈現台灣露營的風貌，不須克難吃住。露營區設施完善，有電有浴室，還去溫泉泡湯，訪談嘉賓旅美的甘苦。陳金鋒講述大聯盟的壓力，雖不善表達，仍提供觀眾難得的運動員人生觀察。

《元味好生活》情節是種嚮往，擺脫都會，親近山水的美好，嘉賓和小型趣味比賽，增加娛樂元素，降低來賓不善言詞的缺憾，幾項契合戶外享受美食節目宗旨的主題是海釣、烤海鮮，可惜海釣成績不佳，拍攝到的畫面不精緻，降低《元味好生活》親近大自然的號召力。在露營區泡湯，恢意卻小小突兀，也是種好生活，卻與節目調性不大一致；然而，二人結尾時的對話，暢談旅美甘苦內容，應該會讓觀眾有所啟發。

六、《勝利催落去》

　　是2015年第五十屆金鐘獎最佳行腳節目、最佳行腳節目主持人獎得主，可說《勝利催落去》是2015年台灣最受肯定的行腳節目；此外，《勝利催落去》也是2014年金鐘獎最佳行腳節目，連續二年獲獎，更說明其實力。綜觀《勝利催落去》成功之道，有四點觀察：主持人特色及其交通工具皆具獨特性，合理順暢的起承轉合，從平凡中看到旅行主題的獨特視角和精緻有質感的影音品質。主持人阮安祖感性地說：「好多人正在看我們，他們眼睛都發亮了，我希望我們站在這裡，是因為我們照亮很多台灣人。」盲人主持人林信廷，路上需要阮安祖帶著他，他虧搭檔是「美國來的導盲犬」。

　　由2016年2月播出的澎湖專輯，分析《勝利催落去》的結構與特色。一開始像是導言，主持人自我介紹，口吻充滿哲理態度與思維，例如林信廷說：「雖然我比一般人看得遠，卻還要學習做個盲人。」畫面樸質。進主題曲，頓時熱鬧，RAP風格，說唱中陳述節目精神理念，畫面華麗，一唱一主題，對應適宜。在進入正式主題前，二種風格獨具的引導，主持人獨特，老外和盲人，哼唱聲中，聽到歡樂歌聲，看見華麗美景與鄉間、海底景色。

　　進入主題，出發地點是台馬輪的下船人潮，基隆上船海路到達馬公港後，「勝利號」啟程遊澎湖駛離馬公港，地圖搭旁白介紹澎湖群島；另一旁白介紹澎湖度假特色，目標說明，信廷來澎湖要學拍照、學潛水。請注意，盲人怎麼攝影呢？第一站，東衛找莊萬枝學踏涼傘。耆老談踏涼傘，展示在地文化，主持人學踏步，深入民俗內涵；二人語言和文化皆能互補，分享對莊師傅的觀點。歌聲中轉場，到風櫃聽海浪拍擊岩石聲音。風櫃聽濤是澎湖知名特色，聲名遠播的旅行觀景。一早到馬公魚市場，看見各式魚貨，食指大動，皆澎湖特產。一早吃新鮮小卷讓安祖卻步，小口嚐過，讚不絕口，小小段落，自然不造作，呈現澎湖庶民早餐特色。場景挑選一早的馬公魚市場，路邊開拍，看似隨興，深覺選點極佳，視角自然獨到。轉場用風格特別的插畫，秋芳姐對海洋說「好美」中過渡。二人逛四眼井，閒逛講街巷生活味道，皆是自然流露的對話。經過一路邊中藥茶葉蛋鋪，轉身進去與中藥店老闆對談。老闆自然，客人純請益，不刻意預設議題。小節又見劇情。到「講美」潮間帶，秋芳姐帶領二人要去海邊挖貝殼。秋芳姐是「海女」，包著澎湖特色頭巾，騎車到來，整張臉只露眼睛，問二人要不要包頭巾，對話過程親切，同樣自然順暢，感覺攝影組的真實記錄實力不俗。潮間帶叉貝殼，別有風情。訪問海女人生，增廣見聞。叉完貝殼，到秋芳姐家吃海鮮，尋常澎湖料理，角瓜及澎湖故事。問到海女風險，提到小姑也是海女，意外沒有回來，感傷的人生，衝擊對海的興趣，至今秋芳姐不再下海，僅在海邊拾貝。轉場從安祖對桌上菜色的感性認知，苦澀伴隨甘甜的哲理，再上車到馬公市找外籍配偶莉莉，二人相見歡談，說明莉莉今天任務要搭活動用雨棚。訪談莉莉，看一個外地媳婦嫁到澎湖的歷程，體會到現實讓人堅毅。出發去潛水，路上看到裝置藝術，停下拍照，盲人當攝影師，是個有意思小巧思，小節見巧思，突顯旅行觀察，「看」卻未必見識到。到馬公港，出港學潛水，回顧先前鼻頭角學習情況，談到信廷對海底世界的恐懼與壓力。下海浪大，景觀不佳。此處安祖旁白為主，雙主持人，可互補，也可共談論一主題。無法潛水遂上桶盤嶼。真實呈現二人討論，詢問派出所，找到玄武岩景觀的過程。

信廷無法看，改以觸摸玄武岩、觸摸仙人掌，感受澎湖特色。次日再上船，抵達虎井外海潛水，信廷終於克服恐懼潛水成功，上船分享過程。接著音樂帶入水底世界，節奏輕鬆愉悅。

巧妙融合景觀人物旅程，相得益彰，是《勝利催落去》設計成功之處。「勝利號」是節目名稱來源，在節目內容中卻篇幅極少，僅轉換場地時使用，但這骨董車可是老台灣文化情感，可以讓觀眾記住的元素。節目中，「勝利號」開車上路常是轉場，去另個場地。《勝利催落去》不強調旅行方式，節目企劃有自己的視角——魚市場、海女與中藥店，行腳節目少見的選擇，卻呈現更理解澎湖的滿足。合理的起承轉合效果明顯，《勝利催落去》透過音樂聲轉場，插畫襯著音樂壓抑情緒，讓人靜心細觀，也用環境中美景，讓「勝利號」行經轉場。

行腳節目是電視節目類型裡最普遍常見的一種，每個電視集團都有一系列不同的旅行節目，例如三立彙整為愛玩客系列。行腳節目預算差距很大，跟真實旅行的概念很像，可以奢華享受，也可銅板旅行，搭捷運也是旅行。金鐘入圍五個行腳，各具擅長，仁者樂山，智者樂水，山水無須一較高低。

行腳節目內容形式

Chapter 3

3.1　行腳節目內容與主題企劃

　　若同時並列三個行腳節目企劃單元主題，恐流於資料堆砌，故請參酌附錄的各集企劃書。因主題定位明確，僅以《台灣文創遊》研析。《台灣文創遊》在企劃初始階段，節目設計理念為：

> 「旅行帶來養分，隨著價值視角不停的演變，景點早已不再是景色而已，大台北地區多元豐富的創意、藝術、文化資產與文化技術，不只出現在文創園區，也隨處在市集、百貨商場與尋常巷弄中，走訪北市各種文化創意場域，釋放您對文創想像的風景。」

　　2014年3月的企劃單元與主題為：

表3-1　《台灣文創遊》初期企劃主題與預定場地

集數	主題	場地／創意產品／特色
1	台北市的原創基地	松山文創園
2	文明的新里程碑	樹火紀念紙博物館
3	生活創意	西門紅樓創意市集
4	極致的讚嘆	琉園水晶博物館
5	品嚐在地人情味	阿原肥皂／淡水天光
6	創意啟發的渴求	學學文創
7	都市果核計畫	中山創意基地／故宮
8	角落的風土人情	南村落
9	多元的藝文展演空間	華山1914藝文特區
10	異國情調	天母市集
11	設計嘉年華	新一代設計展

集數	主題	場地／創意產品／特色
12	生活與文化場域	誠品信義旗艦店
13	表演空間與市場	The Wall

經過逐步聯絡蒐集資料與拜訪邀請，有許多場域地點，與想像有落差，中山創意基地即將停業，只能更換。極富文創代表性的故宮博物院，文創商品將康熙爺「朕來了」簽名設計成貼紙，賣到缺貨，是極值得拜訪報導的地點，卻因嚴謹求證與對話者因素，無法進行。直到節目完成，單元主題已有極大變化，二表格對照，可觀察節目形塑過程與主題場地取捨。節目最終的主題與文創地點場地如下：

表3-2　《台灣文創遊》節目完成後主題與場景地點

主題	場地／創意產品／特色
台北原創基地 松山文創園區	繡 鹽之有悟 坤水晶 Lab創意實驗室 粉樂町
百年華山　轉型文創 華山1914藝文特區	歷酒彌新 Tea House 工藝咖啡廳FabCafe 水水創意市集──buyMood、YiYi & TiTi、手繪T 頑童氣球表演
品嚐在地人情 迪化街	Bookstore 1920s 南街得意 俏皮 印花樂 永樂布市 URS155 好味食堂

主題	場地／創意產品／特色
老城區的讚嘆 西門	紀州庵 台北西門町意舍Amba Hotel 街頭藝人——陳振福 台北國際藝術村
老舍新創——寶藏巖	寶藏巖聚落 青年旅舍 微型聚落 台北國際藝術村
巷弄找設計	funfuntown 蘑菇 禮拜文房具
創意啓發的渴求 學學文創	感動生肖計畫 文化色彩——圖庫、色彩研究（美育經理李育容） DIY殿堂——手工作作（專案協理吳昀容） 原色空間（產品設計師萬鈺涵） 一口一口學食驗廚房（楊儒門、Tomo加賀美智久） 文創展區（狂墨——吳炫三個展） 「懷德居展」林東陽教授
搖滾地景　台灣創作音樂	Legacy The Wall Street Voice
文創嘉年華會《簡單生活節》	純淨市場 綠意舞台 簡單書房 草原市集 微風舞台
處處有創藝	Wow Bravo & Funky Rap 霽Flower 島民工作室（郭馥茗）
在地化文創博物館	林柳新紀念偶戲博物館 樹火紀念紙博物館 青田76（地質科學博物館）
說故事的力量	台北之家 誠品電影院 「芳香電影院」伊聖詩私房書櫃

主題	場地／創意產品／特色
品味生活	「Sense 30」手工單車 「新旺集瓷」+「3+2 Studio」 魚蹦興業

　　行腳節目編導，須充分理解旅程精彩之處，擬出所要展示故事的方向，設計從旅程開始到結束的結構，同時還要一路上調整修正。每段旅程要企劃，當一個文創主題被編導設計成一個旅程，讓觀眾看見內涵，聽到的故事性，不可能拍攝一堆素材，希望剪接師在後期階段自己理出頭緒。

　　企劃設計的場景，先會勘場景並預訪，溝通議題，才設定人物與主題，完成企劃。企劃內容與現場狀況未必切合，常要調整，這不是企劃思慮未周之故，而是行腳節目使然。拍攝結束後，導演要提出正式修正，重新確認節目的重要情節點，重新評估具有可看性、有賣點的單元。每一集整理排列出重點順序，哪個單元排第一個、第二個。有無情節點，是根據內容有趣與否決定，活潑討喜通常是觀眾所愛看，其次人物對話內容，也是決定順序要項。

　　《台灣文創遊》節目沒有和廠商業務合作，完全都是基於文創的特性與價值，企劃尋訪，勘查安排採訪，根據文創設計魅力，客觀公正的文創報導。所以，沒必要保留訪談內容，完全可以自主決定是否留用，不受來賓影響。現在很多電視節目都是接受贊助，業務上配合，如果拍攝這類節目，就得設計產品融入場景，拍攝廠商的商標Logo。業務配合影片經常設計產品使用樣態，露出主打產品，廠商要求拍到，製作單位無法不尊重配合，業配指導拍攝不允許漏掉的鏡頭，是商業性置入的常態，幸好《台灣文創遊》無須如此。

表3-3　《台灣文創遊》的對話夢幻人選，2014

	姓名	領域	其他
1	韓良露	美食	作家、南村落
2	舒國治	美食	美食作家
3	蔣友柏	設計	橙果
4	陳俊良	文創、設計	設計師、國宴
5	陸蓉之	美學	教授
6	朱惠良	藝術考古	故宮副研究員、處長
7	徐莉玲	經營、藝術教育	學學文創董事長
8	廖寶秀	喫茶	茶道藝術家
9	黃振銘	文創經營者	台灣創意設計中心副執行長
10	詹偉雄	趨勢觀察、3C文創	《數位時代》總主筆
11	包益民	創意家、設計師	《ppaper》創辦人
12	詹宏志	趨勢觀察家	PChome
13	嚴長壽	趨勢觀察家	台東

　　文創涵蓋文化、設計與創新等專業領域，期待有足夠份量的大師來引導對話，這是企劃早期階段，導演製作人提出的理想人選，以知名文創涵養專家，為節目對話帶出價值。製作進行後，曾陸續邀請二三位，卻限於場地與設計家的對話內容，大師議題不容膚淺通俗，遂將夢幻卡司放一邊。

　　《城鄉印記》在企劃概念上定位為台北人文之旅，希望藉感性文案介紹，帶領觀眾知性探索台北，讓有質感的主持人與對話者，串聯各地的旅遊場域館舍，將台北歷史、人文、信仰與生活的古蹟場館，做出貼近生活的報導，系統、深入了解台北人的過往與現在。節目定位是希望以文史價值呼應在地精神，人物陳述各自的精彩過往，展示技藝之美，激發觀眾對周遭環境的興趣，隨興來場文青的微旅行。

表3-4　《城鄉印記》單元主題與場景表，2014

集數	單元主題	拍攝場景
第1集	滄海桑田台北城	1.芝山岩遺址 2.圓山遺址 3.中研院劉益昌
第2集	台北原住民——凱達格蘭的故事	1.十三行博物館 2.保德宮、番仔厝、番仔溝 3.長老教會北投教堂 4.凱達格蘭大道 5.貴子坑 6.石牌捷運站 7.劉益昌 8.空景 9.采風圖 10.康熙台灣輿圖
第3集	懷舊台北——台北城的故事	1.欽差行台 2.內湖清代採石場 3.北門
第4集	依山傍水——大龍峒信仰的故事	1.大龍峒保安宮（文獻會） 2.台北孔廟——陳悅記祖宅、陳維英與老師府（文獻會）
第5集	時代縮影——眷村時光的微旅行	1.四四南村 2.山仔后前美軍宿舍
第6集	文風鼎盛　士子如林	1.錢穆故居 2.林語堂故居
第7集	台北城南再現風華	1.紀州庵 2.明星咖啡
第8集	台北工藝聚落——打鐵街、木材街	1.勝成五金彈簧有限公司 2.立祥雕刻工藝社 3.五賀木業有限公司 4.阿龍鐵店 5.葉倫會
第9集	陽明山與當代歷史	1.中山樓（國史館） 2.草山行館（國史館）
第10集	豪宅風情——台北洋樓的故事	1.台北撫台街洋樓 2.陳天來故居（舊稱：錦記茶行） 3.屈臣氏大藥房 4.葉家古宅

集數	單元主題	拍攝場景
第11集	台北鐵道文化	1.228公園——騰雲號火車頭 2.台北火車站 3.台北總督府交通局鐵道部 　台灣歷史博物館先生願意接受訪談，願意提供照片 　（林一宏先生）
第12集	大稻埕茶行文化	1.有記名茶 2.柏祥號
第13集	北投溫泉文化	1.北投文物館 2.北投溫泉博物館

《悠遊台北》的企劃發想有三點：

一、緊扣台北人的交通脈絡

在台北市政府積極推動下，捷運分流趨勢、公車普及化、微笑單車、藍色公路，各項便捷交通已成為台北獨有的一大特色，串起了城市間的疏離感，從交通特性延伸出了生命力，緊密扣合台北人的連結，更拉近了觀光距離，輕鬆暢遊台北不再是件困難的事情。

二、認識台北觀光　從不開車開始

為響應銅板經濟時代來臨，平價消費與觀光已成為市民首選，節能減碳更為台北市政府多加倡導的議題之一，《悠遊台北U Like》節目每集以一捷運一Bike開場，獨樹一格的玩法，輕鬆《悠遊台北》市，串聯起每個景點，即便不開車，也能享受台北市所提供各項交通便利。

三、深入在地文化　提升觀光效益

　　《悠遊台北U Like》不但突顯台北市的交通便利，更深入十二個行政區，每區介紹三個景點，以名人導遊或部落客帶路方式，引領觀眾融入在地文化，探討多面向文史淵源，挖掘不為人知私密景點，以生動活潑調性介紹具觀光旅行趣味的地方。

3.2　行腳節目結構與議題表現

　　節目開始於片頭後的序場，還沒有旁白介紹，先看到數個濃縮代表性鏡頭，漂亮精緻的畫面建構觀眾場域訊息。序場是給觀眾第一印象，簡單直接展示給觀眾。

　　序場本身也是個敘事的結構。《百年華山》序場篇幅不大，幾個明顯分鏡，沒有旁白介紹說話，但畫面告訴觀眾的是華山文創園區適合野餐，主持人在野餐，主持人看著野餐綠地周邊環境，她看到什麼？看到在畫畫的人。畫什麼？畫天空。看到小孩來到華山，來華山溜狗，小朋友跟家長一起來。一個個畫面，都是主觀鏡頭呈現，這就是敘事，是第一人稱主持人的故事。Alana雖然沒有講話，但畫面講出訊息，文創園區環境適合野餐的、適合來畫畫的、適合帶小朋友來的、適合來溜狗的。這些行為都是來華山可以做的事，序場講了一個主軸，數十秒鐘，不到一分鐘，介紹環境十分容易親近，靠幾個短短的鏡頭。

　　《松山文創園區》的序場採用建築和環境空景，《百年華山》序場也有許多空景，但華山的序場是設定過的，跟松菸不大一樣。松菸序場是拍代表性建築，百年菸廠和建築大師伊東豐雄台北文創大樓，許多有建築場景空間特色空景鏡頭。《百年華山》設計主持人融入景場愜意野餐，是明明白白地說：「在這裡野餐很棒！」華山文創園區位於忠孝東路二段，交通便利，空間遼闊，靠近市民大道邊是大片綠地，天黑後還有很多人躺著聊天發呆。從節目設計階段，企劃擬定可展示野餐，如果僅靠旁白說說，意象薄弱，最後擬定明顯展示，由主持人演示，在一大早人潮尚未湧入前，準備野餐的東西，讓Alana自然地拿東西吃、喝，一派悠閒放鬆的神情，享受舒緩假日氣息。這個設定的目的是到文創園區不只是看文創、聽音樂，文創園區應該像是家裡附近的公園，文創應貼近生活，生活周遭隨處看見創意。開場一樣是介紹環境，透過野餐介紹環境氛圍，多了一點感性訴求，告訴觀眾說：「這是個適合野餐適合闔家攜帶寵物來的地方。」見圖3-1。

圖3-1 《台灣文創遊》台北文創大樓與原松菸倉庫的人行走道

在松山文創園區的菸廠區和倉庫區，有條高掛空中的輸送帶，輸送帶下方正是旅客通行要道。大部分遊人都不知道輸送帶功能，因此周邊介紹時，空景大量使用，加上標題字幕，剪接快節奏畫面。如果沒有這些空景，而僅是冗長對話，主持人用英文對談，如果觀眾英文聽力不是很好，就會不斷看著兩個人在對話的畫面，在視覺上非常容易疲勞，很快就會感到昏昏欲睡。所以，對話開始，延伸講話內涵的空景鏡頭一直進來，會覺得節奏是快的，視覺上不斷地在更替，不只兩個人對話，空景賦予對話意義，畫面是非常有效果的。

華山文創園區的FabCafe工藝咖啡廳，提供實驗空間與技術諮詢器材租用，FabCafe場域特性，感覺議題有科技艱澀，比較生硬一點。FabCafe的3D列印本身是熱門議題，如何展現3D創意列印，吸引觀眾並增添好奇，卻怕過於技術性，大量教學資訊，會讓娛樂效果降低。松山文創園區的坤水晶吹玻璃體驗，英國籍琉璃藝術家Neil須進行試做，不提技術，他讓Alana融入創作，跟她情感交流，安撫情緒，二人互動細膩深刻很多。對照此二地體驗式創作，可謂展示面為知性與感性，當Alana針對體驗創作後訪談，講成果的感受，是訝異於形體像起司，她並不好奇Tim討論什麼內容，主持人有什麼情感在裡面，甚少，精彩處都是主持人第一時間臨場反應。有時候導演溝通一個大方向之後，是主持人自己去發揮。所以，如果主持人當時沒有感覺的話，很難說怎麼樣讓他對這個技師有比較親密一點點的互動。觀眾也明顯感覺，主持人跟吹玻璃藝術家Neil的互動情緒較豐富，跟Tim的互動則比較有點距離；但是，這兩個人的互動可以再近一點點。倒不是說內容深入，而是彼此交流互動情緒感覺是比較須有熱忱，立即反應更強烈，情緒雖是對的，不是僅僅講出資訊罷了，這樣相對覺得有距離。單純產品、介紹技術，觀眾觀看時不會那麼有樂趣，如只是單純介紹商品的樣貌或是技術面，會覺得缺少感情交流。

《台灣文創遊》的第三集《品嚐在地人情味・大稻埕》架構，剛開始歌舞表演，中間是較靜態的歷史介紹，之後段落結語，慢慢帶到另一段唱歌表演。在兩個有趣的點中間，加入靜態歷史背景介紹，讓觀眾稍微了解知性訊息後，再增加娛樂性，物質與精神兼具，加入有趣的梗讓觀眾鬆一口氣，不用沉重地坐在電視機前了解大稻埕背景、歷史意義，穿插有趣元素，讓觀眾喘息，打起精神後，再繼續了解些深入的事物。

迪化街的乾貨、藥材屬傳統養生食補資訊，有知識難度，逛街者多不解商品，進入店家問藥材功效，似乎有風險，顯然不必要知性訪談。恰好老闆養鸚鵡，插入主持人跟鸚鵡互動畫面，隨興自然，像個遊人，不是客人，較有趣活潑。畫面情緒也適合當作轉場的點，結束目前的段落，帶入下一個場景。靜態訪談，介紹文史背景宜簡短，因為知識要鄭重地說，觀眾才當真，很不活潑，只能找指涉知性訊息鏡頭增加視覺理解，避免沉悶，須盡量精煉重點，不要留廢話，冗長觀眾會睡著。比較沉悶的段落，右邊側標非常重要，提醒觀眾重點，擴大想像，不至於讓觀眾覺得抓不到重點，也不會覺得講很長想趕快略過。

主持人在迪化街「印花樂」體驗手作印花袋子，感受版畫轉印創作過程，畫面呈現主持人摸索真實情況，講出感受。因GoPro從正上方拍下去，正面視角可完整理解版畫圖案，視覺感也特殊，完整手勢動作呈現主觀視角，加強觀者感受理解工藝手法。體驗印花時間不長，拍攝時把整個介紹和實作的過程錄製下來，剪輯僅留下重點畫面，配上教與學的對話，加上主持人親手製作的袋子跟她的特寫後，結束段落，轉到大稻埕建築和環境；此段素材超過一小時，最終留用不到二分鐘。見圖3-2。

　　俏皮Chop拍立得店位於大稻埕文創商店「眾藝埕」中，店主蒐集各式古老相機，最特別的是各種拍立得相機。拍立得的重點是拍完馬上看得到，比起數位相機、手機，拍立得特殊之處，是它透過復古的底片，所呈現的紙張粗獷質感。讓拍立得跟文創主題產生關聯，是經營者理念，一種懷舊氛圍，把以往共有的傳統拍攝賦予創新態度，引導主持人說明店內提供的服務，少見難得的攝影主題，首先展示老闆收藏特殊拍立得相機，簡要介紹拍立得相機的構造。對觀眾而言，相機的構造與立即成像是較新奇的部分，大家都想知道是如何做到拍完就看到影像。為了避免視覺無趣，介紹時插入主持人與相機互動有趣的畫面，店名「俏皮」，主持人也呼應俏皮，表情討喜，比起靜態的介紹，這畫面才是觀眾有意願看的。見圖3-3。

圖3-2　《台灣文創遊》Alana 展示在大稻埕自己印製的版畫成果

手機照相比它是比較柔和的

圖3-3　《台灣文創遊》Alana 展示在俏皮自己拍攝的拍立得俏皮模樣

　　URS為再生前進基地，在迪化街尾端的「好味食堂」，它是大稻埕四家URS之一，結合社區居民，運用大稻埕販售藥材、食材去創意料理，推廣優質美好生活理念。行腳節目觀眾的觀看動機是掌握旅行資訊，到迪化街買辦年貨後應如何料理。企劃設計URS單元，一是推薦優質公共空間，再者可以呼應傳統食材的創新料理。拍攝當天沒有烹飪活動，能看見URS精神的素材有限，與企劃預期有明顯落差；最後樣貌屬靜態介紹，僅透過了解URS功能，簡要陳述烹飪食材與文創關聯，如何吃出創意並介紹空間重點。「好味食堂」內有個手工藝品擺攤空間，具文創特質，空間緊鄰「好味食堂」，建構觀眾了解「好味食堂」跟手作藝品關係，因URS屬政府與民間合作公共空間，這樣的段落關係，考驗剪輯的敘事功力。

　　片尾是一個個空景拼起來，回顧整集節目內容。以《品嚐在地人情味》為例，空景跟主持人的畫面交互、對跳，使用一些小

圖3-4　《台灣文創遊》片尾的區塊版型，中間簍空保留給代表性鏡頭

孩子、寵物、演唱畫面等，該集環境代表鏡頭，會產生可愛夢幻萌情緒，或呼應主題，搭配片尾配樂，可以讓觀眾覺得文創場域充滿各種有創意人事物，很好玩的感覺。片尾若干空景都加快動作，市集人潮有明快步調，希望以活潑輕鬆感來結束這集，空景鏡頭有老街人潮、小吃、變裝遊行，營造開心環境氣氛，搭配有深度的結語，Alana將傳統結合創新，簡短篇幅講述大稻埕正轉型為特有文創風格，很文言卻有深度。見圖3-4。

3.3　主持人特質與主持風格

一、主持人選規劃與定位

《台灣文創遊》共有四位主持人，分別是Alana（鄭雅文）、梁正群、高伊玲（鴨子）、孫陽。除了Alana（鄭雅文）是素人，另外三位都是藝人，有表演經驗、戲劇演出。其中梁正群和孫陽是第一次主持電視節目。在企劃初期，曾將線上主持人名單一一檢視，思考過後挑出林育民（阿喜）、小馬、翁滋蔓、莎莎、宥勝等人選，與製作人進行討論。雖然只是內部討論，卻是初期規劃的思維，這幾位的挑選是基於行腳特質、觀眾屬性偏好主觀認知，也粗步看過他們的主持作品才有的認知。

《台灣文創遊》的製作單位是草根文教基金會，企劃階段討論主持人選時，推薦中美混血美女Alana（鄭雅文），外型亮麗，在國外讀書，當時在讀大三，她有一特殊的特質——耳朵聽損，經過母親努力，她能開口講話，母語是英語。Alana簡歷如下：

鄭雅文（Alana Nichols）

出生在台北，父親是台灣人，母親是美國人。母親具有超敏銳的聽力，能流利地說七種以上的語言，但雅文生下就被醫生們診斷患有嚴重的「耳蝸空腔畸形」，這種罕見的先天性疾病讓她全聾，即使把她放到怒吼的飛機引擎旁，她連頭都不會轉一下。

所幸父母全心全意帶她進行療育，讓她在兩歲半時接受當時仍屬實驗性的人工電子耳植入。隨後她展開一段既在一般學校上課，同時得接受聽覺口語訓練（Auditory-Verbal Therapy）的童年。

在接受聽覺口語訓練之餘，雅文喜歡從事各種戶外活動，包括騎馬、游泳、徒步越野、浮潛等，從小她就是個愛嘗試那些新鮮又帶些冒險性活動的人。

因為陸續受邀在台灣、日本、中國、美國發表演講，以親身經歷幫聽損小朋友加油打氣，演說很快變成了雅文的終生熱愛。她現於澳洲就學，主修商業和行銷，不時在澳洲和台灣兩頭跑、兩頭忙。忙裡偷閒，她喜歡跳舞、練瑜伽、逛海灘、和朋友結伴探勘沒去過的地方。自認是個無可救藥的「旅遊控」，她希能結合旅遊和演說，打造她未來的志業。

　　Alana（鄭雅文）是第一次主持節目，因此先羅列一些外景主持技巧說明，請雅文了解。要求雅文開始訓練自己的口說、臨場反應，把自己設想為節目主持人、電台主持人，去思考要如何引導觀眾，觀摩旅行類型節目，學習這種節目需要什麼樣的文創元素、專業術語，廣泛應用於文化創意的可能描述，自我訓練，思考與設計、美術、藝術與視聽覺的語彙，掌握表達的節奏與聲音。確認後簡列請Alana學習的功課：（1）觀摩旅遊節目，（2）加文創設計師的FB，（3）學習設計、視覺、建築、美學的專業名詞，（4）培養貪玩的心情，（5）掌握拍攝場地的資訊。因為聲音表達的特殊性，也請Alana留意聲音領域如何面對主持工作，大概有講話聲音表情、主持人臨場反應與思考，面對鏡頭邏輯，主持人如何與工作團隊配合，訪問技巧與主持風格訓練等。

　　高伊玲是《台灣文創遊》唯一有主持行腳節目經驗的主持人，她主持經驗豐富，風格知性，經過洽談討論，對文創的認知非常有深入見解，也針對生長在北市西區，居住在中山區，對華山文創的氛圍給予她觀察的建議。高伊玲主持行腳的經驗有「Discovery Channel: Lonely Planet外景節目——助理主持人／翻譯」、「八大電視：世界正美麗──外景主持人」。

　　梁正群為演藝世家，父親為資深藝人梁修身，知名小生，從演員到導演。兄長梁赫群，娛樂節目主持人。梁正群專長戲劇、唱歌、音樂製作，曾在加拿大攻讀聲音設計，自己也創作音樂，有多部電影、電視配樂作品，也算是幕後工作人員。梁正群與導演是在崑山科技大學同事，梁正群教授聲音設計與配樂課程。因梁正群在中廣音樂網主持音樂節目，有豐富音樂素養，再加上外型具有健康型男魅力，文創領域他涵蓋影視、戲劇表演與音樂，對主持表達的文創專業素養，必定有一定基礎，在徵詢意願，設定音樂主題、設計商品的幾集，請他主持。梁正群主持廣播節目有《i-晚睡》（中廣音樂網，2006-2007）、《i-輕鬆》（中廣音樂網，2008-2016）。

圖3-5　台灣文創遊《文創嘉年華會》 主持人梁正群

孫陽為演藝新人，興趣有攝影、電影、時尚。外型俊俏，經常為學生作品演出，深獲學生好評，為人謙和，非常客氣周到。其表演歷練有電影電視廣告MV，數量不少的學生製作作品。另外，他自行結合運動、攝影興趣，設有街拍粉絲社群。在節目製作後期，因為主持人Alana課業衝突減少一集，高伊玲也因家庭因素減少二集的主持，於是衍生第四位主持人需求；孫陽優勢為演出多元與年輕陽光帥氣，可以提高活動性主持安排，讓文創有攝影時尚的面向。圖3-6。

　　在主持表演上的Alana素人狀態最特殊，最期待她有開創性，也有點不確定性，最後她的真誠率真與嚴謹準備，表現不俗，備受觀眾肯定。主持過程中，其母語英語的狀況，讓製作遭遇許多挑戰，其中最主要的是與Alana對話的專家達人，都要有

圖3-6　台灣文創遊《說故事的力量》主持人孫陽

英語表達能力，方能自然互動。設定英語表達流暢對話者條件，大幅淘汰掉真正懂文創且實際負責節目拜訪地點運作的人。例如水水市集的藝術家不敢答應用英語對談，最終是由水水市集公關，代表藝術家對話，雖然順利訪談對話，卻讓觀眾面對訊息轉換時間落差，降低對文創藝術家表情與理念的接收，畢竟不是藝術家自己講的，是由代言人間接表達。

二、主持人掌握內容與現場應變

　　主持人介紹詞很多是現場發揮，編導須根據現場情況提供主持人觀點和意見，這無疑給主持人極大的考驗，當然這也有很大發揮空間。對口頭表達不夠好的主持人來說，容易暴露弱點，非常考驗節目主持人即興口頭表達技巧和邏輯思維能力。訪問技巧方面，要抽絲剝繭、簡單扼要地提問，讓受訪者理解問題重心。抽絲剝繭是指問題可能有很多層次，要逐漸深入，簡單說起碼應該有「表」及「裡」。例如，主持人在介紹美食時，「表」就是指觀眾首先看到的是美食的顏色和外形，至於美食的味道、製作工藝以及背後文化等故事，應該放在後面問，這就是「裡」層。裡層是看到畫面後的思考，見識美食後的料理動機。同時，提問還應該避免一些過於簡單幼稚，以及無邏輯性的問題，一開口就知道從不開伙，會讓觀眾失望的。

　　行腳節目調性使然，主持人跟來賓對話都短短的，不會太長或太深入，輕鬆的娛樂節目本質，希望帶著觀眾去看景色或是人物、環境，少有深入討論話題。主持人處理自己跟來賓的對話，或掌握影片調性上，在現場未必可跟導演或跟製作團隊有足夠時間討論，進行修改測試。就算導演現場講一遍，主持人也未必全部記得。面對受訪人物主題，主持人必定有自己的興趣和疑問所在，彼此怎麼有效溝通，不妨先理解主持人的觀察，導演再給予企劃的設計表現。在《悠遊台北》的象山步道上，我跟主持人說：「妳知道有『登泰山而小天下』的說法嗎？妳可以借用，改成『登象山而小台北』，象山一如泰山，都不算高，卻有同樣觀景視野。」主持人聽到適宜的關鍵概念，很容易轉化成自己的語言，發揮得很好。主持工作每次表現都很不一樣，須因人因地制宜。

可以嘗試讓主持人做符合自己特色的妝容，Alana在《品嚐在地人情味・迪化街》專輯的復古旗袍，鴨子可能就不適合這樣的妝容，Alana就頗適合。主持人造型是電視節目美術設計的一個重要標的，Alana外貌姣好，藉由1920年代變裝，展示懷舊氣氛，呼應主題，也展示女性風情，符合單集活動命題，且幫節目加分。不同的主持人，在造型設計上方向必然不同，如果是男性，復古的樣式較有限，男性主持人主要是西服與帽飾，不大適合過多裝飾配件，風情有限。人格特質也影響造型，有些主持人活潑搞笑，有的擅長無厘頭的方式，製造輕鬆的樂趣，造型必然誇張，節目畢竟不是演戲，還是讓主持人演自己為宜。

Alana展示復古中式服裝，選擇旗袍，有多重意義。旗袍原是旗人衣袍，皇親貴族衣服，改良設計成現代樣式，成為中國傳統服飾的象徵，旗袍本身就是文化加創意。同時，大稻埕是傳統布市，長久以來賣布、訂製服裝悠久歷史，旗袍符合布莊場域的氛圍，一旁永樂布市也是稍後介紹的主題。Alana身穿旗袍穿梭於老街歷史場景，加上是外國人樣貌，不言而喻的跨文化意涵，東西交融，歷史與創新結合在一起。主持人造型跟文創密切關聯，圖騰展示在主持人身上，無須節目中多做解釋，觀眾自然而然就能體會，穿上旗袍，不開口都有種她對1920年代的理解，從身上東方傳統服裝所展現的氣質。《品嚐在地人情味‧迪化街》場景都在大稻埕，單元主題涵蓋變裝遊行、1920書店、印花樂與永樂布市，Alana換了多次衣服，開始Opening的旗袍，接著現代休閒T-Shirt，符合年輕朝氣的Alana，看似尋常衣服逛老街，都有場地特色與主持人個人風格的考量。

三、Alana英語主持暨素人特色

由於Alana的素人與聽損狀況擔任主持工作，同時又是英語對話，雖未必如《瘋台灣》Janet的獨特雙語風格成功，仍具有研究分析價值，故以Alana主持的幾集為主，觀察行腳節目主持人的主持表現。

Alana講的內容，是根據企劃內容，由導演跟主持人溝通訂正，若表達有不妥之處，導演在現場即時調整建議告知主持人。《台灣文創遊》拍攝時，並非每個企劃都跟拍，企劃若能到現場，可以協助確認主持人講的內容是否正確、完不完整。《台灣文創遊》屬旅行節目，主持人定位是旅行者，旅行節目的企劃內容，主持人表達是否正確通常不須嚴謹要求，不必逐字計較，反而希望Alana用自己的感受來表達。企劃提供的文案，主持人要理解意旨，單元定位，因為企劃、導演在影片設計階段，會有想像，想像影片要怎樣介紹出各層面，主持人如何被認識。

《台灣文創遊》第一集序場介紹中，直接講：「我是Alana。」但並非所有節目都是如此，若主持人長期主持，有知名度後不需要介紹；沒有主持人介紹，會有標題字幕介紹給觀眾，旁白直接進入主題，也是常見呈現方式。

主持人體驗後展示物件，DIY秀成果有自豪感，觀眾都能感受喜悅情緒洋溢。在繡好畫作後，Alana把繡作拿起，展示成品的鏡頭，這類型的鏡頭通常光圈會大一點，讓景深變淺，使前景跟後景是分開的，可以突顯有立體感的商品，也聚焦在主題上。

　　坤水晶中，Neil無疑是《台灣文創遊》中所有來賓的典範，在普遍對話來賓都有語言障礙難題下，坤水晶的吹玻璃體驗老師Neil是個英國人，不僅和Alana語言溝通無礙，且是具外型優勢的帥哥。二個外國人對話，會讓人感覺是在看Discovery或國家地理頻道，節目質量感覺瞬間提升。從這集來賓的表現可以感受，找到外型優上鏡頭的人，談吐有料，是多麼賞心悅目。行腳節目受訪者猶如戲劇的演員，演員詮釋戲劇人物，節目有賴受訪者詮釋文創價值；洽詢邀請受訪者，製作單位通常找到的都是素人，沒有面對攝影機的經驗，若能降低受訪者壓力與焦慮，自然呈現自己的狀態，就算是最好的。

　　Alana參觀《台北文創基地──松菸》粉樂町的展品《桃花源》鏡頭，Alana在遠方繞著一大片色彩繽紛糖果地景，觀眾可以非常清楚看見展示品的特色，又可看見Alana的專注情緒，前景、背景及主從設計，清楚明瞭。主持人走進來仔細端詳，人入景中，看到藝術品在觀眾面前。走位的規劃，經常會有幾種考量，是立即彰顯文創藝術品，抑或是隨著主持人動線慢慢呈現，導演需要和攝影師主持人保持溝通，決定攝影機位置與移動路線。《桃花源》展品周邊圍起來，不允許近距離碰觸，主持人不能進到藝術品範圍內，攝影師也不能走進去，藝術品的面積頗大，駐足觀賞，僅能局部呈現，透過攝影機跟隨主持人的走位，猶如將藝品Pan過，掃描出輪廓，走至協調過的Ending定點，再駐足細看，此時就可以跳出主持人近景，聽Alana的觀察分享，再接著主觀鏡頭，進入主持人的旁白文案，慢慢說明《桃花源》設計理念。

主持人若能融入在地活動，魅力無窮。《品嚐在地人情味·迪化街》盛裝遊行是很歡樂的，在香火鼎盛的城隍廟前，男女老少，各種年紀，極具巧思地展現懷舊，熱鬧繽紛中，旗袍賦予主持人嶄新造型，頗有視覺饗宴之感，外國主持人置身於很Local、很本土的變裝遊行，音樂、舞蹈很西方，有中西連結的文化交流意涵，是十足文創的味道。

主持人是串聯起整個節目鏡頭畫面的靈魂人物，如果無法把握節目該用怎樣的鏡頭語言表達，那麼整個節目看起來就會很突兀，就算拍攝技術高超、文字功力深厚，整個節目依然不耐看。外景主持人需要通過鏡頭語言表達，把觀眾身臨其境地帶到電視節目現場（畫面中），去看、去體驗節目傳遞的內涵。因此，一個鏡頭語言表達能力強的外景主持人，往往能讓節目更具生命力，還能使拍攝團隊在拍攝、製作時達到事半功倍的效果。

Alana在坤水晶中和Neil兩人互動自然，配上音樂，忽然讓人感覺到似乎有某種若有似無的曖昧情愫產生，或許剛好畫面是俊男美女之故，可見Casting真是很重要的。從Alana講話神韻，感受Alana對吹玻璃有小女孩般的雀躍，真情流露的畫面洋溢著滿心期待的歡愉；錄音師故意挑選浪漫音樂，也助長溫馨氛圍。整個體驗過程，Alana很明顯地在這個時候話變得比較少，吹製過程隨著Neil講解節奏進行手作。坤水晶體驗過程繁複，氣氛熱絡。製作團隊通常無法預期主持人與來賓之間的互動過程，以及二人對話是否融洽，他們的教學過程是否能激起深度的感受，或者觀眾能否從中體會到吸收知識的樂趣。吹製體驗開始配合後，Alana純真的神韻，觀眾看見她對玻璃的感受，訝異、驚恐、害怕、讚嘆，毫不扭捏地展示在鏡頭前，氣氛突然變得非常溫暖自然，既是讚嘆玻璃形變之美，也讚嘆Neil工藝之巧。

　　同一主持人跟不同來賓間的對話，必然展示出截然不同的效果，這點在坤水晶單元中非常值得觀察。行腳節目主持人挑戰很多，面對採訪體驗，通常都是壓力重重，不但得背稿、記住走位，還要保持愉悅神情，很難得能表現好奇心。主持人有一個願意嘗鮮摸索的態度，感覺就特別不一樣，Alana讓主持變得沒有那麼地制式，讓自己成為一個真實體驗者，率真地向攝影師展示情緒，也全心投入玻璃創新中，坤水晶體驗的Alana突然變得非常俏皮可愛。圖3-7。

圖3-7　主持人Alana向鏡頭分享是與觀眾對話也展示創作體驗

行腳節目創作技術

Chapter 4

最美的時刻是當東西改變形體，並以另一種全新的面貌呈現在世人的眼前。譬如由聲音組成音樂，或是由不起眼的垃圾轉換成藝術品。

The moment when one thing turns into another is the most beautiful moment. A combination of sounds turns into music. And that applies to everything.

——Brazilian artist Vik Muniz

4.1　攝影技術與風格

一、攝影理念與團隊

　　行腳節目導演和攝影師互動非常密切，由於經常同時二機或三機拍攝，除協調多位攝影師各自取景重點與責任範圍，也要避免互相干擾穿幫，都是每個場景的攝影協調重點。攝影師也必須跟主持人溝通，導演多少了解攝影師需要配合主持人的是哪個部分，但位置點與路徑，是攝影和主持人一起行動的。導演告知的事項包括節目調性如何、攝影需要怎樣的視覺風格，或者分享主持人個性，是習慣深入對話或需要討論很多很細節的，攝影師要跟主持人走一次位置。雙機拍攝的規劃很多選項，雙機各自運動路徑建立。如節目單元場地眾多，許多場地的拍攝重點必須事先溝通，尤其節奏快的單元都是短短幾分鐘，最長三五分鐘就結束，攝影師不允許花時間討論過於深入的議題。每個主持人的主持風格，和攝影師不一樣的拍攝方式，都會影響節目調性。

　　片頭後是序場，目的是陳述場域特色，幾個空景鏡頭，快速

圖4-1　鐵皮刻字稱為麥頭（Shipping Mark）；已於2018年結束營業柏祥號的鐵皮刻字作品。

流動。有經驗的攝影師，會養成一個習慣，每到一個環境先找拍空景的地方，因為節目一定會用到。在現場拍攝時，除跟攝影、主持人溝通要怎麼拍以外，空景鏡頭都是到現場後，讓攝影師先自行拍攝，無須導演跟拍。在還沒有開始拍攝對話鏡頭之前，攝影師會找構圖漂亮的元素、具有主題特色的地方拍攝。空景鏡頭何時會用到，攝影師不曉得，導演也未必清楚，Rundown裡面也不會條列空景說明。企劃或導演通常事前跟攝影溝通需求，攝影師從中掌握空景方向，大都會多拍很多空景。空景雖然秒數很短，但不可或缺，就節目而言，空景記錄下場域氛圍，是介紹旅行場地最重要卻簡單的方法。

　　專業攝影師可找出很多角度空景，拍出不同的變化。可能從制高點拍，也可低角度拍，不一定只拍建築物，或只拍環境，有時候可帶到人。現場的人跟影片不直接有關，但跟環境是相關的，他的行為動作，告訴觀眾場域功能與氣氛，可能是遊玩的民眾，或是來買東西的顧客，或是來這邊讀書的讀者，人物的穿著和言行舉止在在陳述著場域的功能，他帶觀眾理解環境適合做什麼事。專業攝影師需要有敏銳度去捕捉現場各種元素，拍攝回來之後，剪接師跟你的想法不一樣，或導演想法也會變，未必都會用，適合就使用。攝影師合作多了，空景會拍得更準確；因空景較容易拍，換個角度位置，就可以拍了，要多拍空景。因為剪接常抱怨空景不夠。

　　空景的運鏡盡量活潑，設計出意境，避免粗俗單調，用腳架適當上下移動Tilt的，或左右移動使用滑軌的，偶而只是定鏡也很好。不同運鏡的空景，會讓空景靈活搭配，幾乎都會用到。也可嘗試不同高度，俯角、仰角，從Top拍俯視的視角，呈現鳥瞰觀點，或是仰角的，不同的角度，都可以嘗試。請攝影師腿勤一點，多跑幾個地方，多跑幾個點，拍攝不一樣角度的空景，讓畫面更豐富一點。

　　環境加上主持人也算空景的一種，主持人入鏡沒講話，可以串場，可以放OS。如果和攝影師合作時間久了，導演跟主持人溝通無虞，導演不須交代到鉅細靡遺的程度。拍攝時尊重攝影師，讓其內化，就是不一定要事事跟導演討論後才拍，不會被動拍攝。行腳節目每個場地有很長的Rundown要走，要拍好幾個議題，或是一天要拍完一定數量，不一定要跟攝影溝通慣例的東西，因為每次都要做。如果時間不允許或有所耽誤，還沒跟主持人溝通攝影安排，可以讓攝影師直接跟主持人講需要他做什麼配合，導演未必都在看監視器，請攝影一起經營感覺，不要經營走位的具體性，諸如可在窗台看風景、讓主持人去撥花做一些小動作等，攝影師可以自行跟主持人溝通。

二、攝影與場面調度

　　行腳節目常用的拍攝器材有滑軌、腳架，偶而手持，也常用三軸穩定架。攝影師定鏡、Tracking、Handhel運動等方式輪流運用。有時用滑軌滑一下，產生動感，有時定鏡拍，可讓觀眾仔細觀察細節，視現場環境判斷，何者適合運鏡，有想法特別要求的拍攝重點，評估後選擇拍攝方式，再跟攝影師溝通。

　　《台灣文創遊‧松菸》序場有幾個Tracking運鏡，從椰林大道滑入琉璃工房的走廊，使用滑軌運鏡，滑進走廊，展示錯落走廊廊柱的變化。接著也是滑軌鏡頭，從室內拍攝主持人從走道經過，透過日式木窗，看見主持人由遠而近，駐足貼近窗內望。鏡頭保持運鏡，看到窗戶細節，舊窗魅力，主持人動作俏皮，這是請主持人配合攝影運鏡做的動作，有點可愛的動作，秒數都短短的。這些空景具場域代表性的時代感畫面，能帶領觀眾了解松菸環境與歷史，偶有主持人入鏡，讓空景鏡頭有人物動作，不會太單調。

（一）對話鏡頭

　　行腳節目安排達人嘉賓介紹導覽，主持人和嘉賓對話鏡頭，是節目中頻繁需要的鏡頭設計。主持人進入主題，對話鏡頭已有一人等候，主持人入鏡，一個短短的進入鏡頭，交代相遇的一刻，不等來賓講話，接圖文設計的來賓介紹，人物介紹圖文是Format之一。報導式介紹，每個場地都邀請專家對話，專家帶領主持人導覽企劃設計溝通過的重點，人物的圖文介紹後，畫面開始進入對話，有主持人與來賓，要思考進入與離開的方向性，往左邊場地走向書店或進入上一鏡頭的室內，在畫面上會感覺是進入的感覺，而不是出去，走近建築物。對話二人相遇，面對面地接觸，所以主持人是進來的是拜訪的人，這是Opening，所以進來。如果是Ending，主持人或來賓會離開，或許就可以安排走出去，離開建物，這是一個比較簡單的鏡頭語言，讓觀眾看見現場訊息。

（二）機位配置

　　現場有兩到三台機器，須協調攝影師位置。《台灣文創遊》在松菸綠色木屋閱樂書店外，開始對談，根據主題設定，進行機位配置。攝影師的配置大概幾種方法：一機全景，一機近景；一台較廣角的機器，看整個環境，另外一台聚焦在兩個人物上，較近景，甚至特寫。在後製的時候，剪接師可隨時選擇，剪接考慮情緒多寡，這一Cut是兩個人特寫，清楚一點的，細節情緒多一點，或希望觀眾了解環境，就讓二人一起入鏡。因為閱樂書店外兩個人走得比較近，且他們在移動，這種一全一近方法，會比較容易理解，方便協調。另一種方法：一機一人，甲攝影機跟主持人，乙攝影機跟來賓，很容易調度，當一方不講話，就改全景、近景交替。或告知攝影，不講話的一方，要拍指涉的動作。不管用哪種配置，對話鏡頭中，不要急著拍攝對話中提到的物件，可以事後補Insert鏡頭。例如當專家來賓提到屋頂，可以事後補拍，不要急著運鏡帶到，這會錯過主角的拍攝。導演或企劃要記下對話過程中的關鍵資訊，有無遺漏，以及需要補Insert的鏡頭。

（三）特寫鏡頭

使用特寫鏡頭，構圖可能是胸上或半身，會讓這人物表情比較清楚，可以仔細觀察情緒，強化聆聽內容。剪接師為交代二人位置或場地資訊，會用遠景鏡頭。通常把場域關係鏡頭稱Master Shot，先用廣角鏡頭放到前面，後面鏡頭放人物近景特寫。人物對話段落，不能全景、近景頻繁使用，剪接師要根據對話內容，帶入一些些環境空景、對話中提及的物件。所以，空景在節目無處不在，經常使用。閱樂書店是日據時代的松菸員工子女幼稚園，主持人訝異於當時員工福利真好，物換星移；此段非常多空景，現場小物──窗花門框、屋頂鮮苔，都是歷史，交代環境。若要抽離情緒，當天的氣候都可以是畫面，中景然後又跳回來。

若有預算，會用到第三台甚至第四台，這種三機、四機調度，就更靈活，可是偶有干擾穿幫。至少兩台機器去拍攝不同Size畫面，一氣呵成，讓剪接師可以有不同畫面選擇。如果只有一台機器，僅有一個拍攝選擇，如果某鏡頭拍完了，缺了特寫或缺了廣角，就要請主持人跟來賓再走一遍，很浪費時間。二人對話不可能每一次一樣的，對剪接師來說，會是很大的困擾。行腳節目，主持人和來賓對話經常是很臨時的，有感而發，突然甚至即興的。讓主持人營造跟來賓很好的互動並不容易，如果導演請他們重複第二次，不一定有第一次的效果，所以通常拍攝對話鏡頭，不要打斷干擾對話。最好的一次，隨時可能出現，攝影隨時保持安全拍攝，希望有意義對話出現時，兩種鏡頭是都可用。

（四）跟拍問題

有個小小跟拍細節，不論中近景或是特寫，攝影要跟著人物移動，如畫面尺寸比較小、比較緊，人物容易出鏡，攝影師觀察到不得已時必須取捨，要跟著人運鏡移動時，只能選其中一個人，另外一個人會被卡掉時，首要選擇是正在說話的人，他是此時主角。如果說話的人構圖不佳，就要趕緊換位置。構圖不佳，拍回來也沒用，但不能Cut掉，一是聲音要留，二是重來也通常無法繼續剛才講的內容，須考量各種臨場應變的拍攝。有時因為兩個人站的距離有點遠，來不及換角度和尺寸，也可稍微Pan過去，合理的運鏡速度，有機會留下；讓說話的人不要離開鏡頭。廣角的一機較沒有跟拍問題，了解對話移動範圍，選擇位置，架好了就都在裡面了，可能廣角都是定固定位置。

（五）180度線邏輯

松菸閱樂書店場景，來賓是從戶外生態池邊往閱樂書店、北向菸廠方向走，他們從畫面右上方離開的，就鏡頭語言來說，拉背進入工廠，進到下一個地方，就是這裡結束。前一個鏡頭，他們是從右邊進來，這段結束了，攝影構圖安排他們往左邊走去。再進入菸廠走廊，等於是另外一個段落開始，走廊是人物迎向鏡頭，走進來的視覺感。攝影師要時刻記住180度線邏輯，如果攝影師記得，會盡量不要超過180度線。二人邊走邊交代空間關係，換了地方，觀眾不會混亂，進入北向菸廠，左右的關係很清楚。二人從右邊到左邊，再從左邊回到右邊，二機不能跨越180度線。如果攝影師顛倒，觀眾想像會混淆。在空間建構上，相鄰的鏡頭才有180度線要求，如果中間插入空景，譬如帶到133合作招牌，180度線就重新開始，可以不管了。

攝影師須貫徹180度線進出方向，當初設定從右邊進來，就要一直維持這樣方向性。有些空景是根據特定需求，考量畫面的背景等構圖因素，畫面有特定元素一定要有，不是隨意拍的空景。例如在訪談之中提到某個商品和建築物，特別提到，就要留時間拍空景，提到訊息要在畫面裡的，多拍幾個角度、不同的尺寸。

（六）特寫責任規劃

雙單機特寫規劃給主持人的優點，是因為來賓開始講話後，可用空景Insert，而來賓不答話或不接話，沒有表情反而尷尬，鮮少有來賓的聆聽情緒需求。若談論內容元素在主持人旁邊，特寫主持人帶到背景與主題有關，就把特寫給主持人，主持人聽著介紹，展示文創物件，特寫更能陳述細節。除主持人講話外，較不需要給來賓特寫，另一個原因是因為兩人是面對面，例如《台灣文創遊・133合作社》的拍攝環境是條走廊，雙機拍攝，一遠景一特寫，如果兩人都面對鏡頭，特寫給主持人方式是可以的。如果主持人跟來賓是面對面的，不管拍攝特寫在哪個機位，總會拍攝到其中一人的側面，而不是正面。如果兩人都面向攝影機的話，攝影師一機特寫一機遠景。133合作社的走廊很窄，沒有足夠位置到大的角度去拍攝正面。若空間限制拍攝角度，請兩人走近一點，對話二人即興發揮時，是不大允許這樣指揮演員的，須主持人自覺感受畫面變化。

三、紀實攝影技巧

逆光是種氛圍，適時善用逆光經營畫面設計感。可在逆光中，安排主持人移動，或透或遮，透過攝影機運動，改變空間中逆光線條位置，讓畫面的移動中有著光斑線條改變的視覺變化。

逆光影像適合用來當轉場。陽光光源射向鏡頭情況下，讓主持人站在光源點上，遮住陽光光源，人站那裡時是曝光正常的，當主持人一走開，變成曝光過度，這是一個轉場。一道光線突然壟罩整個畫面，轉換場了。也可把燈架在後面，人物離開，透出光線，以光線變換營造視覺動感。光線是可多用的視覺要件，光線設計會讓整個畫面不一樣，視覺多樣，目的是不讓觀眾感覺無聊或呆板。

《台灣文創遊・鹽之有悟》開場鏡頭軌道運鏡，主持人站在展示台與要介紹的牆面間，形成前景展示台、人物與牆面多個層次的視覺感，運鏡滑過展示的樣品，再銜接幾個特寫產品與小物的鏡頭，建構鹽業創意概念。

（一）背對鏡頭的對話

有些環境沒有二機的空間，可能須改為越肩鏡頭。「鹽之有悟」空間有限，攝影機位取捨困難，因對話的鹽田展示立在牆面上，主持人和導覽者面對的是牆面，背對攝影機，展示的資訊在牆上，拉背可拍到資訊，常用越肩鏡頭，或直接拍攝陳述內容，這樣沒有二人的表情，也是遺憾，只能盡可能保留當下資訊。如要拍到人跟環境跟產品時，廣角攝影須找到間隙，主持人跟來賓背對著攝影師，透過間隙拍攝展示內容，特寫就必須移到非常側的兩邊，否則帶不到正面。

主持人跟來賓準確位置，是靠攝影師調整的，當進行對話講了一些內容後會開始移動，雖然移動幅度不大，但在鏡頭視角上面會有很大的差距；尤其特寫，只要稍微移動一點點，畫面變動很大。如果因被擋住，以致攝影師沒辦法在兩側拍攝，拍不到兩人清楚的正面，影像一直看到主持人正面，沒有來賓正面。如果要讓人物情緒拍到，也可以適當調整空間的擺設，兩人往後退，把遠景攝影機藏在畫面左側的走道邊，稍微避開一點點，不要穿幫入鏡，另外一台近景攝影機仍然放在右邊，交叉地拍兩個人的畫面。重點是要移動空間中的干擾，騰出位置，這樣要求有時會強人所難，耽誤進度，退後的空間是很有限的，所以當下的取捨是讓這個人物移動，來賓後退一些些，讓他的身體不至於擋到主持人的畫面，近景攝影師只抓主持人特寫。

（二）機動更換鏡頭

一顆鏡頭是無法完成拍攝的，拍攝時偶而要換不同焦距鏡頭，更換鏡頭其實算快，但經常更換還是浪費時間。所以，會有種習慣，換長焦段鏡頭後，以符合此鏡頭方式的內容，集中拍攝。《台灣文創遊・松菸・鹽之有悟》展示Alana生日的標籤特寫，是事後補拍的，鏡頭焦距不一樣，畫面特性可以感覺是Micro（微焦）鏡頭。雖然準備多顆鏡頭拍攝，頻繁更換鏡頭會耽誤時間，不大可能在拍主持人之後拍完Zoom到這麼緊，必定是更換鏡頭拍的。

為了讓空景更活潑，避免單調，增添畫面豐富感，在同一空間提及的內容、產品，不要讓觀眾感覺重複，鏡頭最好不斷變化交替調度使用，不同鏡頭運動方式、不同的角度、不同的尺寸，或請主持人入鏡走位，或讓來賓去介紹設計品。偶而請攝影師帶個滑軌的鏡頭，請主持人拿起物件端詳，或把玩，借用主持人的手去做動作，都會增添動感，豐富節奏。換個角度、換個主持人走位方向，用一些光圈的效果，讓景深做變化，都可以善加設計思考。

（三）極特寫

　　料理節目常用極特寫鏡頭，目的是展示食物色香味，讓觀眾看得很清楚。介紹十字繡手工藝品時，用頗多極特寫鏡頭，目的是讓觀眾觀察刺繡藝品的線條紋路。特寫能看清楚細節，比肉眼觀看更清楚，一絲一線，色澤層次，牢牢吸引觀眾目光，像顯微鏡那樣地放大，影像觀賞樂趣來自HD高畫質影視的魅力，透過特寫鏡頭，專注看清肉眼無法辨識的色彩繽紛的畫作成品，呈現影視媒體獨特視覺感。手工藝品，一幅幅繡畫，就是一主題一世界，展示畫作整體構圖，如同欣賞一景觀。除畫作構圖外，極特寫拍攝畫作材質，一綑綑的線材，不同顏色棉線，展示質感和材質，極為細節的觀察，大特寫畫面或可啟迪觀眾，美感創意是怎麼形成的。

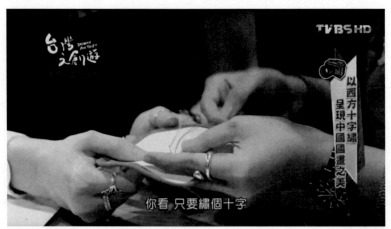

圖4-2　安排主持人體驗實作，目的是展示工藝，繡布過程亦文化創意思考過程

（四）豐富視覺

善用燈光協助攝影，豐富視覺，可帶出不一樣的畫面。若有機會，可在拍特寫東西時，加一點點燈光，讓畫作有一點立體光影變化。可惜行腳節目時間有限，講究速度，不是拍廣告，通常都很少下燈。大特寫畫面，並不適園區、博物館等場館介紹，通常在節目開始第一段，都是引導理解空間資訊，以建築物周邊為主題，沒必要拍特寫，很少有局部細節的展示。特寫需要用在適當的主題，手工藝品適合特寫鏡頭。除大特寫畫作外，十字繡空間展示還採用景深轉換，透過焦點改變，看見不同棉線材料，用光影轉換增加畫面的效果。主持人體驗學習材料感受不同棉線，線團井然有序並列，一字排開，既有編號方便理解，又具美感，並列比較，這種鏡頭需要攝影師當下直覺，判斷什麼樣的構圖是漂亮的。

（五）注意燈光避免意外穿幫

攝影從低角度拍攝時畫面左邊出現藍光，工作桌左邊的檯燈，現場都是黃光，只有左邊特別的藍，這是現場沒有留意到的疏忽，有時間或是有能力把它關掉的話，應請攝影師避開，不要突顯出一個不同光源，藍光跟現場色溫不一樣，留意到的觀眾會感受到很突兀。正常畫面整個色溫是平衡的，是一致的。攝影師應注意燈光色溫，留意環境的燈光，若故意設計成不一樣，就另當別論。有的燈具色溫非常奇怪，有LED燈很綠，或是有五彩霓虹燈，光影效果很好，符合節目可以留著，如果視覺效果不好，盡可能避開。現場可關的燈都關，使用自己帶的燈拿出來打，使用影視拍攝的用燈具，才不會出現閃爍和色溫異常。下光需要時間，如果時間上不允許，可在攝影機上架手燈，補演員或受訪者臉上光，或是拍攝商品近距離的光。從十字繡單元二人的手部色溫觀察，可以看到手右邊的膚色是黃的，左邊的膚色是藍的，應盡量避免色溫不一致的現象。

（六）避免失焦小技巧

在漢字文化平台的開始，全景鏡頭焦點並未很精準。廣角的鏡頭，盡量讓光圈小一點，光圈小會讓景深深一點，因為有時候廣角鏡頭根本看不到焦點在哪裡；讓景深深一點，清楚的深度範圍多一點，縱使焦點不到位，也不至於感覺明顯失焦。

（七）三軸穩定架與縮時攝影

坤水晶的拍攝動線是由展示區進到體驗區，Alana在展示區好奇觀看，Neil上前講解，邀請Alana體驗玻璃創作。透過在展示區的好奇端詳，觀眾對於坤水晶的成果，已經略具輪廓，了解吹製玻璃的成品有杯盤碗，各式器皿色澤紋路不同。進入體驗區的拍攝，是個ㄇ字型的工作室，器具設備分置三個面，吹製工作在不同區域來回，攝影機非常容易互拍穿幫；也不能將一機定於某一位置，攝影師會非常明顯。考量吹製的頻繁移動，因此安排Steadicam[1]，三軸防手震的攝影機，全程跟拍正面。Steadicam的

---

[1] Steadicam是一台穿戴在攝影師身上的穩定拍攝器材，包括穿戴的穩定背心和避震手臂。當攝影師移動時，避震手臂可以抵銷降低攝影師走動的上下震動，使畫面穩定。2013年，美國Freefly公司發表moVi系列的穩定拍攝器材，成為新一代移動拍攝的面貌。moVi關鍵技術是使用陀螺儀穩定，不同於彈簧，陀螺儀準確快速。現今，移動拍攝大都採用數位三軸陀螺穩定手持穩定器（Digital 3-Axis Gyro-Stabilized Handheld Camera Stabilizer）。

優勢是，它可以在空間受限的環境中，做很多不同的運鏡變化，移動過程穩定流暢。狹隘環境無法架軌道，三軸穩定攝影器可快速即時拍攝出Tracking平移、Crane低角度到高角度等運鏡，不會有手持震動感，呈現多元角度不同變化，因相機在腳架上沒辦法突然升高，只能用Pan的。Steadicam可隨時上下運鏡，像是搖臂。三軸穩定攝影雖可有很多變化，但缺點是不能長時間使用，如果沒穿專用衣支撐攝影機的話，大概拿一二小時後手都舉不起來了，沒有辦法繼續做事情。

台北文創大樓人潮縮時攝影，是常見空景技法，除運用景深或利用光線變化，善用縮時攝影（Timelapse）也是提升節目質感實用攝影技巧。透過縮時，展示空間環境快速變化視覺感，環境因時間濃縮，觀眾看見時光流逝，畫面快速改變會有觀賞樂趣。縮時拍攝是每隔幾秒鐘或是每隔幾格拍一張，後製接起來，會呈現正常時間看不到的效果，天空的雲彩快速飄動，形體變幻莫測，人潮和車流都是常見的縮時攝影主題。十分鐘縮成幾秒鐘，可觀察雲彩的流動、人群的聚合分散；數小時縮成幾秒鐘，可以看見潮汐、銀河或極光。人潮移動縮時攝影，用於《台灣文創遊‧大稻埕》專輯，迪化老街快速流動人潮，回顧1920年代變裝遊行的熱鬧。《城鄉印記》台北城的故事專輯，拆除北門後，北門成為車流環繞的中心，透過縮時攝影，把快門速度放慢，看見車燈拉出線條，不斷襯托北門主體的莊嚴。自然界縮時變化時間略長。在自然觀察紀錄上，經常要縮時數天，例如看見花朵從蓓蕾含苞到綻放，小草冒芽茁壯，體會大自然生命力；也有人花了幾天時間，記錄食物從鮮美到腐敗，或者黴菌滋生的過程。縮時讓觀眾看見時間的魔力。

（八）人物與成就並陳

商業攝影常有展示人物的拍攝方式，人物與成就並陳，廣告片經常用到。《台灣文創遊》多次讓主持人拿起體驗完成品，或是自己寫的字，面對攝影機，直視觀眾，並未講話，只是分享，請觀眾品味。拿著展示品，彷彿主角是成果，焦點在體驗後交流分享，展示者面對著鏡頭，是推薦者，面對著鏡頭微笑，誠意十足，邀請觀眾，敬請指教。為了讓畫面活潑，偶而會比一個手勢，有動作，會讓推薦更強烈。誠懇推薦的畫面經營，是希望以不同的技法、不同的形式來豐富文創的樣貌。文化創意，類型廣泛，畫面多元，以增添視覺變化。節目拍攝場域是文創園區、假日市集時，面對眾多文創設計師，無法逐一介紹，最後邀請願意上鏡頭的設計師們，展示一下成果，避免遺珠，時間雖短，卻也讓觀眾感受台灣豐沛的文創能量。

圖4-3　主持人Alana體驗水晶燒製過程

四、吸引目光的獨特視角——空拍鏡頭

空拍機是近年影視製作的新寵，不須登高也能望遠，空拍展示上帝視角，帶給人們從未有的觀看位置，一目了然俯瞰大地，極為迷人。華山園區空拍鏡頭，從華山劇場平角度拔高，逐漸升高慢慢看見整個園區，先看見四連棟倉庫區，慢慢前進呈現整個園區的俯視。

賴嘉玲解讀觀光客看到空拍畫面所理解的影像觀點，認為空拍鏡頭除環境資訊建構功能，也提供另類視野：「不同角度的空照與環保關懷影片，從盧貝松的《搶救地球》到齊柏林自費空拍的《看見台灣》等紀錄片式的另類環境觀點建構，激起大眾對環境的重視，也建構了觀光的另類視野與實踐。另一種因著影像而產生對景點的建構，則屬電影觀光、電視觀光或媒介影像觀光。」[2]

空拍機技術進步很快，預算合理，操作不困難，成為眾多節目必用的拍攝設備。空拍器材等級不同，差異頗大，數千元到近百萬，有不同等級空拍機，《悠遊台北》、《台灣文創遊》使用的空拍機是DJI Phantom2plus，搭配GoPro 3拍攝，整組預算約七萬餘元。《城鄉印記》使用的空拍機則是DJI Phantom 3 Professional。

空拍機操作雖不難，但要拍出有視覺張力不易；通常飛快是新手，穩定慢飛才能觀察。空拍概念是飛行過程即是運鏡動線，空拍機在三度空間移動，以八種空間位置改變方式進行運

---

[2] 賴嘉玲，《跟著電影去旅行大受歡迎，但要小心過度電影觀光化的危機》。

鏡，前後左右以及上升下降、Pan左右旋轉。空拍攝影機在螺旋槳下方，因此不能拍到正上方，高階的空拍機卻可以。空拍機目的不是飛行，是為了找到一個獨特的空中位置，去拍攝理想的景觀，所以要找到三度空間中視覺主題，經過搜尋摸索到適當位置高度，觀察地面觀賞興趣點；升空後光影更為嚴苛，陰陽對比強烈，針對特定主題，評估日照，慎選拍攝時間，順光或逆光，都影響拍攝主題。以華山劇場為主體的緩升拔高的空拍鏡頭，瞬間看到不一樣的華山，空拍鏡頭代替以前搖臂拍攝視覺感。用搖臂要勞師動眾，為了這種視覺感要出一台貨車，載一個十米的Crane來，帶著很重的配重，還要一組人馬來架這個搖臂，一個鏡頭從架設到收好搖臂，將近三四個小時，只為了這個畫面，成本很高。空拍的優勢更多，它可以比搖臂有更多角度變化，起飛升降、往前、往後位置改變，搖臂是拔高後左右搖下來，空拍機角度更靈活豐富，拍攝範圍更廣，限制少很多。

華山專輯有個非常特別的場景，從未曝光，是《台灣文創遊》呈現的獨家祕境——位於熱鬧千層舞台旁，樓頂的「禪意茶屋」。華山鮮少對外開放，所以遊客無緣親睞；透過窄窄旋轉梯，上到樓頂，感受清風吹徐，頓時抽離塵囂，繞過籬笆，靠到別致茶屋。由空拍鏡頭呈現禪意茶屋，完勝平面視角，意境完整彰顯；由地面拍頂樓，僅略窺一二，空拍視角靈活，拔到略高於屋頂，完美定位於45度角，由遠而近，剛好兼顧環境與細節，同時交代茶屋隱於市的超然。試想，如果沒有空拍機，拍不到屋頂魅力，也無法展示茶屋位置優點。茶屋的內裝細節，安排攝影機進入茶屋，經過後製，空拍與屋內細節，交替呈現，登高的恬靜悠閒油然而生，讓觀眾感受熱鬧城市中，隱身屋頂的禪意。

空拍機因意外頻傳，使用日益嚴苛。2017年10月行政行政院會通過民用航空法修正草案，規定重量二百五十公克以上的遙控無人機須實名註冊，操作重量一公斤至二十五公斤無人機，且裝置導航設備，就須測驗合格取得相關操作證照，若有違法最高可處六萬元以上三十萬元以下罰鍰。除法規限制外，空拍作業本身有許多風險[3]；空拍受天候影響很大，有雨、風勢過大都不能飛行；也受限於電池效能，每次飛行時間約十五分鐘左右。空拍機升空就有飛安隱憂，人潮活動區域，空中的高角度可以展現人潮，大型演唱會，基於民眾安全，空拍機是禁飛的；現場滿滿的人潮，空拍設備畢竟是電子器材，透過無線訊號傳輸監控，電子訊號易受干擾，有時候訊號會突然不見，可能因為天候，或是因為電池下降沒電，操控失靈，稍加不慎就會造成傷害。使用空拍機，風險不低，發生事故都在一瞬間，都是始料未及，不該飛的地方、不該飛的時間，空拍攝影人員都該自律，謹慎操作，避免傷人財損。

五、DJI Vision2空拍墜機研判

使用空拍機的幾次拍攝中，發生三次撞樹墜落，每次情況不同，將情況登錄下供參考。

---

[3] 交通部長賀陳旦表示，無人機註冊並不只是手續而已，而是像汽車牌照一樣，若有違法、危險的作為，可予以處罰計點。草案新增無人機飛航區定義，包括禁航區、限航區及航空站貨飛行場四周，一定距離範圍內禁止無人機從事飛行活動。禁飛區以外，無人機飛行高度不得超過四百呎，且必須在目視範圍內；無人機除了不得裝載、投擲或噴灑，且禁止在人群集會上方，也不能在夜間飛行。

| 2014/10 | 開機後校準水平儀隨即起飛,未注意GPS連線數量。起飛後逐漸偏移,未及時修改,飄飛向約三公尺樹幹,墜落地面。 |

研判:沒有足夠衛星GPS數量。

| 2015/01/22 | 在飛行十餘分鐘後,透過椰子樹作為前景,Track-in、out大樓。突然感受飛行器不受控制,自己朝起飛點返航。在不受控制後,返航飛行撞到樹梢墜落。墜落高度恐有五公尺以上。應該要設定自動返航的高度,避免安全返航途中,撞擊建物或人。 |

研判:電量用盡前,執行自動返航但高度不足。

| 2015/01/22 | 在大樓旁的櫻花樹旁拍攝,因位處凹地山谷狀地形裡,GPS訊號有限數量不足,只要一靠近大樓,GPS接收數量就會更低,在狹長的飛行地帶中,飛行穩定度一直不佳;搖桿置中,飛行器仍然逐漸偏移。多次修正保持距離,認為可以拍攝。修正多次後,略具信心,為了取得從櫻花樹欉的近距離拍攝,飛入、飛出設計路徑,在櫻花高度時,過於靠近櫻花樹頂,逐漸漂移撞擊櫻花樹墜落。 |

研判:未保持安全距離,GPS數量不足、風切偏移。

以上三次都可歸咎是人為因素,未確認安全資訊即執行飛行,有部分原因是為追求飛行視覺感受,近距離靠近櫻花樹,忽視空間透視誤差,過於靠近樹木,在誤差飄移下掃到樹枝墜落。

六、紀實攝影手法的思考

　　記錄人類生活狀態，在真實環境拍攝真實影像的記錄現實攝影方式，即屬紀實攝影（Documentary photography）概念，旅行中記錄旅程更是常見紀實主題。行腳節目報導介紹的環境都是真實存在的場域，無法複製，也不能安排，僅能等待，持續觀察。在華山園區，執行長帶領Alana走動展示環境，像是逛著園區，經過時語言介紹或是手一指，就可插入景物，隨處可見在華山環境裡的表演，遊客神情，百年酒廠，空景很多，走過歷史長廊，看見1914，了解廢棄酒廠轉型。經由執行長訊息，詮釋歷史空間感，觀者對空間，有了基本認識。報導式取景，觸目所及，都可入鏡。拍攝園區內街頭藝人表演，記錄園區活力，這些街頭演出，引人好奇，橋段鮮活，娛樂有趣，是文創園區魅力，讓遊客感受草根表演創新，戲劇情節深化觀眾內心思考，比隨興逛街深刻許多。當代新紀實攝影風格並不僅僅紀實，紀實層面轉為內心的紀實，沈柏逸提到：「新紀實攝影（New Documentary Photography）以及街頭攝影（Street Photography）的風格也漸漸擺脫傳統紀實的框架，轉而到個人的內心紀實層面。」[4]

　　深度報導更是真實影像的主流類型，行腳節目訪談也類似，受訪者提到的東西，攝影師跟拍時都會聽到，剛剛主持人跟來賓對話提到什麼，一定要去補特寫，沒有畫面就沒有說明，此亦是紀實的魅力。企劃或導演，都要留意聽來賓專家的受訪內容，有疑惑就須立即請教受訪者，註記解惑，猶如口述歷史般看待對

---

[4]　沈柏逸，〈紀實攝影紀實了什麼？〉。

話。行腳節目攝影師會培養立即補拍特寫的習慣，趁著記憶猶新，印象中記得的重點，趕緊拍掉，沒有受訪專家的協助，企劃團隊常會求證困難。若是國外或偏遠山區，沒拍到何時能有機會補拍？企劃若全程跟拍，更應該有完整的補拍鏡頭註解。導覽式拍攝，攝影師跟拍，企劃監聽，這種作業模式，很常用，每集都會有好幾段落對話。攝影師拍久了會自己留意，不須導演再提醒，為避免遺憾，導演要留意，確認重要鏡頭。

　　行腳節目為了掌握人物內心想法，聽到不同觀點故事，在各段落都要訪談。訪談場景地點挑選有二個思考方向：一是環境，一是視覺效果。環境符合單元主題又具攝影視覺，就是首選。能呼應主題，觀眾看到就掌握節目意旨，訪談環境彰顯對話內容，傳遞場域氣氛。如果環境尚且可以，備案選擇有時候讓攝影師挑選，是基於光影投射、代表性背景，及鮮明的空間訊息等，這些都是視覺主導。拍攝兩人對話時，若實際場地不適合收音，不一定要選擇實際場地。在演唱會或是較吵雜工廠時，環境不適合收音，訪談不能現場拍攝，或許會在符合主題的某個辦公室或是華山廠區某個走廊進行訪談，讓聲音品質較佳。因為現場收音，聲音不清會讓影像無法使用，拍了可能不用，環境吵雜或動線一再受干擾，不允許連續順暢訪談，拍攝前要考量收音。

（一）一鏡到底導覽

　　華山園區頗大，可以看的地方是慎選過的，想讓畫面流動快點，請華山執行長行走導覽，預設一段路徑，環繞幾棟代表建物，由手持穩定設備拍攝，全程在二人正面拍攝，畫面移動平穩，一鏡到底，背景不斷變化，視覺趣味在於未知的變化，轉角遇見，漸遠消失，人物情緒鮮明。跟拍主持人走一大段路，很多電影裡都用這手法。2015年奧斯卡大獎的《鳥人》，整部片都是一鏡到底（One Shot）。一鏡到底也稱長鏡頭（Long Take）。《鳥人》製片阿利安卓・岡札雷・伊納利圖（Alejandro González Iñárritu）提到為什麼要用這樣的技巧時，他說：「我知道這需要以視覺化的方式呈現。它需要一個偏向主觀的經驗。不只是觀察角色，而是跟著他的思維一起生活……這真的不只是理解和觀察，而是感覺，我們需要進到角色的內部。一鏡到底是唯一能做到這件事情的方式。」[5] 鏡頭隨人物走動，發展故事，不斷變化的環境，目不暇給觀察人物，現實與過往，流動湧現。透過剪輯，沒有留下太長的一鏡到底，仍能感受隨著人物移動，慢慢呈現的文創空間。當攝影機面向人物，猶如坐火車面向車尾巴，總在經過後，才赫然看到，不時嚇到，震撼力十足。因節目經常拍攝定鏡，習慣到有點膩了，可以稍微做一點變化，可以拿一些電影或是短片裡的手法，到節目裡用，不一定要全部，一小段，一個鏡頭，也是清新。

人物在技術後面，FabCafe的3D列印拍攝構圖方法，是把人物放在主要商品的後面，觀眾可以清楚看到講述的技術。Alana跟FabCafe創辦人Tim介紹列印機器時，觀眾可以清楚觀察到3D列印過程。FabCafe談論是比較生硬的製作技術，Tim講解有關科技的議題理性且有標準SOP，相較吹玻璃體驗技師Neil主題柔軟，要觀察色彩變化，感受玻璃美學內涵。

（二）建立足夠細節

主持人體驗實作時，畫面盡可能帶到實作的產品，或者是

---

[5]　DColin，《鳥人》導演與攝影師談論「一鏡到底」背後的意義與概念。

她的動作，FabCafe的雷射雕刻在Alana簽名的時候，跳一個拉背的、過肩的鏡頭，是主觀畫面，讓觀眾建立足夠細節，拍到在簽名的畫面，這是一系列流程的開始，要讓觀眾看到雷射雕刻的文字，來自手寫，稍後雕刻的成品是轉化成功。

展示手部位置的實作過程，有幾種做法，不只是單一視角、單一個鏡頭。因手部動作，是記錄成品設計雕琢過程，局部小動作，卻是敘事的靈魂關鍵，這個動作有時不短，不這麼短暫的，有前後因果關係，是比較性，時間長點的，譬如做個金飾銀飾，或是做個香包等等。只要是手作，就可能做壞，這是真實的展示，錯了如何回頭，也要示範。如同雷射雕刻的簽字，攝影師在後面安排攝影，在Alana的背後拉背拍攝，第一視角拍手寫過程，動作的特寫，充滿生命力的手寫記錄。如同料理節目，拔高攝影機，Top拍攝盤中食材，變化調味，清楚直視。實作特寫，是在每一次體驗拍攝實作時，考量到要用匠師視角，亦是情緒，像是木雕師傅，以刀工為前景，觀察眼神，就是說明文創的畫面。

主持人拿起展示成品的時候，如果拿得太靠近，拍特寫時會帶到自己的影子，成品會有局部被遮住，可請她往外拿出來一點，一般都是舉起來，避開陰影；因為在拍特寫，看不清楚人跟商品的位置，拿出來一點，完全不會影響畫面的構圖。

（三）發生問題之前

在拍攝時，常會因為構圖因素，調整演員站立位置或主持人位置，而不是原來他站的地方；會被攝影師稍微移動，改變一下，是必要的協調，大部分都是演出人員等候導演、攝影師確認。攝影花精力時間去調整構圖，觀察主持人所站位置，或演員站的位置，或是文創藝品擺放位置，這是電視節目攝影師經常性的工作。透過攝影機觀察，環境不一定是眼睛看到的樣子，觀察攝影構圖後，調整人物在環境的位置，場面調度為符合主題的構圖。當下如果沒有這樣做，事後被批評構圖有問題，其實也許不是構圖問題，是站位的問題，是燈光的問題。原來都可以在現場做調整，也許剛開始在做攝影工作，沒有留意到，或是你不曉得要做這個調整，會覺得當下就是如此。為什麼不這樣拍？為什麼要這樣移動？後來再來檢討的時候會發現，你應該要這樣移動的沒錯。這些都是攝影師必須具備的專業，要在發生問題之前，就要知道它可能會是個問題，要觀察到問題，立刻去調整。

（四）雙機位交叉拍攝

水水市集裡的白目T-shirt，雙機拍攝，Alana和設計師二人攝影機位架設法，是採「交叉對拍」，一台在主持人正對面，另一台在受訪者的正對面，兩個人在對話時，誰講話就跳誰的鏡頭，一組最淺顯的鏡頭語言；這方式在很多戲劇對話裡可以看到，一個演員一個鏡位，誰講話畫面就給誰，有時候主持人講話到一半，突然跳對話人的畫面，是因為要對話人的反應鏡頭。通常交叉拍攝，會跟主持人溝通一些通則，像是講話時，拍攝近景，乃至特寫，換另一人講話，就改拍全景帶二人。這樣的拍攝規劃，可以預見剪輯師很容易找到畫面跳，講話者有情緒，就給近景，如果情緒一般，可以跳反應，跳環境。

（五）考慮字幕空間

構圖時須考慮字幕的位置，所以攝影師在經營位置的時候，會在主持人或是來賓的左側右側留一點空間，設想最後在後製時會上字幕，不會遮到主角的臉，考慮字幕空間，會比原先的構圖還拉廣角一點點，保留一點可以放字的位置。

攝影工作也就是須不斷注意小地方，精緻感是一點點減少不良影響所累積的。畫面中物件有反光，要把包裝拆掉，或者找個不會反光的角度。很多時候拍攝物件，不是直接記錄當下的樣子，會移除雜物，做一些調整，讓物件的皺褶降低，使它在視覺上比較順眼。受訪者的Mini Mic沒有別好，應盡量朝著受訪者發音的地方，收音會再好一些。畫面可以看到，Mini Mic往下，受訪者聲音就不夠清楚。

在光線不佳時，小手燈也能派上用場。水水市集的拍攝後段，天公不做美，下起雨來，Alana結語幾個鏡頭在下雨時拍攝，攝影機上加了手燈，讓主持人的臉看起來更清楚，有色溫光線；雖然光的質感看起來沒有那麼好，但讓她的臉是有光的，適時彌補影像調性可能變成Low Key，手燈在雨天光線不足時正好補光，加強人物質感。因為當太陽太大的時候，手燈亮度看不大出來，抵不過太陽的光線；在陰雨的天氣時，則可派上用場。

（六）前景層次

設計些樹枝或人影當前景，也是常用的攝影技巧之一。在主體、人物前面加光線，加點顏色，有時攝影師會拿透明的賽璐璐片，架在畫面前景位置，讓畫面有點反光，或拿個手電筒，在攝影機前面加點炫光，對鏡頭的鏡片照射，可以產生光暈Lens Flare，這些都是常見的技巧。

七、攝影障礙與狀況

不同攝影機的質感必定有點差距，GoPro攝影的細緻度和專業攝影機差異明顯，很難調得回來，頂多顏色適當調校。細膩程度有賴攝影機的性能規格，不同攝影機影像特質不同，有不同影像調性，GoPro解析度不差，顏色表現若不對比，也覺得不差，可畢竟規格沒那麼高。GoPro畫面在後製上須很用心調整，但也不一定能夠讓不同攝影機畫面完全接近。

NG再做一次。拍攝中遇到突然大動作，受訪者拿出巨幅畫作，或是動作超出畫面空間，如果這動作攝影來不及，無預警就出現了，拍攝後，可以請受訪者再做一次，補拍剛才沒有拍攝好的。因為沒拍好，鏡頭被迫很快結束，沒看清楚，就很可惜。常會有主持人跟來賓互動，不見得所有的動作都在預期內，如果突然比較大的動作，無法捉到時，可以的話可請他再做一次。甚至之前有過拍攝活動競賽，因為來不及拍跑者最後衝刺終點線的畫面，攝影師於是請他再跑一次。

拍攝前做調校風格與色調，避免使用不同攝影機拍攝，但預算未必能支持。如果能規劃，使用單一種攝影機是最好的，影像特性趨於一致，規格設定相同，後製上比較方便。在拍攝之前，可先把設定調到最接近的程度，同一型號同品牌攝影機，使用同一個設定，顏色調性就極為接近，雖顏色不一定完全相同；有時還是會有些微不同，只要出廠時間批號不同，可能都會影響；也有使用年限長短的差異，比如說一台攝影機用五六年，一台攝影機只用一兩年，或者開機時間的長短，都會影響每一台顏色的不同。在拍攝前要花點時間做調校，讓兩台的顏色盡量接近，減少後製所需要的時間。不同品牌就要更花時間來調整了。除了GoPro必須架在空拍機上，這種不得已的時候，必須用比較特殊小機器，否則如果能夠掌握的，還是盡量用同一種專業等級，規格相同的攝影機。

圖4-4　GoPro+自拍棒，主持人情緒強烈，環繞攝影

　　大稻埕變裝遊行要跟隨拍攝，是個難以預期的拍攝挑戰。因為是一個遊行活動，場面隨時都在變，拍攝規劃設定不易貫徹，很難固定某台機器拍哪個角度。當天有三位攝影師，通常攝影師之間事前會討論，攝影師自行協調決定何時何地誰抓什麼鏡頭。例如體積重量較小台的機器機動性高，可能走得比較快，可以拍比較遠的鏡頭；機型較重、較大的機器，適合在主角、主持人旁邊，拍特寫點鏡頭。如果用一模一樣的攝影機，就可以輪流拍，因地制宜，有人拍近一點，有人拍遠一點，任務隨時互補，一個廣角一點，一個緊一點。長鏡頭的攝影機要跑比較遠，緊的畫面，要一直跟在主持人旁邊，兩個人分工，拍攝角度盡量不同，機動調度，後製時讓剪接師有不同角度可以使用。

（一）活動中用對講機

　　預算允許的話，紀實節目拍攝，導演、攝影、製片都要有對講機，可以隨時討論當下狀況，立即反應。有時候畫面已經夠了，可以請遠方攝影機回來，或是請製片不須再做交通封鎖，有對講機，隨時了解每台攝影機的位置與狀況，隨時有效調度。因迪化街場地空曠，遊人眾多，比較吵雜的時候，用喊的都不一定可以聽到指令。吵雜現場要溝通是非常困難的，用對講機方便很多，因為現場有音樂加上人聲鼎沸，甚至要找工作人員，都不一定找得到。拍攝時，用對講機可告訴遠方的攝影、導演或是製片現在的狀況，回報正在拍什麼，導演需要什麼，這些都需要盡快溝通。有對講機，可以即時修改更新，比較不會拍錯，不會漏拍。或許當下沒拍到，趕快告訴下一位攝影說他要過去了，你幫我拍哪個畫面，這都是在現場非常必要的。因為狀況都很臨時，需要臨場反應，活動的進行，稍縱即逝，看到想拍的畫面，需要攝影師提前留意時，用對講機馬上交代提醒攝影師，即時掌握。

「永樂布市」單元採訪過程，使用了軌道運動拍攝，鏡頭近處的布料製品，遠端主持人與對話人展示布包，緩慢滑動，前景展示布品樣式多元的設計，不同色澤及材質的商品，入鏡出鏡，畫面活潑。行腳節目向來需要機動快速，《台灣文創遊》是用小型的線槽滑軌，沒有使用傳統大型的四直三彎軌道的時間，架設DSLR在上面，用一支腳架架起來的滑軌，長度九十公分，隨時可做一小小段滑動畫面。滑軌好處是不需要太多人力，一個人就可以使用。傳統軌道需要一個助理推，攝影師坐在上面，整組軌道需要貨車來載，三節直兩節彎，或四節直三節彎軌，加上軌道車，重量不輕。線槽滑軌單人操控機動靈活，速度快就能多拍些推滑運鏡畫面，讓節目的動感鏡頭增加。因軌道長度有限，若要推長一點的畫面，廣角景會比較看得出滑動效果，太緊的畫面看不大出來變化。滑軌鏡頭通常不會進行Pan運鏡，因Pan會施力困難，攝影機是在油壓頭上面，攝影師要Pan容易造成滑動的晃動，上下飄動，不大順暢，通常沒有辦法很順暢Pan。

　　HD對焦是個簡單卻影響很大的技術。HD景深淺，一旦失焦，非常明顯，攝影師對焦雖是非常基本的技術問題，縱使資深攝影，也需要時刻小心，避免失焦。節目有多個地方沒有焦點，基於幾個情況，因為DSLR沒有準備肩架，沒有帶Monitor，在攝影機小視窗是看不大清楚焦點的，焦點不準沒觀察到，畫面小看到的都很清楚，回來放大觀看才發現失焦，大螢幕一看很多焦點都沒有。如果可以的話，DSLR架一台七吋Monitor，攝影師就可看清楚有沒有對到焦。或讓景深深一點，光圈小一點，景深夠深焦點就長，深景深讓影像清楚的焦點變長，可以多一點點安全的距離。如果一直開2.8，可能一點點微調，一下子焦點就不見。攝影要追焦點，Monitor又很小，根本沒有帶Monitor就更無法觀察，回來放在大螢幕上看，明顯看到失焦，已經無法補救。一不小心失焦，就會讓一個精彩鏡頭報廢，帶台Monitor，並時刻留意，確保有焦點，是攝影師的根本工作。

（二）重視收音

　　紀實訪談的收音，通常會準備Mini Mic兩組，一個給主持人，一個給來賓。麥克風接收機分別放在二機，或集中於一機，各有利弊。若是一全景一特寫的機位安排，有一台主要攝影機，應該以此攝影機收兩個Mini Mic的聲音；另外一台聲音不要收Mini Mic對話，收現場的聲音，後製對同步較好處理。如何設定主要攝影機，有幾種考量：一種是全景主場景攝影機，目的是方便辨識；或者，選方便收音的攝影機，當作收Mini Mic進來的Source。相較ENG而言，DSLR音源輸入有限，且沒法控制音量，ENG電子攝影機控制音量方便簡單很多。如果機位對角線拍攝，每台攝影機有自己拍攝人物，或者二台都是電子攝影機時，二台都方便收音，就可分裝在兩台攝影機，各自鏡位人物各自收音，一個主持人正面，一個是受訪者的正面，各自別Mic與影像人物一致，剪接時比較簡單，容易理解，剪輯師在後期調整，單純易懂，影音同一來源，看畫面就知道誰在講話。

行腳節目拍攝現場很少管制，是真實情境，拍攝到觀眾的時候，要跟他們打聲招呼，告知我們要拍攝，可能被入鏡；雖然不一定請他們簽同意書，授權肖像權，製作團隊還是詢問一下，基於尊重，尋求諒解，事前告知可能拍攝會拍到你，詢問有沒有關係，口頭上告知尋求他的體諒，不想入鏡者可以迴避，口氣客氣表達卻具體。請現場民眾答應拍攝，不僅考慮到禮貌，也可避免紛爭。有請觀眾受訪或以觀眾為主要構圖的，要簽署同意書。

八、行腳節目中的運動攝影視角

GoPro，運動攝影機的代名詞[6]。GoPro改變了看世界的方式，輕巧靈活的機身，裝載於空拍機，成為鳥瞰大地的上帝視角。GoPro嚴密防水殼，成為水上活動記錄器，上天下海，各種拍攝位置，呈現截然不同視角，帶來超乎想像的觀點，完全符合行腳節目特性。特別角度能充分展示旅行魅力，最具震撼的觀點，開拓觀眾視野，GoPro運動攝影機早已成為行腳節目不可或缺的拍攝器材。看似方便拿起就拍，無須調校焦距、焦點，仍有

---

[6] GoPro的成功，讓各大攝影廠商相繼研發運動攝影機。例如Sony的「Action Cam」、小米的小蟻運動相機、Olympus的「TG-Tracker」、Nikon「Keymission 360」全景運動相機、Garmin VIRB® 運動攝影機等。

許多應用技巧。

《台灣文創遊》在迪化街Alana手持自拍棒架GoPro，繞一圈，由下往上面拍，自拍棒延伸出人物在前，迪化街老房子立面在背後，Alana轉身一圈，既像遊客般記錄生活，也展示歡樂情緒。GoPro視角來自位置的獨特性，在《台灣文創遊》玻璃創作體驗時，有一火紅的玻璃入水的畫面，是把GoPro放進水桶裡面，Alana把燒得紅透的玻璃伸入水桶中，GoPro看清楚玻璃降溫過程，入水動感，很具張力；入水後的白煙，瞬間遮掩紅色玻璃的變暗，這樣的轉化，本就少見，透過不同視角，製造觀賞趣味。應善加思考GoPro運動攝影機的視角，放在什麼地方視覺效果更多元豐富。

美國鼓勵電視節目創新的艾美獎，2014年把「技術及工程艾美獎」（Technology & Engineering Emmy Award）頒發給GoPro，可見GoPro對電視拍攝傳播技術的貢獻，深獲美國電視領域肯定。GoPro創辦人曾表示，在 2009年時他們依然定位為相機公司，有趣的是，當時他們發現最暢銷的地點，是位於洛杉磯一間Pep Boys汽車零件店，它就在環球片場附近，很多製作人買GoPro拍攝撞車場面的特別角度，傳統攝影機到不了的位置角度，成為GoPro令人意想不到的應用。

（一）Camera Move

讓攝影機運動，一直是表現影視情節的關鍵攝影技術，經常要透過多種複雜的器材才能完成。GoPro方便架設於移動的裝置上，有許多輔助架設小配件，例如貼紙，常貼在安全頭盔、車身上，隨著人物移動，也跟著頭部視線轉向。參考常見的影視運動方式，軌道和搖臂，軌道常見的配備是四直三彎，依照地理環境或人物走位架設，攝影機架於台車在軌道滑動。軌道的移動路徑是預設的，人物情節是移動的考量，GoPro的路徑也是預設的，卻遠遠不能局限於一段距離，它方便隱藏於機車、滑板、辦公椅，一切有輪子的移動工具，針對人物設計動線，猶如軌道的架設目的。另一個常見的攝影運動器材Crane攝影搖臂，當腳架裝上搖臂，攝影機可以由低角度到高角度，一氣呵成。GoPro裝上延伸桿、Boom桿，猶如搖臂高度，長度夠高，就是俯視鏡頭。若五節Boom桿高度15呎，約二層樓高，當攝影機在二層樓的高度，俯瞰地面，無論是演唱會歌迷與舞台的熱烈互動，或是二車追逐，影像節奏就豐富多了。

（二）建立場景等待時機

看似隨處都可以放置的GoPro，並非隨興，每次的架設都有許多思考，諸如攝影機位置、拍攝範圍、聲音、光源方向、錄製格式與電源等。運動中拍攝是種隨時拍攝的狀態，在頭盔，在滑板，或是在自拍桿上，不停地運動持續錄影。拍攝大量素材，經常只有在特定一刻才有用。因此，運動攝影機的拍攝，不是以整個運動過程來考慮的，而是希望在特定位置，人物與動作能合理順暢地進入拍攝範圍內。架好攝影機，是為了建立場景，等待一個關鍵的時間點。

（三）拍攝範圍

攝影位置，決定畫面景觀。GoPro固定於何處？畫面能否如預期？不斷變換的空間如何涵蓋在畫面中？這些都是運動攝機架設的重要考量點。拍攝範圍（Trapping as Coverage）與構圖不同，構圖是以畫面經營為主，運動攝影畫面擷取（Trapping），更像分鏡功能裡，交代場景的Master Shot。這個主鏡頭（Master Shot），是建立觀眾理解空間的鏡頭，是戲劇中人物走位的路徑，要涵蓋場景最大範圍。以GoPro架設於人體位置劃分，攝影機位置有頭盔延伸的全景、頭盔反拍的特寫、置於胸前的POV主觀鏡頭，以及手持自拍的半身鏡頭。請參考圖示[7]。圖中的攝影機，除了滑雪者身上的四個位置，另有攝影師跟拍，這是遠景（Wide Shot），另外還有空拍機，以俯瞰角度，跟隨拍攝，空拍視角是動態遠景（Dynamic Wide Shot）。

（四）GoPro非一鏡到底

有始有終的主題性，是攝影機運動的目的，Pan、Tilt，從左到右，由上而下，要能呈現運鏡始終關聯，或對比終始的差異。一鏡到底，一種不間斷地呈現主題，過程都有重點的技巧。考慮設計路徑，由遠而近，逐漸進入意象主旨，放大細節，看清動作，再轉向位移，觀察周邊，了解更多的人物，進入另個情節。一鏡到底，未必一直運鏡，駐足觀看，也是情節。運動中，逐漸靜止，需要技巧，也仰賴器材，現在有三軸穩定，手持拍攝，機動方便。手持三軸穩定攝影器材，旅行過程的一鏡到底，有複雜有單純，自拍棒上架設GoPro，實用簡單。在大稻埕，由Alana手持延伸桿，在迪化街的歷史街區中，由下往上拍攝，以Alana正面為前景，建物立面為背景，緩慢旋轉，在街上自轉數圈，歡樂雀躍的Alana，一直是主體，歷史圖飾襯托在後，不停地飛躍，流動展示，強烈的視覺，讓觀眾沉浸文化場景。

---

[7]　Bradford Schmidt、Brandon Thompson，GoPro PROFESSIONAL GUIDE TO FILMMAKING，2013。

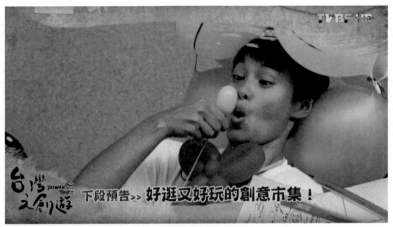

圖4-5　進廣告前的預告字幕位置與遮罩、Layout

（五）故事發展鏡頭

　　每個鏡頭都在說故事。一連串的鏡頭，扮演不同敘事功能，特寫放大情緒，遠景建構場景關係。GoPro式一鏡到底的攝影機運動，隨著影像流動，觀眾進入場景，看見人物與景物的互動，觀察互動時戲劇情緒，不斷地湧現。戲劇情緒交代人物特色，故事隨著畫面，毫無間斷地發展故事，建立情節。旅程中GoPro置胸前，呈現主觀POV視角，猶如一連串的觀察體會，每個視角，都是情節，也像是一鏡到底的長鏡頭，行走中發展故事。

（六）隨興發展抑或設定演出

　　節目靠安排，才能拍攝到想要的畫面，是製作節目常識，所以有電視看到的都是假的的說法。GoPro隨時記錄的特性，讓節目像是無須安排，隨興（Improvisation）且自然走位活動，就能留下情緒高潮的關鍵時刻，這顯然是種誤會，大部分的精彩鏡頭，必定有過某種思索的。主持人或受訪者面對鏡頭能假裝高興歡樂，但像豁然開悟、驚訝讚嘆這樣細微的情緒卻未必拍得到。以GoPro的監視器性格，猶如隨興讓人物進行活動，雖海量資訊，卻能在故事高潮的一刻，留下紀錄，看到最真情緒。影視企劃是讓創作有準備，一段精彩的旅程，編導應該是有備而來，透過製作經驗和拍攝規劃，讓製作團隊知道，過程中的神奇時刻會在哪裡，當情景出現，攝影師能以逸待勞，取得充滿故事張力的畫面。適當規劃安排，塑造出自然的情境，並非沒有企劃的隨興記錄。

4.2　剪輯與後期製作

　　通常在開始剪接前，剪接師對各集主題認識有限，不會有太深的了解，看企劃書會大概知道節目架構概念，對該集採訪地點、人物，略能掌握主題精神，導演跟企劃、執行製作是比較了解整集重點的人。導演在剪接工作前的重點，是協助後製知道每集特色，導演要撰寫預計段落順序，明確標示要保留哪些訪談精華，告知希望剪接注意的部分。執行製作要具體交接素材檔案，說明場記表格，交代現場拍攝狀況。剪接師拿到素材後，要把全部內容看過、聽過好幾次，有些重點段落幾乎是熟到會背程度。先把對話素材拼接好，所有訪談與主場景的走位，長度長達兩三個小時，素材超長太多，一集只要二十一分鐘，最終居然都要刪掉70-80%的對話。經常一開始剪出來都是一個多小時，再從初剪開始刪刪剪剪。剪接師反覆想像觀眾會有興趣的角度，從二三個小時對話一直剪，一直濃縮，先把不要、無趣、不是重點的部分刪除，一再提高標準，一直刪。大概濃縮在四十分鐘左右，剪接師會給導演看初剪完版本，它算是一個雛形，四十分鐘左右其實內容都滿重要，它已不是支離破碎的東西。然後再去討論導演觀點，篩選它的內容，決定哪些真的很重要，哪些是贅字可以刪掉，剪成最終的的二十四分鐘版本。

要注意各段均衡，每個單元主題都濃縮到理想長度後，再去調整哪一部分要放在哪裡，釐清架構順序，一開始應該要先用哪部分。通常會擺在節目第一段是節奏明快的，或者是介紹整個環境歷史的部分。例如《台灣文創遊》華山跟松菸這兩集，都是介紹環境跟歷史部分擺在最前面；引導性資訊擺在前面，稍微讓觀眾知道這集要介紹的是什麼環境，接著再進入不同單元，體驗活動或獨特景觀、文創設計商品介紹。

每集的一開始，也是節目序場的概念，一些空景鏡頭短時間快節奏，也可帶些主持人空景進去，讓觀眾看到主持人出現在哪兒，做什麼事。《台灣文創遊》松菸文創園區環境特色很多元，台北文創大樓是名建築師伊東豐雄設計，在歷史建物旁，調和新舊景觀，創新活潑，所以開始序場空景的步調節奏比較快。剪接思考重點之一，是如何讓觀眾有興趣看下去，盡量選擇拍得較活潑的空景，漂亮的畫面，善用主持人正妹鏡頭，賞心悅目，有她近景的時候，跳她臉部特寫，適當展示人物。

對一般人而言，也許會覺得文創是曲高和寡的東西，不會很「積極」地想了解文創設計的內涵，所以後製目標之一是，把節目剪得引人入勝，讓一般對文創沒有興趣的人看到，覺得文創好像滿有趣，會想要了解節目在講什麼。

有些單元拍攝時攝影機色調差異頗大，後製（Post Production）

也須調光修正。例如在松菸「鹽之有悟」場景的有色光，有點過綠到畫面異常；其中一機還好，拍攝牆面鹽田材質中木頭牆壁和人都變成綠色的了，拍攝時沒有調校一致，後製調光硬拉一點回來。因節目調性是有點明快活潑，希望讓它保留原始調性的色彩細節。

剪接順序依照節目大綱劃分段落一、二、三，進行剪接，按企劃設計要介紹給觀眾的精華先放，重要經典呈現後，再開始在對話中插入空景。在每一段對話結束後，不會馬上結束，會有一個小小的轉場，轉場前加入不少空景，在訪談解說資訊後的小片段目的舒緩觀影的情緒，再加入主持人的心得分享旁白，賦予空鏡頭意義。陸續把整個節目空景都插入後，「剪接」工作大抵完成，鏡頭篩選排列組合告一段落。再來要做的美術工作，字幕側標、人物介紹字卡、轉場動畫、場景的設計等，再把片頭跟片尾剪進來，因為片頭跟片尾的剪法是把空景剪在一起，再把旁白聲音適當地插入。

畫面右邊設計了直式的側標字幕，告知觀眾段落主題。關於側標文案寫作，必須把整個節目快速閱覽過一次，提取概念精神。以《台灣文創遊》華山文創園區專輯來講，前面先講園區歷史，如何從酒廠到文創園區，接著是各個單元主題，工藝咖啡廳FabCafe，之後是水水市集，水水市集又分好幾個設計家。首要彙整出重點，注意對話，濃縮談論內容為側標，盡量點出節目精神，懷舊台北或文創的關係，呈現它的特別之處、有趣的地方，例如歷史演進部分，執行長介紹華山原本是個什麼樣的酒廠，後來發生幾件意外事件，成為藝文意義空間場所，把每一段講的重點提煉出來。先寫下關鍵字，比如說，一開始是講這裡是酒廠，就寫「酒廠」，再來是文藝活動。抓出關鍵字，再參考企劃書，上網搜尋時事議題，也讀些遊客的遊記分享文章，遊客通常能貼切地陳述環境帶給他的感受，把這些簡短關鍵字濃縮為兩句短短的話，成為側標。像工藝咖啡廳FabCafe的經營項目重點先查網路，了解它創立的背景，知道平面切割跟3D列印的差別是什麼。某些專業領域不了解的話就寫不出側標。剪輯過程，會逐漸了解到這集的題材、主題內容、介紹的是什麼，已有一定程度認識。但側標不只能篩選自採訪內容，側標文案讓觀者有種超越，看到講述事物背後含意與精神，例如工藝咖啡廳是定義工藝的高度，說出工藝咖啡價值。切忌用詞過於吹捧，不能太過於廣告化，像在推銷東西，會讓觀眾覺得是置入行銷就不好。

剪接師編輯或設計畫面時，要盡量以觀眾的角度去剪，假想觀眾看到什麼會覺得很新奇、很酷，想了解那是什麼東西，接下來的畫面就要讓觀眾看到這些細節。因為僅陳述平面切割跟3D列印，會讓觀眾覺得沒有興趣，創造誘因，是讓觀眾看到想看細節，會覺得好漂亮，想了解這些東西的技術。觀眾感到興趣會想：這些東西門檻很高嗎？為何介紹這個？跟我有什麼關係？我有機會嘗試嗎？再了解到平面切割跟3D列印都可客製化，就是一般人使用的，門檻不高，大家都可以來。要讓觀眾了解平面切割跟3D列印並沒有離他們很遠，是有趣的，而且是他們有機會去嘗試的。

每集片長二十四分鐘破口二次，破口要決定段落位置。每段落時間長短是互補的，前面長點後面就要少點，前面少了後面要補，無須每段平均八分鐘，因為有些單元精彩點要多給時間。決定破口是電視剪接師的挑戰之一，因為電視收視率是每十五分鐘一次，遙控器在觀眾手上，進廣告就會轉台，廣告後還會不會回來，破口前的魅力很重要。進廣告前的破口要設計一小節的預告，篇幅不長，只有短短十四秒長度，要盡可能塞進下一段落較活潑、新奇、夠短、可以馬上吸引觀眾目光的畫面，留下期待。觀眾期待什麼，永遠是影視製作人員最重要的功課。

行腳節目有許多主持人或來賓的體驗，參與工藝或手作段落，剪輯重點是把很活潑的鏡頭剪進去，情緒誇張，表情生動。例如在文創市集街頭藝人故意引爆氣球戲弄女主持人，主持人雀躍活潑到驚慌失色。與現場人物互動，往往吸引觀眾的目光，呈現歡樂市集氛圍——氣球突然放大，Alana花容失色！情緒帶動氣氛，會留下鮮明記憶，是段落精彩點。

片尾字幕Roll Cut的LayOut是一個翻頁的視覺特效。跟小片尾破口的背景風格接近，都用筆刷把中間的一段挖掉；片尾LayOut稍微排列一下，把明信片跟紙的素材移到右下角，不要擋到中間位置，留下展示影像的空間。呈現一種文青小物的感覺，有明信片、紙、拍立得照片、色鉛筆。左下角有節目的Logo，不須讓Logo一直出現，出現在左下角有融入整個Roll Cut美術設計的感覺。中間的部分一樣用筆刷挖空，留一點筆刷筆觸的感覺，側標字幕與片尾字幕風格一致。Roll Cut的文字設計較文藝視覺感，沒有像一般節目用黑體字型，跑馬燈滾動方式，讓片尾字有種寫在紙上的書寫感，顏色是節目文字的顏色紅色跟綠色。製作人、共同製作人跟主持人，這些字幕的底是寫書法用的格子，因為書法具字型性格，有藝術意象。片尾字幕視覺變化特效，是在每換一頁時彈跳出來，希望有較活潑的視覺效果，所以片尾Roll Cut文字是使用彈跳出來、飄開，再彈跳出來的特效。

《台灣文創遊》大稻埕空景呈現豐富在地特色，各種空間與建物特色交叉剪接很有味道。大稻埕街道很窄，漂亮的歷史街屋立面都在三樓高，在街道上拍攝有局限，空拍展示方式是近處觀

圖4-6　悠遊台北色彩鮮艷，字幕都異常活潑

察，離開喧鬧地表，靠近建物最精緻的圖飾，緩慢移動，視覺感獨特且細膩。由大稻埕空拍才看得出豐厚歷史感，是台灣其他老街難望項背，河岸位置一覽無遺，環境與歷史質感，展示另一視角。遊行大型活動剪接的重點，在維持變裝主題特色，當時現場吵雜，人聲喧嘩交雜音樂，收音悲劇，但空景看來活潑，會讓觀眾覺得滿有趣，想看這些變裝的人穿著特別的服裝在做些什麼。活動有音樂、舞蹈、服裝、造型，很多特色，遊行走路安排導覽大稻埕，活動的份量就降低了。

　　節目剛開始都是比較靜態的，導覽人帶著主持人走，介紹環境跟歷史，避免靜置一處的枯燥無趣。相較松菸跟華山，大稻埕導覽安排在變裝遊行之後，觀眾會較有興趣聽。街道上眾多參與遊行的人穿上復古衣服，別有風情。歡樂派對氣氛，有時代感跳舞的音樂，配上導覽人介紹大稻埕的歷史，讓人好奇感興趣，身歷其境感受大稻埕特殊之處，歷史變遷過程如何造就商業聚落，跨越台北城區與日據時代的文化意義是什麼。

　　開始講故事時配上遊行的空景，GoPro畫面，再把復古歐式建築穿插剪接，搭配主持人復古旗袍服裝，優雅曼妙，找到觀眾視覺新鮮的元素。台北人未必了解大稻埕，剪接出讓人有興趣了解探究大稻埕歷史與文創是怎麼結合，緊扣行腳節目設定主題，復古變裝本身有文化意涵，1920年代久遠人物樣貌出現當下大街上，讓導覽突然有種歷史鮮活感。

　　《城南文學》序場設計由人入景，以紀州庵遊人的雅致動作，呈現日式木屋質感，庭院大樹，端坐長廊，以古樸木造建築襯托出文學主題，展示城南的新舊多元融合，舊城區從繁忙商業所積累文化底蘊，成為引導文案，詮釋單元主題。空景的步調較前幾集緩慢，符合文學特色，前面幾集序場都採短短的畫面，大概一兩秒就跳，節奏明快，步調較急。城南文學紀州庵，屬是較靜態的地方，用較慢的步調，鏡頭長度略長，放慢節奏，得以思考沉澱，效果不同。在年代久遠日式建築裡，悠遊行走，搭配人物，感受沉浸其中愜意味道。

　　《城南文學》單元特效字設計分三個部分，一個是最主要的、最大的中文文案，其次是底下以中文文案的英文翻譯作為副標，最後是小字的部分，使用跟標題有關文章片段，製造對影像深度理解，讓文字排列在旁。許多參考特效字是科技數位感，配上數位音效進來，感受更立體完整。文字美術希望有藝文風格，呼應文學主題，文字用白色，拉大色調對比，如果用黑色字，融在畫面裡看不清楚，只能用白色，再配上色塊讓文字突出。色塊通常會挑選跟畫面搭配起來和諧的顏色，例如這個畫面大部分都是綠色，故挑綠色調。

　　紀州庵影像要靜觀，靜心品味，忌諱熱鬧活潑的調性；拍出建築美感是重點，讓文學空間氛圍感染觀眾，體會木屋雅致；透過文人的書寫風采，強化空間與文學關聯；內容以文章名句，引導啟迪觀眾知性感受。

紀州庵特效字的主標是中英並列，主持人在庭院行走，字幕跟著移動，「探索文學森林」英文副標是Forest of Literature，出現時翻動吸引觀眾注目，製造些小樂趣，前面加個簡單的2D樹木圖案，箭頭旋轉，增加立體感，而不是平面，立體會讓特效字巧妙存在於這個空間的感覺，字幕跟著人物移動，暨詮釋畫面，又有活潑視覺。

《台北國際藝術村》展示重點是牆上塗鴉壁畫，藝術村鎮館之寶，壁畫突顯文創主題，帶領主持人介紹藝術村的黃總監講述藝術村功能，觀眾知道藝術村乃是提供一個平台讓各國藝術家進駐創作。藝術村總監和主持人坐在庭院樹下，繼續介紹藝術村的其他面向，悠閒輕鬆，適合藝術家駐村場域氣氛，輔以篇幅不長空景和駐村藝術家訪談，逐漸認識不同藝術創作，增進對環境空間認識。特效字「培養公民美學」，搭配畫面抽象生物意象，設計數位感，有線條、箭頭、旋轉，跟著人物移動。色塊也符合畫面協調顏色，背景是地板磚塊的顏色，淡紅磚色挑青色對應。

台北各個文創場域特質，西門町街頭有種特殊風情，西門捷運站六號出口一出站就是江湖，縮小版人生百態，各式各樣街頭藝人，年輕新潮的匯集地，電影街曾是西門町代稱，西門紅樓是創新展示窗口。《西門町》單元邀請剪紙藝人陳振福展示剪紙技藝，並把紙雕技巧與人物互動納入。街頭藝人不只是表演者，也是善於觀察的街頭溝通者。主持人在圍觀遊客中邀請天津來的客人介紹開場，天津旅人率真分享，主持人、藝師與遊客，三種觀點中看見剪紙過程，濃縮摘取技巧重點，驚嘆剪紙藝術家迅速找出每個人物輪廓的功力，也看到剪紙中的文化創意。

　　訪問電影街上的Amba旅店，感受設計特色。「問吧」是櫃台，就是請問吧，「聽吧」是Live House，獨立音樂展演廳，命名讓觀眾看到有趣創意巧思。電梯門上布置元素為電影票根，呼應西門町電影街氛圍，特寫票根，看清楚平時忽略的內涵。主持人看到導演椅驚訝聲，強調主題，巧思令人驚豔。西門町環境特色也是旅店布置元素，文創化設計正是節目想傳達給觀眾的訊息。剪接時盡可能以觀眾角度思考，將最有趣文創物件展示細節。例如旅店牆面一幅畫上的貼紙細節，特寫突顯創意設計，觀眾喜歡看細節。飯店櫃台是用寶特瓶做成的裝置藝術，而電梯門上的繪畫，均是旅店提煉西門元素，文創巧思，成為節目趣味。Amba是曾獲得行銷大獎的旅店，透過各式「吧」巧思，看到設計，一連串的創意內涵，Lounge Bar裡收藏的唱片、音響，聽吧裡牛仔褲拼布藝術牆面，都很另類，足可細細品味，找出吸引人的故事，到Amba旅店，不住也很有看頭。

　　Amba的小型Live House「聽吧」，是整集最後段落，讓音樂聲先走，慢慢帶出結語，主持人分享感受，再淡入節目片尾曲，回顧一整集的行程，Insert活潑情緒強烈畫面，紀州庵、西門街頭、街頭藝術家、小孩、寵物、剪紙國寶等，回顧所有去過的場景，代表性景點特色，在文創哲理結語中結束。

　　《巷弄找設計》序場以主持人在巷弄行走空鏡頭，靜謐巷弄街景風光，沙龍咖啡廳，髮廊商鋪，設計出處處都有文創風情主旨。三段落是頗具特色文創設計師的獨特展示，中山北路二段「蘑菇」強調的天然概念，廣告出生的富錦街「放放堂」說，買是最簡單的事情，要去感激創作才是最美好的，從文創商品販售商鋪，看到一種生活態度。剪輯師從十餘個文創小物中篩選出有趣的設計商品，選擇影像也須評估考慮人物動作與觀賞樂趣。一連串介紹後，以空鏡頭帶音樂轉場，舒緩情緒，不要過量的資訊陳述，讓觀眾休息放鬆。若有安排主持人體驗創意設計，會在破口前進行，流程沒走完，保留關注，希望觀眾繼續收看，在主持人梁正群「藍染體驗」段落中，等候入色時進入店裡尋訪文創，觀眾期待惦記藍染，最後必定要展示成果，完成體驗流程。

　　《台灣創作音樂》專輯序場是一系列演出畫面，節奏明快，主持人打鼓，鼓聲節奏巧妙銜接，帶出主持人開場。因為有很多好聽的現場演出畫面，創作音樂這集一直善用音樂元素，不用錄音公司的配樂，把現場演出的音樂適當留用，讓觀眾聽音樂，感受現場幸福。以音樂當作背景，要留意情緒是否適宜，不能干擾陳述內容，配合景物，觀察搭上音樂的感覺。善用主持人畫面，梁正群帥帥鏡頭，狗跟小孩討喜的鏡頭。音樂充滿感情，均能營造豐富昇華的情感。

　　針對音樂創作不同面向介紹，提到數位音樂跟串流音樂時代來臨，唱片收入跟以前不能比，現場演出變得很重要，許多演唱會成了音樂人主要收入，銷售專輯反而其次。這些產業資訊或許是觀眾不會深思的，是音樂產業的知性訊息，除了大量音樂感性，特別留下音樂產業現況報導，感性與知性並存。《台灣創作音樂》有很多表演畫面可以用，在訪談段落間，放些演出畫面，聽聽歌後，再繼續聽訪談，了解台灣創作音樂者的美麗與哀愁，知曉音樂創作趨勢，一面享受音樂的感性，一面聆聽創作的挑戰，讓觀眾理性與感性兼具。

　　台灣流行音樂市場在華人世界深具影響，音樂也是台灣最具實力的文創領域。《台灣創作音樂》專輯介紹網路音樂平台，是希望看見音樂創作路徑，如何行銷音樂，發表作品，多元的創作音樂，許多是非主流，他們如何展演銷售。選擇訪問StreetVoice和Indievox二個平台，StreetVoice街聲，是音樂交流發表平台，標榜「向世界發出聲音」，Indievox獨立音樂網，indie是「獨立」的意思，vox是拉丁文的「聲音」。觀眾了解其經營理念，同時也介紹出獨立音樂特質，觀眾知道沒有音樂公司協助的音樂人，音樂平台功能就很重要。受訪者不斷提到StreetVoice平台時，剪接師須擷取電腦螢幕錄影，網頁資訊互動介面讓觀眾看到網頁實體，理解StreetVoice對音樂創作者的機會，Indievox獨立音樂網服務理念等等。為了兼顧觀點平衡，除了平台經營者，也訪問樂團。大部分觀眾未必知道音樂產業，特別強調串流音樂產值，使觀眾掌握前瞻趨勢。在訪談獨立樂團前，插入即將要介紹樂團的音樂當作背景，然後播MV，一小段音樂再帶入訪問，先聽音樂，感受樂團特色，再聽聽創作理念。片尾插入現場表演的音樂，然後用Slow Motion，放大情緒，靜態緩慢悠揚呈現一段音樂後，再帶入主持人的結語。音樂欣賞有時須有深度，音樂人要找到共鳴並不容易，知音難尋，但音樂情感仍可讓聽者直接新鮮感受。

《簡單生活節》涵蓋各種文創，魅力無窮，累計十年超過二十萬人次參加，音樂、設計、電影、出版，元素很多元。《簡單生活節》專輯序場活潑，縮時看見人潮在四連棟位移，多元現場表演，知名歌手，序場繽紛就是想引人入勝，讓觀眾覺得期待。《簡單生活節》號稱孵育創意品牌超過六百個，活動匯集許多文創品牌、創意人與樂手，連續二天的活動，眾多的舞台表演，是樂迷熱情擁抱生活的地方。簡單生活的口號，We will，是品味，是態度，也是文創精神。

活動人潮眾多，大量縮時攝影，加快時間，看見一種趨之若驚的文創嚮往，接上一個個表演畫面，不同設計理念訪談。因為人潮很多，快速度空景，視覺繽紛漂亮，四連棟倉庫縮時影片，看見爬滿牆面的綠藤與人潮律動，繁盛熱鬧，豐富創作能量。

《簡單生活節》文創商品很多，企劃階段特地挑選不同類型創意設計，有手作皮件、傳統糕餅、科學實驗、李吉他等等。剪輯手法均採對話架構主體段落，以對話人物近景為主，作品特寫來介紹活動中多種創意能量。賽先生科學實驗商品有科學性，展示有趣效果，有種知識新奇感與實驗精神。《盡力便當》是個有意思的小單元，便當與文創看似無關，並不特別，然而這樣的日常餐飲卻有其獨到創意，名喚「盡力」，猶如創新精神，篇幅小小，留下一點給不特別卻精神可嘉的創意人。

《簡單生活節》的最大卡司，是在張惠妹、陳昇等歌手的演唱舞台，剪接師善用知名歌手的片段，讓觀眾聽歌。音樂Fade In，特效字引導理解，音樂段落用活動中其他歌手做串場。特別安排訪談林生祥和大象體操樂團，兩組代表經典音樂人跟創作新秀，林生祥代表經典，大象體操是新秀。林生祥樂團創新之道聲名遠播，把傳統客家喜慶祭祀樂器融合到搖滾的音樂裡面，開創音樂新局面。許多現場表演的音樂，串接對話的背景裡面，講完一個段落時，再把音樂聲音Fade In調大，一氣呵成，不會有被打斷的感覺。音樂結束之後，再進入下一段大象體操的音樂轉場，然後畫面加快速度，完成二種音樂風格鑑賞，感受台灣音樂人的才華。

4.3　視覺設計與造型

　　視覺設計是從拍攝前就開始的，並非後製才進行的工作，攝影師構圖，即是視覺的設計，只是後製經常有機會改變美術與造型，創造風格。《悠遊台北》、《台灣文創遊》、《城鄉印記》三者都是行腳節目本質，但主題不同，視覺設計重點是必要或是需要有落差。《悠遊台北》片尾視覺是委託單位台北市府觀傳局指定要的，常計較字數多寡，這是必要因素之一。《台灣文創遊》的文化創意要求，視覺要求豐富節目質感，貼近文創意象，

圖4-7　台灣文創遊標準字格式

亦是種需要彰顯的節目主題。《城鄉印記》找尋老台北的印記後，僅有圖片，為求視覺效果，將其照片動態畫設計，改造節目質感，設計面向頗多。

《悠遊台北》的觀光推廣使命，要求影像是具美感構圖的畫面，有豐富不同視角，能耳目一新，能讓觀眾想去玩。適時的攝影技巧，例如縮時攝影（Time Lapse）、高動態範圍等（HDR），展現台北風光魅力，進而產生旅遊推薦引導的效益，觀光旅遊宣導特質，色彩多樣鮮豔。

節目名稱標準字採手寫設計，以文化創意內涵去尋求適當意象，自由書寫，不要框框架架的束縛，以上下二行分別展示，上行突顯「台」字，下行放大「創」，「台灣文創遊」五個字的二大重點，可保留既有閱讀邏輯，也產生活潑率性的書寫風格。節目名稱標準字，使用位置包括片頭，節目播出中的左上角，因此不能筆劃太細，縮小後看不清楚。

另一手寫節目名稱設計，未採用是因較方正線條，視覺規則，不夠自在，元素很多，利弊互見。

《城鄉印記》節目名稱特色在於筆劃雅致，誇張粗筆分立左右，架式平穩，中央下縮比例適當，英文置於下縮留白處，整體性佳，城鄉比例平均，上下錯落形成輪廓，線條端莊中又隨性。

空景搭上文字動態視覺設計，是《台灣文創遊》詮釋場地的做法。剪接師觀察構圖，加上動態文字，讓空景有變化。拍攝時未必想像到空景畫面可以這樣做。導演跟攝影師溝通畫面，要求視覺變化的種類，攝影師會考慮美感的構圖，剪接師可能會想動態進出，不同角色對景物的視覺理解不同。攝影和剪接往往有不一樣的思考方向：剪接師挑選適合的空景設計畫面，帶出文創風格；攝影師拍攝時，構圖運鏡通常不會想像到，後製時可以這樣用。

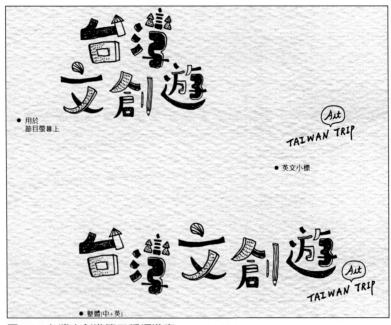

圖4-8　台灣文創遊第二種標準字

圖4-9　城鄉印記標準字格式

圖4-10　插畫家馬靖文為節目所繪製的青田七六，與漢可可的技法風格不同

　　插畫有種感性特質，抽象且飄渺，創造特有藝文風格。《台灣文創遊》、《城鄉印記》使用插畫來經營視覺，作為場景轉換背景，無法細細品味，卻是視覺溝通的利器，企圖強烈傳達插畫等同文創。《城鄉印記》的插畫是用來介紹場地資訊，檢視功能性強，因字幕介紹在旁，通常不是觀賞的重點，有點可惜。

　　插畫是由漢可可、馬靖文二位插畫家所繪畫。漢可可自喻簡單裡帶點細膩的筆觸，明暗中又帶點小顏色的情感。馬靖文是資深廣告分鏡腳本插畫師，擅長以麥克筆繪出具有豐富層次空間感。見圖4-11。

　　文創應該讓一般觀眾有新潮的感覺，所以文創節目應該活潑、新鮮一點，希望可以用比較活潑、節奏明快的視覺特效，把觀眾帶進節目裡面。過場動畫背景模版是插畫家畫的建築物，除

圖4-11　文字動態化設計；畫面中文字「古舊風新浪潮」是由文字上緣窗框木條翻下，結合翻下聲音效果，豐富視覺聽覺元素。

了插畫建築物外，背景適當調整一下版面位置，挑了七彩集合圖形的圖案，色調比較不搶眼。插畫家背景圖是白色乾淨的，增加它手繪水彩的感覺。在白背景上加一些筆刷觸感，用Photoshop做上去。進入台北文創大樓銜接的畫面是大樓插畫，搭配旁白文案，簡要說明台北文創大樓的幾大特性，引導觀眾了解準備要進入另一個空間。換主要場景，都由插畫開始，也算是《台灣文創遊》的Format。

轉場動畫是Key在畫面上的文字，做成一個個模板，很多不同的模板特效拼湊起來後再去改。

標題文字方塊特效風格簡單，音效加上後感覺頓生質感，音效「蹦」聲，讓畫面鮮活起來。人物字卡乍看好像稍顯陽春，參考很多節目字卡特效，多是擺張照片定格，然後出文字介紹。因為字卡視覺複雜，靜態圖片會拖慢節奏，且字卡閱讀重點在文物簡歷，讓觀眾認識人物，文字為主，照片為輔，簡潔為宜。

節目裡很多視覺聲效都會用放大、方塊彈跳、方塊掉落的效果。人物出現後，銜接介紹照片跟字卡，也是一種彈出跟放大的效果，照片也是如此，這樣音效會使視覺特效比較活潑一點，跟節目調性比較搭。側標也是，它的文字是以彈跳方式出來。設計一些效果，淡入淡出、數位感，或是旋轉的效果，嘗試幾個動態後，覺得彈跳的效果配上「蹦」的音效會比較活潑。

　　側標設計，上面一層用白色比較容易看出標題文字內容。最下面一層用木頭，是參照電視節目慣例，避免視覺干擾文字，在文字右邊用一些色條墊底，可能是藍色、紫色的色條，它們不是實體的東西，比較像是色塊，跟節目的視覺風格比較不搭。由於文創店都會販售手工設計商品，因此觀眾會聯想到明信片、手作小物之類的東西，所以側標的底部加了一個木頭元素的背景。設計後製風格時，參考相關節目：蘋果電視《台灣一百種味道》，擺了滷肉飯、麵的圖案，主題鮮明，視覺風格滿酷。因為很多節目的側標就是文字而已，沒有什麼圖案。思考很多種文創設計，有一些小貼紙，就在這個木頭的背景上面，再加一個相機小貼紙，所以設計一個白色外框再加陰影，再加上相機圖案。拍照是旅行樣貌，現代文青必備，相機記錄觀察分享，似乎是很多人的生活方式。相機增添視覺活潑感，不會只有單調背景跟側標。側標文字會選綠色，是因為覺得綠色跟木頭背景比較搭。

　　動態對話框特效字，可增加節目設計感，轉場空景，接在一連串的訪談旁白後，舒緩情緒，卻又不會讓節目沒有資訊。轉場時加進去文字，跳脫原有對話，抽離情緒，客觀看待環境，給觀眾另種角度的思考。剪接師使用Adobe AE做的，用了很多Tracking效果，讓文字跟著畫面中某一個主體動作，讓文字有融入整個畫面的感覺，不是單純只是擺在某一個角落，所以它會跟著草抖動。如果是主體不會動的話，可能就會讓文字沿著畫面中的軸線去改變它的角度，增加文字的立體感，融入畫面構圖元素的感覺。文字內容都是跟畫面有關係的敘述。見圖4-11。

　　側標的字是綠色，因為要幫觀眾抓重點，所以用紅色把重點標上去。寫每一段側標的文案的時候，思考想一下這段的重點是什麼，參考企劃與網路相關資料介紹，去思考文案怎麼寫。文字格式是兩句話，垂直並列，因為不能超過側標背景，不能太長。寫完之後確認一下是不是容易閱讀的文字，側標文案要簡潔有力，讓觀眾一看就知道這段節目重點是什麼。節目剪接後本身就已經很簡短，刪減一大段訊息，還要抓住Key Word，側標讓觀眾看到重點是什麼，常把沒有剪接進去的資訊，列為標題文案。剪接再進行架構濃縮時，把完整內容剪掉、刪除過程，都要善於摘錄提煉，像是用紅筆畫重點，標示註記關鍵字，側標文案才能切題。

圖4-12　轉場效果，由左至右後，露出大樓場景介紹

破口的LayOut背景，是跟Roll Cut的背景是一樣的，使用紙質素材，加上一些花紋、紋路，再用筆刷把中間的背景去掉，讓它變成是透明的，下面那一層白預告的影片畫面透出。筆刷用了比較粗的，因為在毛筆飛白的部分留一點手寫的感覺，增加文藝氣息，比較有文創的感覺。LayOut上的明信片跟筆記本，參考很多平面素材，再用Photoshop組合在這上面。上面還有色鉛筆、右上角的繩子、掛在繩子上的拍立得，想要設計一些有文青小物的感覺，左下角就是節目的Logo。一個節目或一部影片裡面，不要有太多不同的字體，字體過多顯得雜亂，字型一致，色調盡量統一，讓整個節目的視覺質感是相近的，所以下方標題文字字體，跟側標的字體是一樣的，文字效果也是一樣，實心的字，輪廓上白邊。見圖4-13。

　　讓LayOut突然的出現，雖無不可，但這樣會很無趣，因為行腳節目節奏較明快，視覺特效會想要用活潑的出現方式，此三

圖4-13　破口前預告下段重點，要淺顯有故事性

個節目的LayOut是旋轉出來，旋轉到定位後又彈回去，一樣有彈跳、震動的效果，配上震動的音效，比較吸引人。

每一集的片尾樣式一樣，但畫面各集不同，固定模式帶些空景，加入主持人的旁白，篩選適當地的關鍵描述總結，做一個結尾，節奏不能拖沓，要快一點。

華山文創片頭用很多空景，節奏很快地跳接，一個接一個畫面，帶入華山跟主持人的空景，把寵物、狗、貓、小朋友剪進來，觀眾應該看了就會很萌，會覺得很可愛，攝影師拍了很多類似的空景，剪接師妥善使用，傳遞環境氛圍。

轉場動畫進到下個場景也要下文案，前面是景點的名稱，簡短介紹要塞進去既有版型中，長方二塊方框，可以分別設定地點或人物，長形框可以形容定義，字數稍多。整個節目的視覺特效的色調跟風格盡量一致，所以除了場景字幕，右側標題字幕也使用了綠色。

圖4-14　地點名稱與內涵二版面，綠色調需符合節目整體用色

動態文字視覺特效，根據選取的空景畫面，找出線條，人物移動位置，動畫字是跟著畫面移動的。特效文字的設計，動態元素會跟使用畫面融合，每個都略不一樣，華山水水市集氣球空景的動態字，構圖是球形，特效字「氣球藝術」讓文字繞著球移動。

　　動態字特效，在商品Tilt Down時插入一個翻頁，牌子翻下來的特效，跟運鏡方向一致，有種動作連貫視覺感。

　　西門Amba飲料旁邊放的特效字，文字隨著飲料倒進杯子中動作，逐漸升高，特效字倒著水流反方向往上升，像是飲料升高的刻度放大，頗具巧思。

　　人物字卡的設計，是先截一張影片圖或使用照片，用Photoshop把主體框起來，降低背景色彩飽和度，做成特殊的效果，略微看得出來背景空間，不會搶走主體人物的焦點。然後把主角的色調跟反差跳出來一點，再加上陰影，讓它看起來不是完

圖4-15　片頭Ending最後出現主題文字，上下二行主副標題

全平面的照片，最後幫整張照片加一些暗角（Vignette），再加一個白色的照片框。人物名字的字卡有木頭背景加上白紙的質感，採用節目主要色調，一樣用綠色跟紅色的字，跟側標的美術風格是一樣的。

一、片頭設計理念

　　節目開場二分鐘內，是留住觀眾的關鍵，片頭責任重大，摘要精華與呈現質感要兼具。片長時間二十秒是主流，可展示精彩場面陳述理念。《台灣文創遊》的片頭主要有六個段落，展示九個鏡頭。每個鏡頭出現的方式不同，有右推進入，有翻轉降下，有中間圓心放大，過程一秒，節奏明快。六段九鏡是因為其中一個畫面以分割畫面呈現，四個鏡頭平均寬度並列。視覺重點是文字，畫面在文字出現時都使模糊效果，模糊效果分為二層次模糊，中間以圓狀加強模糊，突顯文字，聚焦訊息。第一個文字是節目名稱Logo，最後一個文字也是節目名稱Logo。

　　片頭視覺樣式相同，每集影像和文字都不同，挑選每一集場域主題代表性影片，更替畫面，並以詮釋主題的文案，進行標題文字設計，引導觀眾理解。文字在片頭呈現，寫作要賦予詩意，像新詩結構，可以朗誦，挑選重要場域概念與地名。

　　文字有大有小，副標襯托形容主標。片頭視覺豐富，特效較活潑，並非單純大小圖框只有幾個圖片組合而成的動畫。圖框移動效果明快活潑的，希望符合文創主題，經營質感，又能保留畫面樣貌。片頭要讓觀眾會覺得很吸引人，很想看下去。

　　片頭影片素材的挑選會挑些較活潑的畫面，加上速度變快效果，讓整個片頭看起來很活潑，充滿活力。序場是主持人跟一些

圖4-16　頭尾出現節目名稱，採用節目標準字

活潑畫面拼湊一起，挑一個很廣角景當作背景，最後專輯主題跳出來。例如《台灣文創遊》大稻埕專輯，以碼頭空拍河岸景觀，視野遼闊，身心舒暢。

二、《台灣文創遊》各集片頭文案

原創基地／激發創意與創新能量

古蹟空間突顯獨特氛圍

創意新思維／顛覆想像力

台北的文創基地／松山文創園區

跨界整合／上了華山，就跨進世界

新舊共構、共生、共榮／文化力量的未來櫥窗

百年華山／看見台灣文化創意的未來

1920／大稻埕黃金時代

圖4-17　城鄉印記片頭二個鏡面的歷史滄桑感

保留庶民情調的生活感
老台北／遇見真正的
品嚐在地人情味／迪化街
文學角落／台北城南最自在
繁華又古典的街廓

西城故事／多元熔爐

文化商業歷史並陳

老城區的讚嘆／台北西城區

以花作畫／解構花卉設計

深厚底蘊好意創

愛鄉土／樂於擁抱在地精神

處處有創藝／熱情執著的生活藝術家

當代生活／美好人事物

音樂手作市集

讓喜歡的事／對所有人都有價值

簡單生活節／We Will

Live House／音樂與生活空間結合

從經典、當代流行／到未來之聲

近距離／的音樂體驗

音樂展演空間／感受舞台的光和熱

遊走／生活風格與美感

良善溫暖行事風格

好生活／追求心目中真正的

巷弄找設計／處處有驚喜

文化創意／文化與美感的教育

深入探索文化底蘊／美學通識教育

由心靈至技能的

創意啟發的渴求／學學文創志業

紙／無邊無際的創意

在地特色的／城市博物館

影像藝術／荒蕪的美麗庭園

台灣電影文化藝文空間
感性溫度／生活的知性層次
說故事的力量／電影藝術任馳騁

　　《城鄉印記》的片頭設計採大量快速變換的理念，因在有線電視頻道播映，規劃片長五十秒，有二十三個鏡面，三十五個鏡頭，其中一個鏡面為4*3排列的十二個鏡頭。每個鏡頭不到二秒，節奏分二種，開始的十秒鐘，一秒十格一鏡頭，節目名稱出現前的十秒鐘，也是一秒十格一鏡頭，快速流動，影像豐富。中間影像變換較慢，視覺效果各異。視覺風格上，使用光影與模糊，呼應歷史時間感，模糊效果也是為了突顯文字，文字直列，中文傳統版型，文字四周有方框，猶如書面，特別挑選書法字型，字型名喚趙孟頫，文字排版力求多樣活潑。

圖4-18　大稻埕50年代舊照片

三、照片動態化設計

　　《城鄉印記》帶領觀眾回到舊時台北，影片資料罕見難尋，只能找到照片，這些富有歷史意義的照片，常能解釋旁白意涵，延伸資訊深度，可惜照片是靜態，不夠活潑。為了增加豐富視覺感受，特選出照片構圖中有不同層次物件，評估可能分離拆解可能性，進行照片中不同圖層的位移，產生緩慢飄移感，製造觀賞趣味，提升視覺質感。

　　照片動態化設計的動態元素主要有三：一是影像中有距離感，且輪廓明顯，在畫面中可獨立出的元素；二是添加的雲彩、炊煙與雨霧，可與畫面融合，自然合理，照片中有天空，可以加上雲彩，沒有不能硬加；三是足夠的解析度，可以放大縮小，也可放大後位移，製造運鏡Pan、Zoom In、Tilt等效果。

　　圖4-18為民國60年代的迪化街投，可見整列歷史街屋，街上都是單車，近處有人力拉車，影像右側有騎單車面向攝影師，這張是極佳的分離圖層選擇，可以獨立出三個元素分為四層。左方拉車二人一層，右方騎單車一層，中間騎單車遠去一層，背景一層。進入Adobe After Effects後，將其設為3D屬性，將前二層略微放大，第三層縮小，即可產生人物緩慢移動感。若人物沒有動作，細節仍會詭異，設計時會適當把人的動作移動到不同位置，概念像gif，腳步上下二處，來回來回就有合理性。見圖4-19。

　　下圖是1958年駐台美軍Tom Jones拍攝的台北，遠方是松山機場，近處河流為基隆河，左下角一條鄉間小路是八德路。此照片讓觀者唏噓，短短數十年，台北竟變化如此巨大。照片本身帶出的時空變遷就很震撼，但旁白解釋過程，畫面單調，遂製造動態元素在照片中。如中間下方基隆河畔的磚廠煙囪，原來沒有冒煙，影片中產生煙，且煙會飄動，並提高煙的亮度。畫面上方有淡淡雲層雲朵，也會緩慢位移，使影像生動許多。見圖4-19。

圖4-19　1958年的松山區基隆河岸，見證台北城市發展

圖4-20　動態字幕的出現消失搭配適當音效，放大強調文案內涵

4.4 聲音設計與音樂風格

　　雖說，音樂無國界，但聲音情緒的感受很主觀，就像每個人音樂喜好各不同，也有很多人是看心情聽歌，所以音樂市場區隔主流、非主流。主流音樂是流行音樂、搖滾或藍調等，是較多人能接受的音樂類型，獨立音樂是非商業，不是主流音樂的概念，獨特且小眾市場。製作電視節目當然希望最多人看，避免曲高和寡，選擇音樂時也希望是觀眾能感受到的。

　　電視媒體特性是影音並重，聲音設計是影視製作環節最後階段，在台灣並不重視聲音；而聲音設計不好，卻影響節目甚大。朱光潛說：「聲音與意義本不能強分，有時意義在聲音上見出還比在習慣的聯想上見出更微妙。」[8]是說從聲音表現可聽出意義，比讀文章產生聯想更微妙；聲音可掌握情緒，從聲音得以了解喜怒哀樂。配樂僅是聲音的元素之一，配樂主要是突顯製作主題，強化觀眾情緒，進一步轉化為情感。《中華百科全書‧音樂》說明：「是以聲音為工具，利用其長短、高低不同之旋律和節奏，以及各種不同之結合方式，所產生的張度及色彩，以表達人類感情的一種藝術。」

　　簡言之，電視節目的音樂是用來強化影像，賦予影像意義的。戲劇中的音效工作迷人，試想電影《侏儸紀公園》的音效，世上沒人聽過恐龍的聲音，電影畫面生動呈現恐龍樣貌，音效師也要創造有生命的恐龍聲音表情，從動畫電影音效設計幕後花絮，就會看到聲音無中生有的魅力。就影像作品特性而言，廣告

---

[8]　朱光潛，〈散文的聲音節奏〉，《藝文雜談》（台北：木鐸出版社，1987年），頁91。

片的配樂起伏要大，時間短，節奏鮮明，誇張強烈。一般電視節目音樂情緒，相對廣告較不誇張，真實自然；錄音師配樂必然從影像主題掌握樂曲風格，他們必須經常聆聽、涉略不同風格音樂，方能針對不同影視作品進行聲音設計。

《台灣文創遊》的音樂調性，一開始就設定跟文化有關，又有現代都會旅行的氣氛，整體調性、風格，以這個方向挑選音樂；錄音師配樂建議選擇民謠風、輕鬆的音樂調性。在第一集的試作過程中，跟錄音師提到，音樂中有些人聲（Vocal）哼唱的樂曲，是非常適合旅行的輕快，因此配樂的樂曲中，哼哼唱唱的音樂就刻意挑了多一點；略帶人聲的配樂樂曲，歌詞的意義通常不大能辨識，版權音樂哼唱也非常簡短，沒有艱澀的歌詞，大部分是熟知旋律的翻唱。就像有種耳熟能詳的旋律歌曲，當心情好時，就會隨興哼哼唱唱，很希望《台灣文創遊》是這樣的旅行過程。第三集的序場音樂，〈The Girl I Love〉[9]歌詞提到與心愛女孩共舞，輕快搖滾舞曲。

《台灣文創遊》片頭長度有二十秒，片頭音樂是觀眾接觸節目的第一個聽覺感受，要能切合文創主題，有新潮、文青的概念；片頭畫面中大量的視覺動畫設計，影像翻轉進出，這些動作皆要音效設計。音效要考慮動作的遠近、快慢，轉動位置移動的影像，搭飛進飛出音效，什麼樣的動作，飛進來的聲音符不符合動作的狀態，視覺感受需搭配適合的聲音效果，是挑選音效的思

9　歌詞：Dress inside in a lace not her head a place. She is such a beautiful lady who is dancing with me. There table charm she is spins around. In my arm. Can you see how lucky I am. Hopping bopping and loving together till midnight hugging kissing. I'm hold her tight. I'm on top of the world. The sun is shining on me. The girl I love is dancing with me.

維。《台灣文創遊》片頭音效配合快速移動交互位移視覺設計，音效聲非常豐富。從事影視創作，經常受他人作品啟發，錄音師在片頭音效設計的過程，曾觀摩七分多鐘的Motion Graph的音效特性，感受虛擬環境，非真實空間，眾多的音效快速交替的設計方式。

　　一般人看電視常忽略聲音，不知道聲音設計有許多專業與工具。音樂僅是聲音設計的一個要項，配樂目的是引導主題、渲染情緒或強調氛圍，簡單地說是讓畫面不要太無聊、太乾。音樂雖然是配角，沒有也不行。音樂或OS講話段落，何時進出音樂，何時換歌曲，大都以畫面主題設定段落終始，音樂的啟始或終止，亦是跟著畫面內容設計，常需要剪接音樂以符合段落長度。

　　音樂軟體使用Cubase SX版本[10]，聲音設計過程除用軟體上功能，聲音製作領域甚廣，單一軟體不可能包山包海完善聲音設計工作。如同視覺設計的Adobe After Effects，需要使用Plug-Ins外掛軟體，Cubase的外掛也非常多，主要分為虛擬樂器（Instrument）與效果處理（Effect）兩大類，效果處理即是針對錄製或影片的聲音進行聲音效果的處理。目前市面上的Plug-Ins大致分成AU、VST、AAX、RTAS四種常見格式。其中VST是Virtual Studio Technology的簡稱，是由Cubase軟體公司Steinberg所研發的Plug-Ins規格。透過VST提供的技術，錄音師可用Cubase軟體來完成錄音時，所需要的效果處理以及混音等工作。許多3rd party軟體公司，專門開發各大聲音設計軟體的外掛，錄音室會購買業務上適合且常用的外掛Plug-Ins使用，Cubase常用常見的效果處理器有Compressor、Delay、Distortion、Reverb、

---

[10] Cubase是由德國Steinberg公司開發的音樂軟體。可用於專業編曲、錄音、混音，功能完整的數位音訊工作站（DAW, Digital Audio Workstation）。

EQ等等。

　　聲音專案格式，會設定與影片格式一致的NTSC 29.97，否則將導致聲音與影像不同步。錄音師在開啟軟體設定Project時，聲音要避免掉格或轉換格數的狀況，同時也考慮聲音設計完成後，混音輸出的檔案，必須還給剪接師使用，套回影像上。當聲音與影片合併，音效位置與長度必須一模一樣，所以聲音專案格式的設定，必定是採用影片上的規格。

　　錄音師拿到影片檔案，開始配樂工作會快轉Review一遍，快速預覽整支影片，概略觀察這集的主題與相關元素，思考找什麼樣的樂曲，哪裡需要下音效，怎麼跟其他集的音樂區隔。例如第三集《品嚐在地人情味・迪化街》，就以對大稻埕的舊街印象，且節目內容是1920年代變裝遊行，而選擇復古音樂，Swing搖擺樂風格[11]。

　　文創，是透過創意設計讓生活更便利舒服。但舒服是種什麼音樂呢？後來定調在民謠流行輕鬆、文青氣息多一點的音樂元素。《台灣文創遊》使用音樂主軸是民謠主題的風格音樂，占整體音樂60-70%是民謠風音樂，但不是從頭到尾都一樣。

　　下音樂不見得剛好與影像長度一致，每個影像段落長度不一，有時版權音樂不夠長，這要錄音師使用剪輯技巧，通常是Loop音樂。Loop可以讓音樂無限延長，四拍音樂不斷複製，但段落結構未必在四拍上，需要注意起始的節拍；剪接音樂或移動

---

[11] 搖擺樂（Swing Music）是1930年代發源於美國的音樂類型，至1935年已形成獨特的風格。搖擺樂靠由低音大提琴和鼓組成的節奏組來支撐旋律組。旋律組包含小喇叭、伸縮喇叭等銅管樂器、薩克斯風、單簧管等木管樂器，有時也會加入小提琴、吉他等弦樂器。節拍速度大致多為中等至輕快，帶有搖擺的節奏感。

音樂到不同位置時，都要注意有沒有升降Key，有沒有變調，若有這些現象，且在不適合的位置，就不可採用，要更換樂曲位置。

聲音後製除著重聲音剪接，最主要重點之一是需要注意旁白收音品質。錄音師還要負責修改聲音收錄的優缺，調整OS人聲，剪掉修改雜音，不能出現的異常音，視情況使用不同外掛軟體，避免破壞聲音特質。當然，若現場收音沒造成聲音不佳，就無須處理。音量太小，可以EQ調整；環境音有聽出的干擾，可以評估雜音特質，以Noise Reduction（去雜音），有時Noise Reduction會把小聲的旁白也去掉。有一種雜音，是設備開機的電流產生的雜音，稱為「底噪」。當麥克風接到錄音裝置，一開機就有微弱電流「嗡嗡、吱吱」聲，要去除底噪，錄音時，Level不能太低，否則信噪比太低，底噪就會大。去除、降低底噪，主要目地是讓人聲更純淨。聲音殘響（Reverb），也是聲音效果處理的要項。當樂器或人聲發出後，聲響會被Mic直接收錄，也會經由牆面天花板反射才被Mic收錄，所以錄音室為防止聲音反射，都貼著防止聲音反射的吸音海綿。在大空間的博物館或教堂，殘響格外清楚。人聲錄製有殘響，是可以去掉的，用Cubase本身的Reverb，或外掛軟體 Reverse Echo，小心微調，避免旁白聲音會變得不清楚，要細調。不同場地的聲音特性不同，要微調的參數不見得一樣，一個個去試試看。有時候，殘響是種物理特質，符合自然存在的狀態，收錄樂器聲音時，需要加強、放大不同的殘響特質，可以透過殘響效果器產生不同殘響頻率，可調整Level、Tone、Time等不同功能殘響方式，讓聲音有明顯延伸漸緩的音感。聲音後製，也是讓整部片的聲音是一致音量、聲調特性，要讓不同日子、不同環境拍攝的聲音，做到整體一樣的聲音，要合成時，還要微調各種聲音，也包括現場收旁白聲音。

完成第一、二集配樂後，片頭、小片頭與片尾，這幾處是固定音樂、音效，視覺位置點一樣，所以後面幾集將會延用這些配樂。片頭元素用文字，明確引導當集主題，對每個畫面事務都是很美好的，輕輕哼唱「嘟嘟嘟」外，僅有一句歌詞。第三集以後的配樂工作，先拷貝前二集的配樂，再來修改段落長度，注意音效位置是否正確，長度完全一樣的情況不多，挑選片頭、小片頭音樂時選擇一個適合剪接樂曲，刻意選旋律容易配合不同長度影片，觀眾也不會聽出有接點的音樂，會多或少一二拍或一二節，這些重複使用的音樂，最好不要有變奏、變調的音樂類型。能夠多或者少一二節，比較好處理。

跟錄音室合作配樂經驗中，當製作電視廣告時，很在乎音量的分貝數，對音壓[12]、音量很要求，希望在一連串的廣告中，不能比別的廣告小聲；廣告播出會想比大聲，節目較不需要，節目或許沒有前後影片比較音量的考量，對聲音音量要求不一樣，節目軟性自然一點。TVBS主控室要求音量必須為「負10DB」，音量不可太大，每家電視台都有不同的要求。有種音量的狀況，當把音量推到快滿，還是很小聲，是因為音量夠音壓不夠，要靠外掛軟體讓聲音推到面前，聲音才能真的飽滿清楚。例如iZotope外掛VocalSynth，Voice選項改變聲音飽和度把dry參數提升，EQ拉高一點，讓聲音清楚，透過音高校正（Pitch Correction）調整人聲特質，這個外掛包括Ployvox、Vocoder等功能強大模組，讓人聲呈現各式各樣調性。剪接師剪接換鏡頭時候，不留意接點，偶而會產生波的一聲，是大干擾，稱為Hard Edge，若使用Cross Fade轉場，或可解決；這與是聲音波型有關，聲音皆正弦波，聲

---

[12] 音壓（Sound Pressure Level, SPL）：音壓是聲音產生強度（Intensity）的大小，單位為「dB」。聲音的特性，有音壓、音頻、音色等三大元素。

波（Wave）是連續的正弦波，不斷震動，Hard Edge不構成連續正弦波，突然斷掉。蘋果電腦的Final Cut Pro等主流剪輯軟體有很方便的聲音溶接功能。

錄音師依剪輯後的影片長度設計聲音，換段落就換音樂。剪接師在數量龐大的素材中，濃縮成小篇幅段落。段落的判斷，也經常是聽出來的。美學家朱光潛說：「普通說話聲音所表現的神情也就在承轉、肯否、驚嘆、疑問等地方見出。」[13]

剪接時聽受訪者的轉折、驚嘆，決定開始結束。錄音師看影片主題，要處理音樂類型，還要配合版權音樂長度，盡可能使音樂順暢與環境聲音融合。例如松菸文創園區的音樂設計，序場段落結束前，北向製菸工廠的介紹開始後，又再轉場中找一個位置下音樂，讓音樂慢慢上來。烏克麗麗獨特民謠風，很適合菸廠介紹的氛圍，再慢慢鼓聲進來。主持人走進製菸工廠，有個動態的字幕跟著移動，動態字幕翻轉是用電子聲響的聲調特質。

文創體驗的「十字繡」[14]手作坊段落，是民謠調性音樂。「漢字文化平台」動畫裡中國文化特色的場域，採用古箏，清楚傳達中國風音樂。錄音師在版權音樂資料庫，嘗試找現代中國風的音樂，但版權音樂庫東方樂曲均屬傳統中國風樂曲，較少新潮中國風樂曲，這是採用資料庫配樂的局限，想要依照設想的獨特音樂類型，新潮一點的中國風，僅能自行創作，配樂預算和時間都不允許。

坤水晶玻璃吹製體驗拍攝，錄到環境播放的音樂，所以錄音師選擇不再放音樂，以免干擾原有聲音裡的音樂，再下配樂會

---

[13] 朱光潛，〈散文的聲音節奏〉，《藝文雜談》(台北：木鐸出版社，1987年)，頁91。

[14] 《台灣文創遊》第一集松菸文創的一個單元。繡[xiu]Crafts，利用十字繡的技法「以針代筆，以線潤色」，揣摩國畫水墨內斂的色彩與氣韻。

讓聲音元素過於雜亂。當現場音樂結束，聲音比較乾淨後，才下
襯底音樂，小小聲地在對話中襯著；當二人的對話停了，混音
時把音樂揚起，讓音樂成為主旋律。玻璃吹製體驗這段，用的
是Bossa Nova曲風，帶有Vocal哼唱，曲名〈Midori Shower〉。
Bossa Nova是種帶Jazz味道的巴西音樂，曲風有舒服、浪漫、輕
鬆、懶洋洋特色，哼唱聲中給觀眾舒緩的情緒。玻璃吹製體驗結
尾，主持人Alana介紹成果的時候，音樂的節奏轉較為激昂的樂
曲，是種雀躍的感情，讓觀眾一起分享創作成功，完成藝術品的
滿足感。每個段落銜接、結束的位置，聲音剪接占了配樂很多工
作，剪的目的是讓音樂、旁白與現場環境聲音都合理順暢，有時
會調整環境音，前後移動，提前感受現場的氣氛。見圖4-21。

　　《百年華山》專輯工藝咖啡館FabCafe具有現代科技特質，
這集講雷射雕刻與3D列印二主題，都是現今熱門的科技議題，
音樂下得也比較是科技感，Rock、電子音樂的調性。電子音樂

圖4-21　現場聲音即是音樂的主軸

簡稱「電音」，百年來電子音樂呈現很多不一樣的階段面貌，從1920年代的以太發聲器（Etherophone），1960年代電腦音樂，1980年代MIDI，近年來音樂軟體進步神速，讓電子音樂的樣貌更多元創新。電子音樂是種不斷發展狀態，很多類型的電音，超越現今音樂概念。電音常有強節拍，高亢激昂，結合科技現代的FabCafe主題，音樂搭配也潮一點。在FabCafe受訪者Tim的講話成為主要了解訊息時，音樂降下，甚至退場，減低干擾，讓觀眾專注訊息的完整；Tim不講話時，就能感受電音特質，是年輕、潮流的音樂元素。

《百年華山》專輯的《水水市集》單元，攤位不少，呈現各式創新，手繪衣衫、白目文化或歡樂氣球，多元文創設計。錄音師使用鄉村風格音樂，有手風琴樂器的舞曲風格，呼應市集熱鬧，舞曲更彰顯歡樂氣氛。配樂會讓段落更明顯，中間的幾個單元，沒有小片頭區隔緩衝時，音樂可能需要提前降下，讓下一段落的環境聲音先出，引導預告觀影更替，這種細節改變，是讓觀賞者更清楚節目結構，建立預期心理。稱為「氣球頑童」的街頭藝人，俏皮裝扮，取悅小朋友，善於掌握小朋友的情緒，營造好玩的感覺，因此音樂也找馬戲團音樂調性，像是有小丑表演的環境，也像默劇音樂，Jazz的風格，有種幽默感的弦樂曲風，歡樂的音樂。《水水市集》單元頗多，連續二首鄉村風格的音樂，後面就換種風格，避免同樣調性音樂，讓聲音單調，豐富多樣的曲風，會帶觀眾保持興致。

華人音樂家紀錄片《留聲》曾說：「隨著不同的時間、地域、民族、社會，音樂表達不同的記憶。」《台灣文創遊》大稻埕專輯的音樂元素，來自此集單元主題：1920年代變裝遊行，遊行中的樂團是1920、1930年代風格，配樂也因此搭配Jazz、

Swing搖擺風格的復古音樂。大稻埕是台北發展最早的商業區，沒落的舊街，因近年文創產業進駐，有了新潮現代的元素，節目的主旨，是看見文化底蘊，老街用創意新生命唱歌，新舊並存，毫無衝突。霞海城隍廟是遊行起點，主辦人一段介紹，接著是復古舞蹈Swing Dance教學表演，歡樂熱鬧，現場環境聲音很大聲，甚至可以說吵鬧，當現場舞曲揚起，就不需要配樂，不能干擾舞蹈表演，此時現場音樂絕對聲音是主角。

　　遊行中介紹時的復古氛圍音樂，都是Jazz、搖擺Swing風格為主，小喇叭聲音也有復古的感覺。Jazz類型很多，配樂以1920、1930年代Jazz特性為主，遊行段落後面有Blues草根音樂元素。版權音樂裡有很多Blues的Rock，節目配樂很好用，很適合文創中傳統的老派，搖滾音樂發展還沒到貓王時期的Blues，時間頗長，可用的音樂很多。貓王有「搖滾樂之父」的稱號，在他影響下，搖滾樂在美國成為獨特文化。

　　《台灣文創遊》大稻埕專輯布市段落雖然更換場景，談話還是提到日據時代大稻埕發展歷史，音樂也就繼續用了復古搖滾樂風；當節目參觀導覽內容，逐漸轉到現代人對布市的應用，音樂就換了當代風格的Jazz。1920書店單元的Jazz，不適合搖擺樂Swing風格，會有種輕浮的感覺，書店是安靜的，沉澱心靈，不是娛樂歡樂的，所以換了調性，鄉村風格Jazz，並不嚴肅。1920書店，標榜百年前的對台灣文化影響，特色鮮明，並不是教科書，學術的書店，鄉村風格小提琴元素，讓環境具有悠閒閱讀搭配的親切感。

　　《台灣文創遊》的民謠主軸，在大稻埕專輯《印花樂》的音樂中可以再次聽到。整個節目的配樂，吉他比重很大，吉他是民謠風很重要樂器，樂器表情適合節目，使用頗多；可以注意到

《印花樂》單元的配樂，都有吉他伴奏著。當主持人體驗版畫結束，展示印花成果時，沒有對話，吉他刷著刷著地伴奏。

音樂占整部影片的比例，節目跟廣告不一樣。商業廣告通常是六四分，音樂在整部廣告片比重是四成，電視節目結構緩和，自然情境下不會過於刻意強調情感，激昂堆砌音樂，較常見的比重七三分，音樂只占三成。

電視節目有些單元主題聲音很單純，空著沒有Vocal講話的段落，會用與Vocal不同調性音樂，獨立切割，達到轉換。混音合成的時候，依照有無對白、講不講話來判斷誰是聲音主角；有對話時，聲音為主，隨著對白出現消失，降下、揚起。拜現代科技所賜，現在音樂軟體很方便，一比一的時間，播放下去，用滑鼠拖拉，就可以完成Auto Motion，不適合的，刪掉Auto Motion；類比時代就不行，軟體看得到波形，波形是混音合成時，方便判斷的參考。

TVBS播出檔案規格，要求有四個聲軌，分別是第一軌Mix國際軌，第二軌Mix M/E，第三軌對白，第四軌M音樂軌。國際分軌是指沒音效與音樂，有旁白和環境音，方便國外電視台可以加上國外語言，就是國際版的節目；M/E是Music音樂和Effects音效。若是環境音和旁白一起，沒辦法單獨刪除講話而僅保留環境聲音；如同想把一首歌的Vocal去掉，只留下旋律，這是辦不到的。現在有不少聲音軟體提供刪除人聲，效果如何，有待觀察。分軌，就是每軌是不一樣的聲音元素。電視台要求Stereo就要輸出立體的聲音，包括音樂音效、旁白，一起混音，形成音場，有空間變化的聲音，從剪輯軟體設定，調好聲音迴路，音樂做成二、四軌，交疊的地方要分軌。比如現場旁白一軌，串場旁白一軌，音效音樂三、四軌，會有四種音軌，都是立體，48K，16Bit。另外。公共電視有關交帶的聲音格式也可參考：若為單聲道（MONO）製作者，第一音軌（CH-1）為旁白，第二音軌（CH-2）為現場音，第三音軌（CH-3）為音樂，第四音軌（CH-4）為音效。若為立體聲（Stereo）製作者，第一音軌（CH-1）為旁白，第二音軌（CH-2）為現場音，第三音軌（CH-3）為音樂、音效混音之左聲道（L），第四音軌（CH-4）為音樂。

《台灣文創遊》第七集主題《搖滾地景　台灣創作音樂》，序場是演唱會表演畫面，配合影像特性，後製加上歡呼聲，原來的影片並沒有歡呼聲。接著主持人開始打鼓，搭配Rock的音樂也是錄音師後製加上。《台灣創作音樂》這集，有較多現場演唱的音樂，所以配樂加得較少。現場的演唱音樂很能帶動氣氛，自然地將環境中音樂延伸到下一段落，慢慢淡掉，緩和地轉場。淡出重點，是評估何時才適合收乾淨，通常是下一段留主音就要出來前。第七集配樂會比較Rock，也是流行音樂POP風格，但偏向搖滾。Rock的音樂，讓觀眾覺得熱血，符合年青年喜歡獨立音樂，熱情奔放的感覺。

Live House演唱空間，沒有流行歌手演唱會的規模，卻是歌迷親近歌手的機會，獨奏段落用現場音，盡量保留現場演唱音樂，原音呈現，展示Live House聽歌的魅力；歌手走下舞台，讓歌迷繞著他坐下，在歌迷中間唱歌，呈現的意義是，音樂是有共鳴的。現場音能否使用也很關鍵，現場成音很多異常，有時聲音過大，要壓回，要在範圍內，否則降低音量，聲音仍失真；幸好大部分的現場收音，都在可以壓回音量範圍。在《The Wall》這個單元，有一段場域調性，有電子Party特質，到The Wall聽演唱會前後，可以停留音樂文創小鋪The Goods、Corner，介紹這二個單元，刻意用了屬於地下電子派對的音樂風格。小鋪空間有服飾、黑膠唱片與CD音樂元素等，是聽演唱會前的預備，錄音師用電子Tech的樂風；因為電子音樂有種特性，會不停地Loop，四四拍一直延續，不會單調，對聲音設計而言，很好剪接。另一段Lounge Bar音樂就又不一樣，因為場地的特質是舒緩、慵懶的。背景音樂和現場音樂的搭配，也有顧慮；前後保留點空白，不要勉強銜接，留白產生美感。有時二個場域的現場音樂，在剪接時就整合得很好了，錄音師的聲音設計僅混音上微調，讓二者比重與接點更柔和。

　　Street Voice和Indievox是二大獨立音樂平台，背景音樂節奏快一點。因為音樂產業變化很快，此二平台正蓬勃發展，突顯平台年輕。配樂注意環境某種特質，這二平台網路虛擬調性，介紹多元獨立音樂創作者，這些元素給錄音師想像，配樂有靈感，方能找到適合情緒的音樂。若以MV音樂順下來襯底，配樂就不可能太重，片尾用黃玠的現場音樂作為主背景，幾乎Solo清唱，柔和感性，歌迷跟唱，慢動作看清陶醉神情，配樂就是干擾，留下當時的氛圍，看見知音。

　　《台灣文創遊‧簡單生活節》專輯，主題跟音樂有關，活動主體是個大型Event──《簡單生活節》序場音樂就很奔放，熱鬧、正面的感覺。挑選音樂常會糾結在情境要對，尤其開場跟結尾將主導整集音樂感受，慎選開場、序場的音樂，就很重要。錄音師對音樂的涉略影響頗大，要從事配樂工作，當廣泛聆聽各類型的音樂，才能掌握更多元樂風，導演也是。市集會有鄉村、民謠的聯想，來自生活節市集是種擺攤，很像農人市集，意象很鄉村，許多場地是生活節的一部分，維持全集調性的民謠風。關於市集場域音樂方向，見仁見智，如同大稻埕搖擺樂（Swing）

風格的設計合不合宜，不可能所有人都認同，音樂欣賞向來各異其趣。

《賽先生科學工廠》單元是科學實驗，有趣的科學元素、透過科學給小朋友體驗，所以音樂採用鋼琴，節拍特別，不是四四拍的旋律，不固定的拍子，很實驗。《賽先生科學工廠》單元，還牽涉到現場收到環境聲音，若純鋼琴比較不會干擾，聲音太豐富，會在聽覺上混亂。在李吉他這段，音樂設計故意採用吉他樂器的音樂；剪接師留下現場主持人試彈的音樂，接著的音樂，沒有講話也用吉他襯了一段吉他刷扣的表演音樂，一再放大吉他主角樂器的展示。

黑膠唱片起源於1888年，文創設計師以黑膠雕琢成時鐘，時光與音樂結合，另類獨特。在《時光旅人1888》單元，由於是戶外拍攝，現場環境聲音強烈，對話來賓為了讓主持人聽清楚，講話用力，錄音師用簡單樂風的烏克麗麗，不用強烈節奏音樂去干擾聽覺；也因此段長度較長，若沒有襯音樂，會較空洞。當到了沒對話的時候，還是需要音樂，所以寧可在前面襯些低調音樂，也比沒下音樂，到了對話收掉的位置，才突然揚起音樂為佳。

音樂是《簡單生活節》最大元素，為期僅二天的簡單生活節，音樂表演舞台就有五處，包括綠意舞台、離線舞台、天空舞台等等，不同類型音樂，各具特色；其中天空舞台是壓軸，卡司堅強，有盧廣仲、魏如萱、陳昇、阿妹等大咖。介紹市集之後，進入音樂人訪談前，選用阿妹、陳昇在天空舞台的音樂表演片段，在段落間，激昂情緒，延伸音樂魅力，跟著表演情緒起伏，帶出生祥樂團的林生祥訪談段落。林生祥的融合客家傳統，令樂迷驚豔，是風格獨特的音樂人，用他表演的音樂襯在下面，沒有換掉，感受不一樣的客家音樂，從林生祥訪談的故事，進到另一樂團，數字搖滾的大象體操；大象體操也採用現場音樂，讓觀眾看到歌迷的共鳴，錄音師並不了解這個樂團音樂，經過調查研究，才知道數字搖滾，但配樂曲庫卻沒有此類型音樂，試聽後找到能搭配、相近的音樂類型。《簡單生活節》收尾，音樂慢慢淡出，Roll-Card另外進了一個音樂。也許，現場音樂一直存在的狀況下，選擇不處理追加別的音樂，聽下來可以接受，就會保留；而環境太吵段落，當盡量避免。

許多綜藝節目現場有樂師，阿咪老師、孔鏘老師現場配樂下音效，錄製時直接進行聲音設計，這類型節目，影像後製常會加上動畫、視覺元素，增加娛樂效果。這些視覺是現場沒有的，所以綜藝節目，必須在聲音設計階段加上音效。外景節目則不一定如此；《台灣文創遊》的音樂質感，錄音師跟導演溝通討論後，定調為一種主要風格——民謠風，民謠風就會成為節目比重較大的音樂類型，民謠風中文青特色的聽覺感受，帶領旅行。十三集的主題不盡相同，一些主題可跳脫主要風格，例如改為熱鬧的搖滾風格。

錄音室的音樂資料庫是否豐富，切合主題的類型夠不夠多，是配樂能否適宜關鍵。資料庫音樂，也稱罐頭音樂，雖有限制，但罐頭中也有很棒的音樂。每個專案的音樂需求可能差異很大，所以錄音室是否有夠大的音樂曲庫以符合節目調性，合作前要多加了解。音樂設計開始階段，是種磨合過程，導演的理念想法，可用參考影片給錄音師參考，前二三集定調後，就會一直朝這個方向下去。文創主題要連結1920、1930年代的音樂需求，去資料庫挖，評估數量夠不夠多，例如找Yoyo音樂，收穫不多，搖滾還沒成形的時代的音樂，找音樂花了很多時間。

剪接音樂錄音師駕輕就熟，不會困擾，影片的聲音狀況不好時，就要用更多軟體功能修改調整，錄音室要有適當的外掛軟體處理；通常需要降低底噪，EQ一定要用到Wave 10的外掛。歐洲的I Zotope[15]，有處理Vocal的RX系列外掛、混音Mixing的Alloy2外掛。例如撞到Mic的聲音，現場錄製沒顧及到，後製就要修掉，把對話剪掉也不對，留下來就要修、調整，聽起來不要突兀即可。環境聲已經大到足以干擾旁白就必須處理，若環境音沒有干擾，環境音並不需要特別調整。

現在聲音製作都用聲音設計軟體，產出數位檔案，不是以前錄影帶做法，不管輸出Stereo或Mono，音樂音效Mix一起，非常方便；大多數時候是不斷預覽，直接置入，播放預覽試聽，覺得不適合調性，音樂曲目可以馬上換掉。錄音流程，除掌握技藝外，也要了解專案當有的設計，在錄音技術上理解技術可以發揮的層面。

片尾的音樂頗討喜，錄音師每一集Ending的配樂都是同一首，有種專屬的片尾曲的感覺，這會讓整個節目有一致的調性。音效部分，有特別請錄音室幫片頭增加適合的音效，加音效後讓片頭更生動，質感上加分很多。

---

15 iZotope於2001年成立，創業團隊均畢業於MIT；初期產品是一款免費的聲音類比裝置外掛軟體。目前，iZotope產品已有4大類，針對不同聲音處理設計，如設計、傳輸、混音、聲音修復等有20項外掛軟體。

藝術價值與貢獻

Chapter 5

5.1　媒體效益與入圍

　　三個行腳節目的媒體播映安排為：《悠遊台北》於中天娛樂台 39播出；《台灣文創遊》在TVBS 56台，中華電信MOD EYE TV旅遊頻道，TVBS 56台播映後，隨即上傳Youtube；《台灣文創遊》除了此三個主流媒體之外，還製作英文字幕版，授權長榮航空於國際航班中播映。TVBS的首播時間是週六晚間6點，屬主流時段，6點至11點半向來是全天收視表現最佳的黃金時段，尼爾森統計台灣地區收視時間，觀眾受現代生活型態影響，週末看電視的時間多出二十六分鐘；《台灣文創遊》在次日上午，即週日上午9點重播一次。《城鄉印記》在聯維有線電視播映，為台北市中正萬華二區。見圖5-1。

圖5-1　《台灣文創遊》電視新聞報導

表5-1　《台灣文創遊》播出日期表

集別	單元名稱	播出日期
第1集	台北文創基地＋百年華山　轉型文創	3月28日18:00首播 3月29日09:00重播
第2集	老城區的讚嘆＋老舍新創——寶藏巖	4月4日18:00首播 4月5日09:00重播
第3集	品嚐在地人情味＋台北文創基地	4月11日18:00首播 4月12日09:00重播
第4集	音樂展演空間＋文創嘉年華會	4月18日18:00首播 4月19日09:00重播
第5集	巷弄找設計＋創意啟發的渴求	4月25日18:00首播 4月26日09:00重播
第6集	處處有創藝＋台北在地特色博物館	5月21日8:00首播 5月3日09:00重播
第7集	品味生活＋說故事的力量	5月9日18:00首播 5月10日09:00重播

一、《台灣文創遊》電視收視率

　　《台灣文創遊》收視率估算，以主要觀眾年齡層為二十五至五十四歲，每集一萬八千人觀賞，總觀看人數十三萬二千人。

表5-2　《台灣文創遊》收視率

資料來源：TVBS

Description	Date	Target	4+		25-54A		30-54A	
		Time	TVR	000s	TVR	000s	TVR	000s
台北文創基地	2015/03/28	18:00-18:57	0.15	34	0.17	18	0.17	16
	2015/03/29	09:00-09:57	0.12	26	0.18	20	0.21	19
		total	0.27	60	0.35	38	0.38	35
老城區的讚嘆	2015/04/4	18:00-18:57	0.09	20	0.11	12	0.12	11
	2015/04/5	09:00-09:57	0.05	11	0.05	6	0.06	6
		total	0.14	31	0.16	18	0.18	17

Description	Date	Target	4+		25-54A		30-54A	
		Time	TVR	000s	TVR	000s	TVR	000s
品嚐在地人情味	2015/04/11	18:00-18:57	0.13	29	0.08	8	0.09	8
	2015/04/12	09:00-09:57	0.10	22	0.15	17	0.18	16
		total	0.23	51	0.23	25	0.27	24
音樂展演空間	2015/04/18	18:00-18:57	0.07	15	0.04	4	0.04	4
	2015/04/19	09:00-09:57	0.08	17	0.11	12	0.09	9
		total	0.15	32	0.15	16	0.13	13
巷弄找設計	2015/04/25	18:00-18:57	0.09	19	0.07	7	0.06	5
	2015/04/26	09:00-09:57	0.04	9	0.05	6	0.06	6
		total	0.13	28	0.12	13	0.12	11
處處有創藝	2015/05/2	18:00-18:57	0.05	11	0.06	6	0.06	6
	2015/05/3	09:00-09:57	0.06	14	0.03	4	0.03	3
		total	0.11	25	0.09	10	0.09	9
品味生活	2015/05/9	18:00-18:57	0.05	11	0.05	5	0.05	5
	2015/05/10	09:00-09:57	0.06	13	0.06	7	0.07	6
		total	0.11	24	0.11	12	0.12	11
總平均			0.16	35	0.17	18	0.18	17

　　收視率調查不僅反映觀眾人數，也呈現觀眾對節目主題接收與否的輪廓。收視率調查的樣本有三個不同的年齡範圍，包括四歲以上、二十五至五十四歲以及三十至五十四歲，分類是為了理解不同節目在不同年齡層的收視行為。以最主流的四歲以上人口觀察，依台灣人口結構做抽樣，而四歲以上人口總共二千一百八十萬人，根據TVBS提供的收視率統計資料，收視率平均為0.16，最高的是第一集的0.27，最低的收視率是0.11。由收視率0.16%*2180，得出答案34.8千人，即第一集觀眾為三萬四千八百人。收視率統計的000s一欄，是指千人數，也就是多個一千人，數據35，解讀出人數為35千人觀看，即每集平均三萬五千觀眾。

《台灣文創遊》在TVBS總共播出七集,可以算出看過《台灣文創遊》的總觀眾數為二十四萬五千人次。

二、《悠遊台北》收視率

以主要預定觀眾三十至三十九歲族群為目標,每集0.14,五萬四千觀眾,故總觀賞人數為六十四萬八千人。

表5-3　《悠遊台北》收視率

中天娛樂			中天娛樂《悠遊台北U LIKE》
	《悠遊台北》U Like	Date	每集收看千人數
	10:00-10:30	2014/06/28	48
	2014/08/09	2014/07/05	17
4歲以上	0.03	2014/07/12	62
25-54A	0.06	2014/07/19	55
20-39A	0.08	2014/07/26	22
30-39A	0.14	2014/08/02	54
35-49A	0.12	2014/08/09	32

尼爾森調查2015年台灣地區的收視行為[1],依收視時間長度多寡,做輕、中、重度三種等級觀眾區分;近三年的輕、中度使用電視觀眾,接觸率略有流失,收視時間與過去二年相比並無太大變化;2015年1至9月台灣觀眾一天平均看電視三小時四十五分鐘。根據尼爾森對所有頻道的各節目類型收視率,美食旅遊類型的節目整體觀眾收視率為0.08,《台灣文創遊》的總平均收視率0.16,是首播加上重播,播出二次的收視率0.16,若拆開計算,

---

[1]　拿遙控器的人,尼爾森2015電視輕度、中度、重度觀眾收視分析。

《台灣文創遊》的收視率與全台整體觀眾的0.08，一模一樣。也可以說，《台灣文創遊》的收視率表現，在全國的美食旅遊節目中，表現居中，成績普通。根據製作人李景白的經驗，行腳節目的收視觀眾主要以二十五至四十歲來檢視，女性為主，《悠遊台北》為0.14，《台灣文創遊》則為0.17。

表5-4　尼爾森各節目類型收視率統計

各節目類型收視率									
觀眾／節目類型	綜藝	新聞	戲劇	電影	兒童	社教資訊	體育	美食旅遊	財經資訊分析	其他節目
整體觀眾	0.11	0.21	0.22	0.11	0.13	0.06	0.07	0.08	0.10	0.09
輕度觀眾	0.03	0.06	0.06	0.04	0.06	0.02	0.02	0.02	0.01	0.04
中度觀眾	0.09	0.16	0.16	0.10	0.13	0.04	0.06	0.06	0.05	0.08
重度觀眾	0.19	0.41	0.43	0.19	0.20	0.13	0.14	0.16	0.23	0.15

　　2015年，公視在第五十屆金鐘獎共獲得十二個獎項，包括美籍阮安祖、視障人士林信廷以行腳節目《勝利催落去》獲主持人獎，同屬行腳節目的《浩克慢遊》，獲得非戲劇類節目導演獎；公視主頻道2015年平均收視率為0.14，頻道排名第二十八名，市場占有率1.05，優於2014年的表現。可見《台灣文創遊》收視率0.16略高於公視平均數。《悠遊台北》0.14跟公視平均值一樣[2]。

---

[2]　公視2015年節目經營報告。

表5-5　Youtube頻道瀏覽數[3]

集別	單元名稱	2016年8月瀏覽數
第一、二集	台北文創基地＋百年華山　轉型文創	8,678
第四、五集	老城區的讚嘆＋老舍新創——寶藏巖	3,533
第三、一集	品嚐在地人情味＋台北文創基地	4,135
第六、七集	音樂展演空間＋文創嘉年華會	1,399
第八、九集	巷弄找設計＋創意啓發的渴求	3,580
第十、十一集	處處有創藝＋台北在地特色博物館	2,027
第十二、十三集	品味生活＋說故事的力量	3,361
小計		26,713

《台灣文創遊》YouTube頻道的上線是節目播出後次日，2015年3月25日起週日重播後即上傳網路，故在YouTube的上線時間約一年三個月至一年五個月之間累積。見圖5-2。

TVBS廣告排期表

材料名稱：台灣文創遊節目預告 20秒

CHANNEL	播放時間	秒數	檔數	3月								
				23	24	25	26	27	28	29	30	31
				一	二	三	四	五	六	日	一	二
TVBS	0600-1200	20	33	1	1	1	1	2	2	1	1	1
	1200-1800	20	32	1	1	1	1	2	2		1	1
	1800-2300	20	32	1	1	1	2	2	1		1	1
小計			97	3	3	3	4	6	5	1	3	3

CHANNEL	播放時間	4月																		
		1	2	3	4	5	6	7	8	9	10	11	12	13	14	15	16	17	18	19
		三	四	五	六	日	一	二	三	四	五	六	日	一	二	三	四	五	六	日
TVBS	0600-1200	1	1	1	2	1	1	1	1	1	1	2	1	1	1	1	1	1	2	1
	1200-1800	1	1	2	2		1	1	1	1	2	2		1	1	1	1	2	2	
	1800-2300	1	2	2	1		1	1	1	2	2	1		1	1	1	2	2	1	
小計		3	4	5	5	1	3	3	3	4	5	5	1	3	3	3	4	5	5	1

1940

CHANNEL	播放時間	秒數	檔數	4月											5月									
				20	21	22	23	24	25	26	27	28	29	30	1	2	3	4	5	6	7	8	9	10
				一	二	三	四	五	六	日	一	二	三	四	五	六	日	一	二	三	四	五	六	日
TVBS	0600-1200	20	28	1	2	2	1	1	2	1	1	1	2	1	1	1	1	2	1	2	1	1	2	1
	1200-1800	20	27	2	1	1	1	2	2		1	2	1	1	2	2		1	2	1	1	2	2	
	1800-2300	20	27	1	2	2	2	2	1		2	1	1	2	2	1		1	1	1	2	2	1	
小計			82	4	5	5	4	5	5	1	4	4	4	4	5	4	1	4	4	4	4	5	5	1

1640

圖5-2　台灣文創遊廣告CUE

3 TVBS於節目播映次日，皆會上傳至Youtube的TVBS新聞頻道。再該頻道，可以播放列表檢視完整《台灣文創遊》所有影片。https://www.youtube.com/user/TVBS/playlists

表5-6　《台灣文創遊》Youtube頻道預告瀏覽數

集別	單元名稱	2016年8月瀏覽數
第一、二集	台北文創基地＋百年華山　轉型文創	1,962
第四、五集	老城區的讚嘆＋老舍新創——寶藏巖	673
第三、一集	品嚐在地人情味＋台北文創基地	900
第六、七集	音樂展演空間＋文創嘉年華會	459
第八、九集	巷弄找設計＋創意啓發的渴求	284
第十、十一集	處處有創藝＋台北在地特色博物館	551
第十二、十三集	品味生活＋說故事的力量	226
小計		5055

　　預告的片長為二十秒，上傳時間提前節目播出一週。內容與電視頻道訊息一致，故播出日期時間等訊息就沒有參考價值，但影像廣告功能仍舊。

三、媒體宣傳／預告與報導、專題採訪

　　節目播出前十天，先製作二十秒預告，交付TVBS，進行前導宣傳，為期一季的預告播出，總共播出179次3580秒。預告播出表請參考圖5-2。

　　在節目開播前，安排主持人Alana和梁正群，接受TVBS記者專訪，以新聞專題方式在新聞頻道露出，雖與新聞本質不大符合，文創議題也是種民生新聞。新聞播報的鏡面左上方有新聞最前線字樣，採訪了二位主持人和導演，長度約一分鐘十秒，新聞開始主播播報，後進入節目帶出Alana受訪，接著是梁正群、導演。導演提到社會有股對文創質疑的現象：原來很多不是做文創的設計師、文學家，或開發生活應用商品的人，真的把文化跟創意放在裡面。見圖5-3。

圖5-3　節目播出前主持人和導演接受訪談於TVBS新聞頻道播出

表5-7　《悠遊台北》Youtube頻道2016年8月統計瀏覽數

播映日期	單元主題	瀏覽數
2014/06/28	《悠遊台北》第一集　MAJI台北（中山區）	2,715
2014/07/05	《悠遊台北》第二集　翻新台北（大同區）	2,539
2014/07/12	《悠遊台北》第三集　快閃台北（文山區）	2,783
2014/07/19	《悠遊台北》第四集　懷舊台北（萬華區）	693
2014/07/26	《悠遊台北》第五集　文教台北（中正區）	1,090
2014/08/02	《悠遊台北》第六集　食尚台北（士林區）	1,813
2014/08/09	《悠遊台北》第七集　暖心台北（北投區）	3,125
2014/08/16	《悠遊台北》第八集　都會台北（信義區）	1,222
2014/08/23	《悠遊台北》第九集　文創台北（松山區）	1,769
2014/08/30	《悠遊台北》第十集　綠居台北（大安區）	1,637
2014/09/06	《悠遊台北》第十一集　小資台北（內湖區）	1,356
2014/09/13	《悠遊台北》第十二集　舊鄉台北（南港區）	1,232
總瀏覽數		21,974

表5-8　《城鄉印記》Youtube頻道2016年8月統計瀏覽數

播映日期	單元主題		瀏覽數
2016/03/13	《城鄉印記》	陽明山與當代歷史	221
2016/03/20	《城鄉印記》	台北城的故事	123
2016/03/20	《城鄉印記》	眷村時光的微旅行	140
2016/05/18	《城鄉印記》	台北工藝聚落	139
2016/05/18	《城鄉印記》	北投溫泉文化	518
2016/05/18	《城鄉印記》	豪宅風情　台北洋樓的故事	103
2016/05/18	《城鄉印記》	台北鐵道文化	26
2016/05/18	《城鄉印記》	台北原住民	103
2016/05/18	《城鄉印記》	文風鼎盛　士子如林	42
2016/05/18	《城鄉印記》	滄海桑田台北城	53
2016/05/18	《城鄉印記》	台北城南　再現風華	44
總瀏覽數			1,512

四、節目入圍

《悠遊台北》入圍2015年金視獎最佳觀光休閒節目獎。2015年有五十三家系統業者，三百三十一件合格作品參賽，其中五大多系統經營者之參賽率達100%。

《城鄉印記》入圍2016年金視獎最佳地方文史節目獎。2016年有有四十四家有線電視系統、二百九十一件合格作品參賽。

5.2　行腳節目專家座談

有感於節目播出後，除少數觀眾迴響，有肯定鼓勵，也有對主持人品頭論足，許多觀眾真實觀影想法並不清楚，也未進行影

圖5-4　TVBS新聞採訪主持人梁正群

視製作專業探討。因此，想藉由國內電視節目製作專家的觀點或建議，調查研究節目效益與不足之處，客觀評估製作技術與節目設計優缺，故邀請韓欣欣、李景白、潘思琦與製作團隊葉幼梅、何懷嵩五人，組成焦點團體，進行訪談。焦點團體為專業製作人，對話內容可以檢視作品價值與貢獻的參考。焦點團體訪談法（Focus Group）是社會科學研究領域中，一套完整而獨立的質化研究方法，過去主要用在商業界市場調查上研究，最近這十年來，國外社會科學學術界，重新開始省思焦點團體法作為一種普遍性研究方法，對社會科學研究的可能貢獻[4]。

　　焦點團體是指以調查研究為目的，選取某些符合特定條件的成員所組成的團體來進行訪談。研究者以營造出自在的團體互動的氣氛，使參與團體的成員就研究者所欲討論的議題，表達他們

---

[4]　周雅容，〈焦點團體法在調查研究上的應用〉，《調查研究》第3期，頁51。

的經驗、看法或觀點。焦點團體人數可彈性調整。一般而言，大約維持在四至十二人之間。比較常見的是由六至十人組成一個團體。

國家地理頻道製作人韓欣欣、TLC旅遊頻道瘋台灣節目製作人李景白，二人分別在國家地理頻道（NGC）與探索頻道集團（Discovery）的TLC頻道擔任多年製作人，二人所參與均為國際優質頻道，製作節目成績優異。TVBS潘思琦負責播映評估，掌握節目具體收視起落，她服務於播映頻道TVBS專案中心，可就媒體視角，提供觀點。訪談邀請過程，皆以《台灣文創遊》播映後專家諮詢會議定義。

行腳節目專家：李景白、韓欣欣、潘思琦
製作團隊成員：何懷嵩（製作人、導演）、葉幼梅（共同製作人）
時間：2015年6月26日，上午9點
地點：草根影響立文教基金會，台北市文山區辛亥路5段90號1樓

何懷嵩　導演／製作人（以下簡稱何）

何：真是很感謝各位前來，我直接說明一下會議的初衷。座談諮詢會議的目的，是覺得我們做完了節目以後，對節目的迴響毫無所知，有何影響與效益很不清楚，雖然好像收視率尚可，卻還有待努力，似乎也有點小成績；有種感覺是這樣，劇情片常可看到有專業影評人發表一些觀影評論，卻從沒看過電視節目的評論。有節目相關報導，恐怕也是娛樂八卦，藝人本身比節目更有話題。所以，邀請各位專家前輩，給《台灣文創遊》一些創作上的批評建議。雖然企劃階段就跟

圖5-5　台灣文創遊在MOD平台的eye tv播出，MOD節目預告頁面

李景白製作人請益過，還是希望有較深入一點討論，這是播映後，層面廣泛一點請教，歡迎各位隨興地討論，這就是本座談會的目的。

葉幼梅　協同製作人（以下簡稱葉）

葉：因為大家對節目選擇的位置景點，大部分都是耳熟能詳的，就是固定那幾個景點。《台灣文創遊》第一季企劃，也看到很多不一樣的主題，像是音樂、文創園區、設計師等。接著後面的第二季，希望可以跟第一季一樣，延續著第一季，但有不一樣的面貌，也是文創主題，Focus在文創，不純然只是去遊玩的。大概是在每個景點裡面，挖掘出它所富有的文化意涵，希望這節目可以把生活應用、創意帶出來，但不要太寓教育性，因為太教育性，節目就不夠生動化。也希望可以再聆聽大家的建議，可以讓這個節目更好。《台灣文創遊》真的很需要韓製作人和景白老師來指導。這個節目何老師真的非常的用心，整合所有的企劃製作，做節目過程當中真是非常地辛苦，盡量想辦法去挖掘一些大家比較少知道的，或是不熟悉的一些地點場館，可以包裝在文創遊裡面，整個文創主題、脈絡，花了滿多心思下去。在第一季剛播出以後，在TVBS頻道播出，我們希望可以收到一些觀眾不同的迴響，第一季節目裡面，有些東西是可以再更進步，可以再更好的，也作為製作第二季節目發想。此外，也希望在節目當中，不全然只是做節目，可以在整體活動行銷上面，讓這個節目更豐富化地操作，也讓更多人知道《台灣文創遊》這個節目。這個節目在做的同時，是不是還可以做一些行銷企劃，希望景白老師能給一些建議。

韓欣欣　NGC製作人（以下簡稱韓）

韓：若不是做節目，自己其實也不會上阿里山啊、日月潭。去這些地方，就覺得老套。所以，做節目都是要刻意去找，然後刻意去思考找出議題跟節目概念契合的地方。我覺得你們的企劃很強，何老師很強，因為我其實覺得《台灣文創遊》節目滿有趣的。何老師怎麼找出這麼多商家、設計品，我覺得不容易，企劃不容易。

李景白　《瘋台灣》製作人（以下簡稱李）

李：我是覺得上一季主題性跟畫面都很漂亮，我覺得報導式概念
其實沒有太大問題，但現在可能會覺得在收視率上沒有辦法
表現太多。其實收視率是大家面臨的問題，《瘋台灣》收
視率也沒有到商業電台的收視標準，因為是Reach的族群關
係，其實Discovery跟NGC都一樣的。《瘋台灣》其實會吸
引特定族群，現在已經沒辦法四歲以上，四歲以上是不可能
了。現在只要十五至四十五歲，二十二至四十五歲可以鎖住
就不錯了，是二十五至四十五歲主要的族群，我們差不多二
十五至四十五歲，看每個電視台各自的設定。因為尤其女
性，女性是主力族群，70%的消費都在女性，電視台看的都
大概這個範圍。我覺得是收視率還是其次，我倒覺得說，第
一季做完了報導性的話，也許在第二期可以比較考慮Format
的改變，會比較好。

　　是用一個怎麼樣的Format吸引人，讓更多人來看，我覺
得第一季既然用報導的方式來做，第二季也許可以換個方
式，只要一個東西去貫穿所有的主軸。比如說有一集找個音
樂人跟你主持，帶他去蒐集很多的聲音，然後請他用蒐集的
聲音，去創作一小段聲音，一段音樂，這樣安排的製作過
程，會看到音樂家的思維。你去安排他去看跟音樂有關的文
創東西，文創的東西就可透過聲音表現。譬如說捏陶，捏陶
也有捏陶轉盤的聲音，逐漸去發現很多聲音元素，我覺得這
是一個概念。也許另外一集，可能是個書法家，他要用書法
去結合某一樣文創。我的想法是，也許在Format上面，用一
個東西去結合另一個東西，會是一個想法，就是讓Format有
一些改變，因為現在大家都會想做文創，文創是很熱的議

題。昨天去客委會，他們也是在弄文創，客家電視台，我現在跟他們在談的也是文創，我現在講的，就是我跟他們在談的一個模式。我意思是可以用不一樣的模式去貫穿文創主題。因為既然談文創，我是覺得要把一點創意放進來，在做完第一期的報導式，不一定要再做報導式的方式，我覺得說故事的方式要有點改變，我認為。其他的我覺得拍攝跟剪輯，都不是太大的問題。只要在Format上面做改變，一些創意，再做一些改變，融入進去，可以再做一點其他的改變，不一定是說我剛剛講的，我只是舉個例子，這是我的看法。

韓：其實我非常非常贊同李景白老師剛剛所說的。我想因為Discovery旗下的節目，跟國家地理頻道旗下的節目，都是走一個商業紀錄片電視台的Format，所以對他們來說，劇情的轉折，最後安排的驚喜啊、橋段，他的Emotion的感覺，是滿重要的；因為這才是刺激收視率最後的一個良藥。所以，景白老師剛剛講的Format轉變，我也是滿贊同的。《台灣文創遊》的每一集，我大概都稍微看了一下，我覺得拍攝拍得非常好，然後剪接也剪得很好，然後有一些動畫的運用，這些都讓我覺得很有小清新的感覺，就很像走在巷弄裡面，發現一些藝術天堂，或者是在咖啡廳那種感覺，滿小清新的感覺，個人滿喜歡的。

　　旅遊節目主持人真的是太靈魂了，旅遊節目主持人就看會不會玩；透過企劃去寫主持人腳本，只能告訴他，這邊有什麼資訊，只能靠主持人臨場去發揮，跟在地人互動。主持人夠會玩，夠活潑，自己有做功課，選擇主持人的時候很重要，要考慮的。我看《台灣文創遊》的幾個主持人，鴨子高伊玲有經驗，主持起來行雲流水，比較有趣有互動。主持人有活動力，且有參與，會對節目加分很多。

李：主持人會帶領觀眾的眼睛去看事情，不一定要設定文創就是有氣質，不一定很文青，不一定這樣；有時換個方式，去設計反差，帶出節目效果。談文創是不是一定要大師，大師是屬於被報導的，但不可以玩大師。也許可以玩年輕人，大師啟發年輕人，會創造出一個故事出來。

　　Discovery雖然是紀錄片，二個頻道都很強調講故事的方式，不會只是要你報導出來；拍一隻豹三年、五年，會把它寫成擬人劇，不會只是報導豹子在幹嘛，一定要講出故事。在腳本初期，重視敘述的方式，即使是紀錄片，他們都非常重視Entertainments，娛樂的本質。製作《台灣文創遊》，可以參考這個概念，創造一個Format，紀錄片是一集一集，你是Series，要有一系列，創造清楚的Format，元素在每一集都有不一樣，因Format而有趣。

　　主持人確實是一個引導者，文青主持人很難用。現在電視環境，說真的，主持人不是問題。即便沒知名度也OK，主持人不是票房保證，找再有名的主持人，也不是收視率的保證。陶子來做節目，主持也不一定有收視率，否則《星光大道》會紅到現在。當然，有名主持人關注度比較高，方便宣傳，但回到節目本身才是根本。主持人不一定要線上，找古靈精怪的學生也不是不好，是很好的嘗試。

　　主持人要有想法，要會玩，現在不流行笨的主持人，只會尖叫，《台灣文創遊》也不適合。每次吃東西，「哇！」，第二個又「哇！」；每次吃東西都是「好吃、口感綿密」，不能老是用那幾個詞。這樣的主持人就不好，特質比知名度重要，素人相較名人不一定差，不必勉強用線上的人。

韓：好主持人有點可遇不可求。首先Camera Face要好，最重要的是談吐，攝影機前談吐自然。有些很用功，想了很多橋段，演出就感覺卡卡的；有些主持人很自然，跟大家打成一片。所以說，好主持人可遇不可求。

葉：因為第一季主持人Alana講英文，節目主持人中英文雙語呈現會比較好嗎？抑或是聚焦在中文更好呢？有英文是想到在海外播映，英文被接受到比較有機會，雙語適合文創遊節目的調性？怎樣結合比較好？

李：二個語言Mix比較奇怪，應該清楚界定。《瘋台灣》初期是要做中文，因為主持人不會講中文，我只好改英文。改英文是一個冒險。改英文後，還是有一半是中文，節目界定主持人旁白用英文，跟人的Interactives互動還是用中文。因為受訪者不會講英文，旁白跟主持人的串場，對鏡頭講的話是英文，跟現場的人對話，回到中文跟台語。做純英文，會遇到無法對話的現象；如果是考慮行銷國外市場，就不要想中文，往英文走，沒有辦法的部分才中文；如果台灣市場是主要的，就必須講中文。鎖定一個，不要一半中文一半英文。

韓：語文上面我有個經驗，幾年前我幫BBC帶過一個節目，主持人查理‧波曼（Charley Boorman）到世界各地旅行，來台灣的時候，我協助節目的Local Production。他的問題是他講英文，整個Team講英文，但溝通的是最Local對象，像養蟋蟀的師傅、佛光山法師這些，是最本土的。他不覺得語言是個問題，我安排一個翻譯，最重要是主持人要懂受訪者講什麼，各自講的話才有意義，他要懂這個人講什麼，對方要懂主持人講什麼，二個人要對上，不一定是一定要講英文，講中文要怎樣讓他們溝通，翻譯馬上翻，對上有火花出來，一個講中文一個講英文，現場看有點怪，但後來剪掉以後，播出沒有違和感，各自了解各自想講的東西，訊息有最重要，上字幕或後續配音。

之後，拍旅遊台灣的時候，主持人是個ABC，他講英文，媽媽是鄭佩佩，他也是可以講中文，問題就是中文不像台灣人這麼流利。當時的問題是，講的中文不到位，他講的話當地人聽不懂。後來的感想是，不用刻意去講雙語。講雙語的優點是，可以讓在地人馬上了解到，他感受到，不會講雙語也不是問題，主持人本身親自去玩。做節目的時候，不要太Focus語言上，不要把主持人語言變成節目包裝，會好一些。

刻意去營造節目一起講英文，節目市場很固定，是給外國人，走美加市場，其實是亞洲區，或者台灣觀眾在看，台灣的話應該中文講出來為主。若是美加區電視市場是用英文，受訪者英文講得不好，老美聽不下去，觀眾也沒有心情再看下去，也很不好。各自講熟悉的語言，不同中文或英文，同樣了解度去溝通，對節目的內容能掌握就可以。這個節目希望有海外市場嗎？

葉：第二季也想思考海外播映的可能。因為第一季的主持人Anala，重度聽障，語言訓練都是英文，一直以來都聽說英文，只會講英文，她個性非常活潑，主持只能英文。要能和Alana對話，前提是受訪者只能講英文，店家要能用英文溝通，和主持人用英文對話，字幕上中文。考量二個人之間沒有辦法對話，聽不懂講什麼，情緒反應沒有辦法及時，即便事前安排東西給她看，聽不懂對方講什麼，沒有情緒，會覺

得非常的卡。後來就安排對話人選可以用英文溝通，介紹
節目，Alana主持三集，主持語言都是用英文，其他主持人
是中文。變成整季集目中有中文有英文。會思考第二季的
語言上該怎麼安排，如果不只在台灣播放，也在海外播映，
主持人的定位安排，需不需要講英文，避免受訪者又要另外
安排。

李：會有二種方式，找到雙語人選，同時中英文、台語又很好，
ABC有這樣的人，要去找，這是第一種選擇。第二個還是
Alana，這會比較像Six Degrees來台灣做的[5]，主持人也不會
講中文，她會來台灣找一個本地人，需要入鏡的人；找到劉
軒，劉軒變成一個角色，這角色會融合在裡面；這會需要翻
譯，跟她溝通讓她知道，變成三個人，其中一個是主角，主
持人只會講英文，這個人選不入鏡，只在旁邊翻譯，讓你知
道訊息。這種語言障礙，是可以解決的；因為不能夠只用主
持人的表達，去解決英文障礙，這樣會限制很多素材，譬如
不能去三義找雕了五十年頭像的師傅，他不會講英文，只能
放棄他，不一定這樣。能以一個主角的概念去做這件事，還
能拍到反應鏡頭；即使你用外面的翻譯，鏡頭不要對著她，
讓主持人視線看著受訪者，聽到了再剪進去。製作團隊比較
辛苦，多一人在裡面，翻譯在裡面，拍攝避開，不要停止拍
攝，聲音不要剪進去就好。

---

[5] Discovery旅遊節目《一個城市六個朋友》（Six Degrees）；2006年，劉軒
受邀演出，劉軒擔任「第一個朋友」，幫忙串場，和台北市長馬英九一
起坐直升機介紹台北。節目名稱來自英文俗語：Six degrees of separation，
意思是世界上就算天南地北的兩個人，只要透過六個朋友，一個介紹一
個，就會找到彼此。

何：拍攝Alana比較困擾的是，許多原先設定的受訪者沒有辦法和主持人對話。有幾個文創設計家，沒有自信跟Alana對話，英文能力沒有自信；像是華山文創園區水水市集的拍攝，有個T-shirt畫家，完全不能表達英文，就請水水市集公關入鏡。公關外型跟外語能力都不錯，出現在鏡頭代替受訪者對話，反而畫家一直創作，沒有面對面溝通，不僅可惜，觀眾恐怕也不理解公關定位。對話公關引起觀眾注目，卻不是文創當事人，相信觀眾也會混淆。為了讓觀眾知道文創者是畫家，之後補拍了主持人和文創家的面對面對話，請畫家使用非常簡單的英語說明，暫時不管主持人說了什麼，背稿演出，降低畫家的心理壓力。

李：Janet的優點好處是講台語，這很有魅力。有次去大鵬灣，拍攝採孔雀蛤，到了大鵬灣看到小舢舨，上面有空氣壓縮機，一直在打氣，沒看到人，一條管子接到水下。Janet上去，她拉管子。漁人用一個面鏡，三小時不上來，自己土製供氧設備，二三個小時不上來；上來他只會講台語，他的台語還聽不懂，海口腔。Janet想辦法用台語，溝通不良；Janet有動作，動作彌補語言。介紹杯子如何怎樣，直作用動作表示，聲音不夠飽的時候，剪接不進來，主持人旁白進來，解決資訊不能立刻理解的問題，而且動作比較好理解，介紹她做好的杯子；師傅字彙比較簡單，比較難清楚掌握，如果英文是唯一選項的話，動作是一個可以考慮的方式。

何：當初找播映媒體時，挑了幾個衛星頻道，TVBS規劃比較完整，誠意很夠，給的時段比較好。從媒體來看，四個不同主持人，收視率有起伏，請教思錡有沒有什麼建議，可跟我們分享。

潘思琦　TVBS映演規劃（以下簡稱潘）

潘：TVBS業務內部有討論，主持人固定比較好；觀眾一直轉台，主持人是第一眼看到，觀眾不喜歡，就會轉台。主持人在收視行為上，較能讓觀眾馬上理解節目。主持人名氣確實不是收視率的保證，現在觀眾口味比較重，需要看新人，譬如說，現在的名詞是小鮮肉，好看的女生。知名的主持人，像小S，風格固定，觀眾看到新的，是好看的，觀眾會留下來，收視率累積是有幫助的。可是，真的要好笑，主持人是靈魂人物，在現場能夠即時發揮，現場要有氛圍，有發光的感覺。

　　我們也做客委會的節目《來怡客》[6]，做了七八年，也被客委會挑剔說，節目單看很好看，但沒有邏輯性。製作單位覺得，客家文化都涉略過，本質又不能跳脫，後來討論用邏輯性的方式拍攝節目。這一季用節氣主題來包裝，塊狀節目，一次做一年。如果用二十四節氣，節目就有主軸。節目的目標觀眾也希望不只客家人觀賞，要給非客家人認識客家文化。節氣也不僅僅屬於客家人，東方人都用的觀念，觀眾是能親近節氣主題，不局限傳統的客家議題。用節氣帶出新的文創，比如說擂茶，以前擂茶放進去磨，現在客家二代發展擂茶，讓年輕人會喜歡的元素，把擂茶裝在試管裡面，吸引年輕人體驗，從傳統到新的，都帶到。有關翻譯的案例，有一個節目《台灣是我家》[7]，新住民的節目，新住民有這

---

[6]　《來怡客》節目標榜「生活化」與「年輕化」的精神，帶觀眾體驗客家風情，主持人為蘇宗怡，節目名稱融入主持人姓名，2008年10月首播，現已製播第七年。

[7]　由內政部移民署「外籍配偶照顧輔導基金」撥款委製的電視節目，介紹

麼多國家，越南、柬埔寨、泰國等，都需要語言翻譯。碰到這樣的問題，沒有辦法一次滿足這麼多語言，講柬埔寨、越南語，台灣觀眾一定會轉台，國人聽到越南語，一定轉台。字幕還可以接受，配音會很假，幕後配音很奇怪，後來建議純字幕就好，反而可以滿足各個族群。

　　就TVBS頻道的屬性分析，女性收視最高，女性族群為主，非政論節目的話，主持人男性也OK，主要還是主持風格，能進去跟大家玩。我們嘗試新的主持人，像《時尚玩家》就是自己培養出來的；「口感綿密」那種，一季就會被換掉，會被釘。長再好看，內容空泛，也會被換掉。培養主持人，固定下來很重要。像是《浩角翔起》，原本沒沒無名，從綜藝節目出來的，一直培養到有自己的風格，開始也是Nobody。固定主持人對收視會有幫助。預告片Promo檔次還是可以增加，畢竟還是全新的節目，播出時間沒有那麼長，沒辦法快速累積觀眾，這是頻道應該加強的。《台灣文創遊》3月底播到5月上旬，時間比較短，後面的收視率跟主持人有一點關係。在新聞的操作上，不只開播前，建議要陸續進行。有沒有想過辦活動，比如網路或是戶外活動，像TLC有辦野餐日[8]，等於把節目帶到現場，讓觀眾可以來野餐，類似的活動可考慮，因為TLC辦得非常成功。

五十餘萬新住民在台灣生活的故事，2014年起委由TVBS製作播出，節目主持人為李文儀。

[8]　TLC台北野餐日是一個「策展」概念，結合旅遊（Travel）、美食（Cuisine）、生活風格（Life Style）的大型音樂野餐盛會。2013年開始舉辦，號稱全台灣最大、最正宗野餐，2016年9月24日在內湖美堤河濱廣場，免費參加。

李：野餐日第二次在全球辦的活動，只有一次，沒有特別安排預算，找了很多贊助，活動滿成功，贊助商非常願意。活動其實是宣傳的概念。怎樣把宣傳帶到節目，跟Format有關。每一集產製一個成品，最後節目結束之後，跟觀眾溝通互動，是贈品，這也是Format結合。做十二集，最後一集找觀眾來，特別的一集，把前面所有東西找出來，在累積觀眾。不一定像TLC辦一個這麼大的野餐活動，融合在裡面。主持人確定固定比較好，一直換不好。主持人有辨識功能，可能不記得這個節目，但記得主持人。節目名稱不一定熟悉，人的外貌會記得，如果喜歡這個人就會收到訊息。我第一次看到莎莎，對莎莎很有印象，節目名稱卻不記得，覺得這個人傻得很可愛。主持人如果被記住，對節目有好處。宣傳可以用主持人特質，新主持人比較難宣傳，線上主持人，是比較容易宣傳，記者比較願意寫。我並不建議找線上的，從世新找有一定有條件學生，帥哥美女，有些學生想法很多，找她來，也沒有不好，找一二個都可以。

韓：節目做的東西，最後能跟商品化結合，也是滿好的宣傳點。以美食節目，旅行的各個地方，假借旅行的名義，蒐集各個不同的素材，創造一個屬於當地的風味，後續發展，譬如創造一個新的菜色，成為當地最有名餐廳，夏季限量菜色，跟餐廳結合，做Promo，商品化也好宣傳，一方面也是有話題，走文創商品的話，很多商品可以做這樣結合。

　　文創最後一定要產業，這東西是要拿來賣錢，何不這樣做個實驗。主持人有個想法，覺得這個文創東西，創意做成商品獲利。過程中，可以看到文創如何生存下去商業化，這樣滿有趣的。

潘：民視的《娘家》節目，做滴雞精，商品賣得很好，《娘家》也賣豬腳。民視八點檔賣什麼都很好。民視他們自己賣，Brand掛民視。之前還賣肉粽，端午節賣肉粽，跟甲七碗合作。他們有另外一個節目《消費高手》，《消費高手》就是賣東西，其實跟購物台一樣，換個包裝，一直延伸，節目收入不錯。也去找客委會，這邊賺不到錢，找別的地方賺錢，節目變成商品化去銷售。《台灣文創遊》不一定這樣。

李：播出時找個展示的空間，節目所有文創成品都在那裡展示，三個月的展示，節目所有報導成品都在那裡展示，活動結合文創。東西要有趣，加一點故事，讓觀眾期待，有想像；不一定只是報導，現在純報導的比較少。紀錄片也想辦法變得很有趣，鬥蟋蟀不會只拍鬥蟋蟀，蟋蟀怎麼鬥很無聊，包裝這個故事，大家都要求講故事，吸引人興趣。純報導比較沒機會，大家都可以講故事。

　　之前做紅毛城地道的時候，也是以故事包裝，包裝人物。當初誰建這個地道，只是報導紅毛城，畫面視覺脫不了紅毛城，後來聚焦蓋這個地道的上尉，這人在台南四草蓋地道，後來被調到熱蘭遮城；鄭成功來攻打的時候，他是第一個率領一二百士兵，在四草北汕尾迎戰鄭成功的軍隊，他們看不起鄭成功的部隊，覺得這些人都是野蠻人，放一二槍就跑了，沒想到來一二千人，都是盾牌兵，就被殲滅，死在那裡。幾十年前，有人挖到荷蘭人的骨頭，在台南四草叫做荷蘭塚。故事展開這些元素，若純粹去報導紅毛城，西元幾年建的，就很無趣，而且絕對拍不到地道，一定拍不到地道，就要想辦法去講這故事，報導式一定要換包裝。

　　雖然《瘋台灣》也是一樣，台灣我繞N圈，這二十年不斷在台灣繞，繞到出去玩都覺得這裡我來過，每次開一開都有這種感覺；你還是要拍這個東西，換個方式去做，從不同角度切入。第一次Six Degrees概念，找老外進來，接著做挑戰型的，全世界的人來台灣，在台灣到處跑，跟Local有關的遊戲，到竹山就找跟竹子有關，設計遊戲。接著找國外主持人進來。同樣的東西，這十年來，光在《瘋台灣》就拍過三四次，每次拍方式都不一樣，放進來的人不一樣。沒辦法，一定要換個方式製作，觀眾比較有興趣。電視台喜歡兜進來，進廣告把它兜在哪裡，明明沒什麼，也要遮個密。

　　《台灣文創遊》不一定要這麼綜藝包裝，主軸上讓觀眾有興趣，後面發生什麼事，讓大家有興趣；否則就像看到主持人就不想看，看到商品就沒興趣，不想看。現在觀眾轉台很快，0.1秒就轉走，商品出來後，觀眾就沒有回來的誘因。前面沒有創造誘因，後面變什麼不知道，不會期待。若有誘因，即使轉走，惦記這個發展，轉一轉，還會轉回來；如果只是報導，沒有誘因，轉走不會回來，沒有期待。現在都面臨這個挑戰，光行腳節目，一直走一直走，沒人要看，台灣都被看爛了。找題目要有趣；NGC找的題材很棒，《國道起降》[9]很屌，後來國家地理頻道《戰鬥機飛行員》[10]

---

[9]　國家地理頻道獲得國防部協助，獨家拍攝漢光27號演習，台南「麻豆」戰備道演習現場，出動九部HD攝影機，以透視內幕方式全程記錄國道起降的過程，攝製《透視內幕：國道起降祕辛》紀錄片，紀念民國百年國慶，2011年10月9日在國家地理頻道首播。節目還邀請馬英九以三軍統帥身分參加《透視內幕：國道起降祕辛》紀錄片首映會，馬總統致詞時表示，國家地理頻道在全球以三十七種語言在一百六十三個國家播送，擁有至少三億八千萬收視戶的廣大閱聽群眾，影響力深遠。

[10]　指國家地理頻道《台灣菁英戰士：傲氣飛鷹》紀錄片，內容記錄空軍飛行員的養成教育，於2015年8月播出。

節目也很強。

韓： 國家地理頻道一系列軍事節目滿受歡迎，男性通常跑來看國家地理頻道，抓三十五歲到四十五歲的男性觀眾，比較喜歡野外、軍事這三個類型。現在比較走實境類型，大量的實境，實境重視戲劇張力，以前紀錄片就重視戲劇張力，不管拍什麼東西，企劃在第三段結尾，好像就要掛掉：「怎麼辦，這颱風要毀了這一切，東西沒辦法及時送到，這計畫沒辦法繼續走！」觀眾被牽著一路走，最後才會有報償。以前一直都是這樣，從這一二年，加入很多實境的東西，就算是一個單純的紀錄片，也希望很多現場、互動、實境的感覺，觀眾願意看。

李： Format很重要，沒辦法像紀錄片，一二年一集，必須短期內做十三集，Format做出來，只是加東西進去。

何： 有種困擾想請教大家。經常要安排Set東西進去，不Set產生不了情境，沒辦法展示，而我們創意有限，主持人配合，資源時間不一定能允許。做電視有很多情節是喬出來、演出來，畢竟文創遊不是安排出來，是找出來，被報導的文創設計品，本身就存在那裡。我覺得應該Set到什麼程度。主持人是有感覺的眼睛就會亮起來，有時候主持人沒感覺，就要幫他，讓他有感覺，必須要安排情境。韓製作人提到，情境式的節目進行方式，不知是加分減分？

韓： 會希望節目做成很炫，就像實境秀的修車或賽車；實境秀是從歐美過來，他們的人比較擅長，習慣在攝影機面前講話，願意表達自我；台灣人本來就比較嚴肅，更何況有攝影師在旁邊，更不敢講。譬如修車現場，美國節目會當場罵髒話，他們要那種衝突的感覺，就可拍到；在台灣的話，就算拍十分鐘，也是各自低頭做事，即使要求他們互相吵一下架，也是比較假假的。台灣能否像美國一樣的實境，我還在觀望，我覺得朝這樣發展，台灣環境先天有困難，節目出來是否有像美國的效益那麼好，與其辛苦嘗試別人的方法，不如找到自己的實境節目樣式。我還是開放的，沒有可以走的方向。剛才何老師講，導演現場如引導互動主持人，真是一門學問，是藝術，也是磨練。主持人本身是不是個求知慾、好奇心重的人——好奇心可以讓企劃少做很多功課，效果加強很多倍；好奇心不夠的話，導演要求假裝嚇到，去做這樣反應，即使做出反應會覺得很假。企劃寫主持人腳本，該寫的要盡量有趣，去設計出來之外，主持人做功課和臨場反應，靠這二個要素，才能做完美配合。

李：Setting的概念，我很少Set主持人要演什麼，畢竟不是拍戲，選擇主持人是希望表達個人特質，不大會Set他演。但是，會要Setting狀況，會發生什麼狀況，狀況才會有反應。Rating Show做二年，後來有學到。Rating Show不會是要她演，激發她發生狀況的概念。你去看演員，背後一定有一個很大的Motive。比如說《Survival》[11]，第一名一百萬美金，三千萬台幣，當有三千萬在前面，主持人跟你說輸了，再給你一個機會，你要去隔壁小島，現在下大雨，沒有任何東西待一晚，你就會願意；沒辦法睡，就一直淋雨。如果說你去三萬，就是最後獎金是三萬，就不想去，回家好了。第一個是有Motive在，第二個才是狀況：給他一個狀況，狀況他一

---

11 台灣翻譯為《我要活下去》，在世界許多國家製作播出的實境秀節目。節目中，參與者被限定在一個特定的環境下靠有限的工具維持生存，並彼此競爭，最終勝出者將贏得一百萬美元的獎金。

定要面對它，把他逼到一個懸崖，要不就跳下去，要不轉身投降。《瘋台灣》大挑戰的時候，設計狀況，讓他們分組。

分組可以很簡單，抽籤就好。我分組設計，在十二人裡面先找出二個隊長，最早隊長是我，由我選下一個隊員。我選完隊員後，再由隊員選下一個隊員，不是隊長選。設計的目的，就會發現每個人喜好不同，經過一段相處之後，我希望選到跟我最合的，你喜歡這個隊員，這隊員不一定選像你一樣，他開始去選他喜歡的人，會有不一樣的意見。第三個又選下一個，又有不一樣。誰最後一個被選到的，表示沒人要他。

一個選隊員，就會創造出狀況，選完後抓來訪問，選的時候沒有Audio，為什麼選他，沒有聲音，觀眾沒有理解。你要創造出狀況，不會要求演出你很討厭他，要創造狀況。Format會幫你定出中間所有狀況，就會有你要的東西。最重要一點，主持人一定要很好奇，找一個什麼都無所謂的主持人，你講的她就沒興趣，沒興趣就沒反應；主持人對很多事都覺得有趣，想要了解更多，即使看起來沒什麼的，都想知道到底在幹嘛。主持人有好奇心，才會發問，從一個問題延伸另外一個問題。通常企劃寫給他是大問題，大的問題下會有很多小問題，小問題才會是觀眾想要知道的。譬如說去做這個盆子，企劃告訴他「做盆子做多久」，現場就會問：「做盆子多久了？」你從他談話裡面，發現四歲就做盆子，就想說為什麼四歲做盆子。若沒興趣，「喔四歲就做第一個盆子」，主持人就放過去，那個問題就不見了。可是，這個問題是很有趣的，主持人有好奇心很想挖下去。其實不是要讓他演，主持人不見得適當；編導不是Setting演戲，是Setting怎麼拍。沒問到，編導要求再問一次，不要花時間要他演，絕對不要讓他演，演得好去當演員就好了，素人更不會演。我在拍的時候，很討厭工作人員去跟素人Rehearsal。他當自己就好，不需要教他講一次，就直接來。主持人才需要知道流程是什麼，因為主持人要帶，從一、二、三，帶一帶二帶三。他要怎麼帶都沒關係，編導建議是這樣。

何：曾經也喬了一個事情，這類安排，有時感覺把觀眾當白痴，雖然觀眾未必知道，看不出內涵。安排合宜情節，有些情境瑕痴畢露，滿困擾。

李：觀眾絕對看得出來。做《美鳳有約》，美鳳姐拿起來說很好吃，又說味道很特別；觀眾一看就知道，眼睛會說話，回頭製作單位就有壓力，美鳳姐吃什麼都滿好吃，如果你讓她覺得不好吃，一定滿難吃的。找一個美食家不是不行，節目方向就不一樣，專門在挑剔人家。波登講話超賤的，大家喜歡他，是一種品味，他起來了，怎麼賤，廠商都會歡迎；你不可能是這樣的方向。主持人很重要，找的東西也要好到位，對的東西，找到對的主題。

何：第一季的情況是台北市比較多文創場域，知名小店，像好漾書店，號稱全世界最美的書店，一家雜誌這樣報導。好漾真敢講，走一圈二十秒就走完。台中羅布森也說是全世界最美的書店。

李：去阿根廷拍書店，古建築書店也很漂亮。我覺得台北文創要放寬一點，大家喜歡在地，創意的東西不要限制在一個Level，現在要在地。比如澎湖的石滬也有漂亮的元素，雙心石滬只是一種擺法，你看石滬形狀對文創也有啟發，雙心的概念變成項鍊，跟墜子概念結合。前陣子去拍萬里、金山，金山的電火石抓魚，一下火整個起來，剩四艘船在抓魚，給文創啟發。文創整天待在房間裡面，沒有太大刺激；即使夏至235路線，就有很多東西在裡面，可以串成一個線，不只是在哪裡，應該有點啟發。對創作者來講，換個方式去做文創，帶去阿里山，去做些什麼，到阿里山去看看，搞不好文創者沒看過阿里山日出。我去阿里山看日出，小笠原平台，那時候還在蓋，視野超漂亮，360度視野，一條小路進去，大家都留在祝山，不知道去那裡，私房景點，不斷看到360度雲海，加上日出，你會感動，為什麼台灣會這樣美。我去玉山，是雪季，全都是白的，上到玉山頂，冷得要死，3點就去爬，大家抖得要死，太陽一出來，中央山脈整個是白色的，最北可以看到台中，大壩尖山一帶，台中、新竹一帶，最南可以看到屏東，北大武山。就在玉山山頂，主峰頂，往前往後看，整片是白的。對文創者會有些啟發，不是在你的環境裡面觀察文創。寫書法的，當上到山頂時，寫書法的看到氣勢，會啟發影響。也許文創不只是報導，有台灣元素進來。包括八家將，八家將有很多感動在裡面，看他們跳舞很不一樣，傳統的文化也是文創。看八家將跳舞，看到他們畫臉譜，每個臉譜都不大一樣，自己亂畫，臉譜也是文創。不一定在電視。我記得我拍過一個很有趣的阿嬤，七十歲才開始學油畫，一幅油畫是裸女，Janet過去，說：「畫裸女是你自己嗎？」可愛的阿嬤，就是畫。元素很簡單，都是生活裡面，會有想法出來。像交趾陶，南鯤鯓從大陸做的，全部都是玉，很大一面牆，裡面都是白馬雕塑，每個雕塑都是天然玉顏色，後面就是交趾陶，很多這樣的故事。

交趾陶的工廠，做了一堆郵箱，每個郵箱設計造型，送給每一戶，每戶都是不同的可愛交趾陶，跟三合院放在一起。台灣很多社區營造的案例。地圖也是用交趾陶剪的，剪了去貼出來。帶文創的人去現場，所以要設計Format出來，最後創造出的成果，就是整個過程。

你找二個小朋友，文創小朋友，帶他去看大海，最後看他體會出什麼，帶他去操作文創，台灣現在的樣貌，這些人都是在創造。有看過基隆九份一個做釘畫，他去找回收的鐵罐、鋁罐，黑松沙士是棕色的，可口可樂是紅色，各種鐵罐，剪下來釘上，變成一幅畫，像馬賽克一樣，畫作遠看像油畫。釘畫遠看像油畫，很大的創意，我沒看過第二個。台灣很多這種，還有很多。

還有用水泥畫，在平溪；水泥畫特色是立體畫，它有厚度，像浮雕一樣，乾了可以上色。很多種創作媒材的故事，包括廢鐵創作：有二個人，一個在台南，一個在金門，撿機車廢鐵焊起來，做藝術品；用勺子做蜻蜓，用馬蹄條做一匹馬，岡山螺絲羊[12]。高雄美術館找他，用螺絲做一隻羊，因為岡山羊肉最有名，用岡山有名的螺絲工廠產品做羊。很多這樣的人，很有趣。我去看他，他做的東西散落在家裡周圍，他家住田邊，到他家門口就看到他做的藝術品，散落周邊，做一做就放在旁邊。有次我去法國，在街上走，看到一個藝品店，用玻璃箱罩著跟岡山羊很像的藝術品，但在玻璃箱裡，東西跟岡山羊的差不多，價值就不一樣，仔細去找還

---

[12] 由劉丁讚創作，藝術家「黑手」出身；以螺絲組合成羊的想法，來自於2004年高雄縣岡山鎮兩項重要活動的結合：岡山「羊」肉文化節暨台灣「螺絲」博物館動土儀式。高雄美術館稱：具有匠意的鋼鐵雕塑。

有很多。花蓮有個阿甘[13]，甘仔，用石頭、木頭跟銅三種元素，做到有名氣，法國人來收藏。文創工作者值得去找，你找到這些，會給一些人啟發，不一定有名，換個Format，換個方式去講，會很好玩。

韓： 增加節目活動力很大，多找一些活動力大的；第一季比較局限文創特色的店，節目偏向靜態；找活動力很強的題材，節目活動力會增加。甚至可以把這些題材跟旅遊串在一起，主持人今天要探訪的是，某一個主題文創的東西，這分布在台灣的，怎麼樣去用極限運動的方式，增加主持人活動，增加節目活潑的調性，賦予他一些挑戰。

何： 這個人本身就有文化跟創意的內涵，展示出來。這樣可以Setting，有實境秀的一種嘗試。會Surprise的感覺。

韓： 結論還是主持人很難找。主持人要有興趣。

李： 《瘋台灣》第三季要換主持人，全部Casting玩，五十幾個人，快結束，有老外都有。最後剩下二個人，一個是Janet一個是蔣怡；蔣怡在當時比Janet有名多了。後來設一個主題，直接去外面，設定一個主題，做一段，錄下來。Janet主持很爛，Casting根本串不起來，連布袋戲都不會講，講成古代戲，講得很爛。

　　第二個Cut，是跟玩的師傅一起拍一段，在這個部分，就分出來了，你會發現Janet她很投入，也許講不出來但想要學，很有興趣是怎麼做的；蔣怡很熟流程，就是在玩，她想要做效果，跟鏡頭玩，跟師傅沒有融在一起，是分開的，太介意在玩，不對布袋戲好奇。所以，後來選Janet是這個原

---

[13] 花蓮阿甘的品牌為拙而奇JOKI，由甘信一及其團隊於1996年在花蓮石門成立，主要以石、各式原木與金屬銅等三元素進行複合性材質創作。

因，好奇心是強的，她會想融入裡面。主持人對我來說，這點對我很重要。你在玩的樣子，真實有過程，後來證實她有自己的想法，旁白就Janet她自己寫，企劃就很輕鬆。英文旁白我怎麼寫，主持人有自己的觀點出來，就可以帶給觀眾。

像我們去拍草嶺古道，去拍虎字碑，虎字碑是鎮風用，當地風很大；我們去到那邊，風大到站不起來，她的旁白說：「風很大，若沒有虎字碑，這個風還會大到什麼樣？幸好有虎字碑，不然變狂風。」主持人跟企劃角色融合，完美去闡述，會讓觀眾覺得好玩。你融入，觀眾才會融入；你都不好奇，觀眾怎麼會好奇？硬掰觀眾看的出來。主持人需要好好找，我們面試都找老外，最後都知道德國人講話是另一種樣子。

韓：很多頻道迷信名人，頻道會想要知道這個人到底有什麼有名。

李：頻道慢慢理解這件事，數字出來就知道了，花了這麼多錢，又沒辦法有收視率，現在製作費有限，割一大塊肉去，沒有辦法好好做，花這麼多錢去找主持人，頻道也知道未必好。年輕人不進這行，你們有沒有這個問題。

何：國家地理頻道主持人方面有要求嗎？

韓：近一二年來，會想培養主持人，活潑度沒有像Discovery這樣，慢慢地在培養，希望更深入一點。因為頻道本身主持人不多，另外一個優人頻道，主持人比較多。它的主持人像學術又不像，像探險家意味比較濃厚，帶觀眾去看比較深的東西，玩的東西比較少，比較重視內涵；相對而言，節目調性比較嚴肅。國家地理頻道是中高年齡層，男性主管級觀眾，不能玩得太凶，要有教育性。再加上有個學會撐著，主持人突然講幾句話，這每句話還是要送到NGC，每句話都是經得起檢驗的，最後腳本送審的時候，包括主持人講的每句話都要送審，數字也要審過的才行，不能講全世界什麼什麼，審過了才行。我吃過全世界最怎麼，沒辦法證明，就不能這樣講，活潑跟刺激度不能太多，好處是有公信力在，跟其他節目做一個區隔。

李：所以Discovery跟Discovery TLC分開，TLC不用這樣，比較娛樂，比較生活，Life Style不需要求證每件事情，回到NGC就不行。所以，把它分開，分開就不用負責。

韓：國家地理頻道現在跟福斯在一起，比較不用負責任就是衛視中文台，經過國家地理頻道就是要審查，走衛視中文台系統就不需要。

李：在國家地理頻道上面放Star節目，衛視中文台節目，Star world三個會參在一起[14]。國家地理頻道被福斯併掉之後，有十幾二十個頻道。是電視集團（Channel Family）。

　　很多創意很有趣，在生活裡面。去阿朗壹古道走的時候，海灘邊看到石頭排列成一隻腳掌的形狀，指引你方向，這就很有趣。這樣的精神就是文創，生活中很多，不要用天龍國的想法去看待文創。走出台北，要去全台灣，第一季在台北市。好可愛的腳掌圖案，石頭排一排。你對文創的理解，會不會想到用石頭做出這樣的東西？美感且實用。

　　生活裡面的文創，觀眾會有興趣，生活中處處有創意，有文化背景創意內涵的人帶觀眾去看創意。拉玻璃也有案例，拉的玻璃像毛筆的樣子，它有勾，墨汁，不是磨墨，是鋼筆墨汁，就像鋼筆一樣可以寫。沒拍過這個，可以寫，像

---

[14] 福斯傳媒集團目前在台灣總共擁有國家地理家族頻道、Star家族頻道、FOX系列頻道等三大家族頻道及其高畫質頻道。

鋼筆一樣。很多元素,去找一下。去看玻璃工藝,不只是新竹的玻璃博物館,再去探訪玻璃藝術家,大師也要有,小東西也要有,讓人不會覺得創意很遙遠。

潘:跳脫商業化一點,受訪的是老闆的話,很難講得精彩。很多受訪者找到的都是公關業務,這些都很難拍,很公關,很制式。

TVBS 56台是新聞性節目的概念,跟NGC有很不一樣,比較軟性新聞節目,像《看板人物》;現在沒有太政論節目,政論節目氾濫,大家看膩了。政論都在年代,二組主持人,占掉一半時間;從八點開始,收視率無法抗衡,收視率很高,謝震武那組收視率很高。

何:《台灣文創遊》第二季的節目規劃,也在思考節目長度,現在都是一小時,56台媒體特性,主流觀眾,週六或週日時段的差異性,可以觀察的,收視率可以作為下一季的考慮。

潘:剛提到一小時是NCC規範;TVBS女性觀眾是主流,通常不會爸爸約要去看文創,都是媽媽想去看文創議題;女性在收視觀眾比較高的,年齡層在二十五歲以上,現在年輕人不大看電視,都在網路上看;三十歲到四十歲是最高的收視族群。時段上,六日差異,晚間是黃金時段,建議調整週日的重播,可以改在下午,首播一樣是週六晚上,6點是比較好的時段。TVBS是否有觀眾反應機制,或是您有觀眾反應可以回饋的。

觀眾反應很直接,會主動來問,都是問店家在哪裡,不會告訴你節目做得很好,不像網路留言。某種程度,會想問就是節目有引起關注,網路會留言說主持人外型,觀眾的反應也不用太在乎。有看到觀眾留言,會想知道更多。

何：二位製作人，是否用社群媒體宣傳節目，或與公關公司合作？

韓：我們是製作方，宣傳操作是頻道，純粹配合。前二年，國家地理頻道很熱門的軍事類節目，是很成功的操作。二三個月前就在Facebook上做前導，一直放出消息，對軍事迷、男性觀眾有吸引力；快到節目播出時，透過跟軍方合作造勢活動、記者會等等，網路做的很成功；從那次之後，培養了軍事題材的死忠支持者，現在一有節目上檔，收視基礎已經在那邊。就長期經營的節目，培養軍事節目觀眾，經營網路活動很重要。

何：每個節目都有開FB？

李：開FB沒問題，重點要經營，粉絲數的問題。主持人的FB不大一樣，除非有經紀約，不然只是幫他宣傳。也有主持人拍外景的時候，在自己FB宣傳，說：「可以期待喔！」早點進行宣傳，讓觀眾期待，早點讓節目受到關注，也常見。Janet FB大概有八十萬粉絲。可以先開FB粉絲頁後，找好素材，剪一小段後，去找其他文創相關的FB，已經存在FB，有一定粉絲數，跟他們談，Po你的Link，TAG你，分享問題，會比較快。

潘：現在有很多FB延伸網站，需要內容，像風傳媒，它們抓一堆內容，它很需要內容，可以談幫忙PO，粉絲數滿高的，但要收費。

李：之前有個節目單位，網站弄很久，一直沒有弄好。後來發現一支片子二百多萬人看，一查就發現有個公司，稍微改一下影片，PO出連結，讓人家去分享，發現這樣方式，一週內讓二百多萬人瀏覽。

　　這個沒有付費，理論上不告他就不錯了，因為使用他人的內容，他達成了合作，這種方式他沒有商業行為，也許可以談。前提是，你的東西要對他的味道，網路上大量分享，都是重鹹。不是不能重鹹，設計一小段影片重鹹即可。

有天看到別人分享，法國二個女大生離奇失蹤，遺留相機，內容讓你不寒而慄。進去一看，好奇進去，二個大學生去玩，畢業去玩，愉快地拍照去玩，這是最後一張照片，不知道厄運即將降臨，很可怕的照片，就是黑黑石頭，沒有東西。自己分析，可能用閃光燈拍照要求救。不知道是什麼就看完了，就晚上拍的照片而已，你已經看完了；標題吸引人，現在很多，但你已經看完了。下次不要被這樣標題吸引？還是會進去，無法抑制你的好奇心。前提是要有些不寒而慄的元素，大家想看什麼，或很巧妙的元素。

何：播完的都放在Youtube，Alana主持的幾集瀏覽數比較高。

葉：是否搭配周邊商品去宣傳，結合《台灣文創遊》內容？

潘：一開始周邊商品，可以在網路用贈送方式進行，等節目做大了，再創造販售的商品。全新節目，觀眾剛開始看，希望免費。

《瘋台灣》合作很多嗎？合作當然有，置入由Discovery談，販賣周邊商品不是《瘋台灣》策略，《瘋台灣》不會賣滴雞精。《瘋台灣》有設計旅行行程，跟節目當初目的有關，十三集節目，產出十三樣商品，這商品就要有販賣價值。若只是要宣傳，商品是為了宣傳，要設計清楚，有宣傳價值。

何：感謝大家很多寶貴意見，我們繼續努力；雖然有人批評文創是否存在，像侯孝賢導演說：「哪有什麼文創？」我是覺得文創是時代精神跟面貌，現代社會早已不是維持生活，文創不是無中生有的創造，改善物品功能性而衍生文創，讓人們自然習慣，都是文化元素。文創沒有那麼空洞，每個人都自己加入創意內涵，觀察跟體會都是，真的滿活生生的，文創當然也是美化跟包裝。希望還有機會請教大家。

李景白簡歷

旅遊生活頻道《瘋台灣》節目製作人、節目主持人謝怡芬（Janet）的經紀人。《瘋台灣》曾獲第45屆（2010）金鐘獎最佳行腳節目獎。入圍2011、2012、2013等年度金鐘獎最佳行腳節目。《瘋台灣大挑戰》是《瘋台灣》延伸的真人實境秀節目，也是旅遊生活頻道製作的第一個競賽類型實境節目。共有十五位來自世界各地的參賽者來到台灣，為角逐最終大獎——一百萬元新台幣進行環台體驗競賽。主持人謝怡芬（Janet Hsieh）是節目最知名的品牌象徵。

李景白也擔任中天綜合台美食節目《東西吃了沒》、《美鳳有約》等節目製作人。

韓欣欣簡歷

國家地理頻道製作人，擅長紀錄片、科普紀錄片。2003年起參與多部紀錄片製作，《東方玻璃藝術之美》、《台灣人物誌2——李純陽》、《搶救台灣黑熊》、《不可思議的鱟》。旅遊節目製作，新加坡Ochre Pictures公司 Channel News Asia製作八集系列旅遊節目《A Tale of 4 Cities》。擔任BBC系列旅遊節目《By Any Means》的區域製作。2007年開始製作國家地理頻道紀錄片《黑龍過江》、《綻放真台灣2》等。《綻放真台灣3》的《追風計畫》紀錄片或美國哥倫比亞影展、蒙大拿國際影展榮譽推薦獎。

潘思琦簡歷

　　TVBS無線衛星電視台業務部專案中心、聯意製作有限公司，《台灣文創遊》節目專案負責人。曾參與多部政府、機構專案合作節目，如《來怡客》、《台灣是我家》。

5.3　期待行腳新樣貌

　　近來影視環境越發艱難，感覺電視「慘」業人心惶惶，電視將死也不是傳聞一天二天，但看到最有績效的三立，2016年大賺六十二億仍然大裁員，不免會想：行腳節目有明天嗎？

　　撰寫中一再檢視，以「拉片」方式，反覆檢視：攝影看過再看剪輯，再看音樂，再看美術。製作中不知看過幾次，與拉片觀看角度確實不同，也許是自我成長，而非貢獻。拉片過程常感羞愧懊惱，也有幾個正面啟發：

1. 製作寶典（Production Bible）的力量要進一步深化。當今皆以影視企劃來操作節目製作，跟節目模式Format鉅細靡遺差很大，而成功製作寶典來自電視模式。將企劃開始各階段操作，留下紀錄，整合技術團隊，把製作前後期所有步驟，標示清楚，載明規範，日積月累，團隊成員都有自己的寶典，節目效果當可更精準掌握。

2. 體悟台灣行腳節目典範。2014、2015年金鐘獎最佳行腳節目《勝利催落去》連獲肯定，經過再三觀摩，體悟很多。就說敢用盲人去旅行，主持風格獨到且定位明確，成功扮演旅人，不忽視眼盲，也沒有矯情。自然流暢的影像聲音設計，一定有我想看清楚的成功之道。廣泛攝製思維探索：把攝影、剪輯、聲音設計與美術視覺等主流攝製技術，廣泛涉略，記錄陳述現場運作、音樂選用等實務，雖未及深入論述，卻也涵蓋鏡頭設計內心思維剖析，將業界運作常態講解說明，真真實實應用報告，具有實務操作參考價值。

3. 行腳節目藝術定位釐清。文獻探討針對台灣行腳節目，也檢視大陸電視獎項與美國電視獎項，感受國內外差異，掌握頗多優質製作單位如何詮釋行腳節目。大陸電視獎項有三金鷹、飛天與星光獎，僅星光獎有文藝獎、紀錄片獎，從入圍作品看最接近行腳類型是紀錄片。由此可知行腳是種紀錄片，受此啟發，更能發現為何《勝利催落去》表現自然流暢之因，因為讓主持人表現自己，不擺拍，有紀實攝影概念。美國Emmy Award（艾美獎）Day Time獎項細分為Culinary、Travel and Adventure、Lifestyle等Program，都有行腳概念，最接近是Travel and Adventure（旅行探險）節目，也跟行腳節目主流的觀光旅遊有明顯落差，參照2016得獎的是Jack Hanna's Into the Wild（野外之旅），更見Adventure之特質。

本書以三部行腳節目撰寫，陷入該用哪個節目取捨為難的境地。是採一以貫之章節邏輯，還是三部平均摘錄，公平對待，躊躇許久，最後以《台灣文創遊》為撰寫主體。因擔任初期企劃，製作人兼導演，涉入頗深，較能多方面論述文創主題；可更文創主題涵蓋影視音樂設計，有賞析價值，文創也有行腳節目主要特性來思考，故割捨另二個行腳節目的體會。節目播出後，常感過程中許多不足，心中難免有反思，主要概念有：

行腳節目文獻蒐集功夫：文史題材類型的《城鄉印記》節目企劃初期，即陷入沒有足夠史料畫面，就無法確保節目進行的窘境。呈現旁白內容可訪問記錄專家學者、耆老達人，他們會講遠古故事資訊，沒有影像如何理解、好看，要讓觀眾體會到表達內容，勢必要有舊照片，也因為是節目，不可能Google下載，必須合法取得授權。企劃發展過程中，很多時候都陷入長考：寫這些題材找得到影像嗎？要拍什麼？有主題沒有照片，就無須企劃，因為不可能做得成節目。節目是要畫面的。所以，行腳節目文獻蒐集不僅是資訊參考，也是歷史題材的主要工作。《城鄉印記》搜尋文獻曾在國史館蒐集蔣中正總統照片、台北文獻會登錄日據時代台北重大活動，在製作原民台北時，曾企圖找凱達格蘭族的真實人物；也曾經企圖採用國外照片影片，如實際取得授權的1958年駐台美軍Tom Jones當年拍攝之照片，當發信後他大方應允回信說：「You have my permission to use on your TV program. I would appreciate it if you would give me credit.」執行不解什麼是Credit。Tom只要求「註明出處」，可謂慷慨大方。這些都值得記錄陳述。何況還有許多接觸結果是失望的，如台灣大學的圓山遺址文物典藏，是一件件計價的。美國The Best Film Archives《Learn History Easily!》有許多台灣早期影像，了解預算後放棄，但已經看到很多史料，口水流滿地卻無緣跟觀眾分享。該網站資訊是這樣說的：My channel is a collection of - Historical documentary films on various topics - Rare WW2 footage and battle scenes - Cold War era educational films - Biographies.報告沒有涉略是遺憾。

　　器材設備應用工程：行腳節目的硬體設備包括攝影機、相機、三軸穩定架、空拍機。軟體有Apple Final Cut ProX、Apple Motion 5、Adobe After Effect、Cubase。使用的Plug-Ins 就更多了，包括剪輯軟體FCPX的Shatter、mMorphcut、mLUT等，聲音設計的Compressor、Delay、Distortion、Reverb、EQ。攝影機包括單眼相機Canon 5D2、Sony NEX FS-100，周邊設備眾多，鏡頭有Conon 24-105、70-200、16-35等，Monitor是Convergent Design Odyssey7Q。器材應用是創作基本技能，許多器材功能複雜，使用方式與作品類型相關。例如拍攝紀實性作品，常用光圈與白平衡自動化，若遇設備無法判別，仍須操作者自行調整。攝影、剪輯、成音，器材應用都是一個專業，若能涵蓋應用技術，節目製作論述會更周全。

產學合作學習效果：《悠遊台北》、《城鄉印記》二部是產學合作的作品，邀請多位學生協助參加創作，主要負責資料蒐集、企劃、勘景與執行製作、聯絡協調。整合在有線電視集團製作團隊中，雖然助理性質居多，參與過程因課業衝突經常更換，無法全程也不少，但就產學案的精神，學習效益與成果，應該可以著墨。尤其是導演角色，是大學教師也是導演，經歷團隊磨合，從初期尊重到抗拒，各說各話，仍要各司其職，雖不緊密，還算合作愉快。節目製作案的產學合作，是電視媒體實習面向一個視角，若有更多案例可以檢視討論，也是教育領域的貢獻。

內容避免讓觀眾有置入行銷感受：三個節目都沒有置入行銷，卻不時有誘惑被誤會。行腳節目介紹的旅行地點場景，是否景色優美，是主觀認知，文創商品的創意巧妙，可介紹者眾多，挑選過程充滿操作可能性，所以影視創作有置入行銷，異業結合。企劃聯絡場勘預訪，常遇到問題是：上節目要收費嗎？電視媒體是商業運作，置入行銷本來就是種常態。當節目不能置入、不敢置入，優缺利弊互見，應該報告。《台灣文創遊》使用節目冠名，在託播過程，TVBS轉達台灣賓士汽車，覺得節目屬性質感與該公司商品契合，表達願意支付播出費用取得冠名，經監製單位草根影響力文教基金會討論婉拒。冠名權的操作，也是節目行銷重要議題，極有探討價值。創作缺失最強烈是企圖尋找主題元素時，雷達頻率低落，流於介紹，苦於周到，不敢獨到；深入觀眾靈魂，成為模糊飄渺的夢幻。為何每個地方交代歷史，介紹環境；《城鄉印記》踏查中，渾然天成的故事性場地很多無法短期經營，做節目有預算時間成本，不能開天窗，只能理性，希望應用報告的闡述，能為這些掙扎留下紀錄。

　　創作者嘗試其所設定探討的議題，從觀眾的生活經驗切入，輔以故事性的發展與創新的影音表現，來引發觀者的反思與認同，觀眾想什麼是一直要學習的。敘事表現上，旅遊紀實與紀錄片相近藝術類型，想像行腳與紀錄片關聯，為未來行腳影視創作，找到觀眾的共鳴，是迄今最強烈訊息。

　　當今影音媒體主流趨勢是OTT，網路化、雲端化、移動創作與移動觀賞，新媒體進行式，將改變行腳風貌。優質行腳節目，必定善用影視科技，增加影像層次及影音表現。科技成為行腳新風貌的想像是，360度的環境感受，沒不斷變換的鏡頭，故事怎麼看不是導演決定，觀眾想看後面就轉頭，畫面景觀重點皆不同，內容怎麼配合，勢必從企劃就考量。大數據資料庫運算與移動定位，成為行腳者資訊來源。VR虛擬實境，AR擴充實境的熱潮方興未艾，從遊戲到影視變化模式尚待摸索，仍可想像行腳結合移動觀賞，可得到的節目內容有教育學習知性元素，也可有感性娛樂效果，充滿令人期待與想像的行腳節目新紀元。

附錄

《台灣文創遊》節目企劃書

一、《台灣文創遊》「松山文化園區」企劃書

現場	主持人出場、自我介紹
參考	哈囉！大家好，我是Alana，歡迎收看……。
字卡	主持人背景資料介紹
現場	介紹所在地──松山文創園區 介紹松山文創園區的前身
參考	今天我要帶大家來認識我們台北市的文創基地──松山文創園區。大家看看我後方有一個很高的煙囪，可以猜到這裡以前是什麼嗎？這裡以前其實是個製菸工廠，而後方的建築物就是以前菸廠的鍋爐房，當時整個煙廠的動力就是靠著我後方的鍋爐房燃燒煤碳產生動能，也是當時台北的代表性地標之一喔！很剛好這裡也可以看到台北性的代表性地標101大樓，兩大時代的台北地標遙遙相望！我覺得這真是非常有趣的景象呢！現在整個園區都還是保留著當時的建築物，成為了許多文創活動的辦理空間，現在就跟著Alana我去看看有什麼有趣的東西吧。
資料	●鍋爐房 整個菸廠的動力倚靠鍋爐房燃燒煤炭產生動能，堪稱是整個菸廠的心臟，也是當時台北的代表性地標之一，如今恰巧與現代的台北101大樓遙遙相望，一同見證了台北東區的歷史發展。
OS	松山文創園區的前身是1937年日據時期的「台灣總督府專賣局松山菸草工廠」，光復後由公賣局接手更名為台灣菸酒公賣局松山菸廠，是台灣第一座現代化的捲菸工廠。2001年由台北市政府指定為第99處市定古蹟，在2011年底才正式轉型為松山文創園區。為活化松山文創園區各項建築物，充分達到古蹟活化再利用，園區也積極辦理各項藝文展覽、文創活動、跨界展演等，期盼松山文創園區形塑成為台北市的原創基地。
動畫	園區地圖，紅點標示Alana所在地
現場	介紹台灣設計館
參考	哈囉！觀眾朋友現在你們看到我身後的這棟建築物，以前是製菸工廠。而現在在這座製菸工廠西側的台灣設計館，這裡可是全球華人第一座以設計為展示主軸的專業展覽館喔！裡頭集結了國內設計與文創產業的整體資源！現在跟著我進去看看吧！

資料	●製菸工廠 製菸工廠一樓的建築結構為多廊柱設計,為的是撐起二樓整個無柱通透設計式的空間,以及建築結構的重量載重考量。製菸工廠二樓就是昔日生產大家記憶中的老牌子香菸,「長壽」、「新樂園」就是在這裡製造的。南向製菸工廠現為「133號合作社」、西向製菸工廠為「台灣設計館」。
資料	●台灣設計館 台灣設計館為全球華人第一座以設計為展示主軸之專業展覽館,同時也是我國推動國內文化創意產業及設計產業的樞紐。集結國內設計與文創產業整體資源,促進文化藝術與創意設計結合、應用產品開發,以多功能、多元化的展覽館概念經營,形塑台灣設計館兼備產業互動、輔導、研發、育成、美學體驗、推廣及行銷之多重功能。
現場	●參觀「台灣區」,由導覽員帶領介紹 ●導覽員介紹展區概念 導覽員主動帶領Alana參觀較特別的設計 Alana對自己感興趣的設計主動提出問題
資料	●台灣館 台灣的多數產業以外銷為導向,產品自然也快速反映國際消費趨勢的脈動。透過台灣設計的特質,與世界設計發展相對應,勾勒出台灣設計與世界舞台互相影響的藍圖。「台灣區」從機能設計、親人性設計、趣味性設計、新奇性設計、人性化貼心設計的發展軌跡,同時也呈現出設計對台灣產業的過去、現在與未來的影響。
OS	(Alana感想:台灣產業的文創演進) 在本區的展覽裡,可以看到台灣產業循著社會的脈動,展現商品由機能與生理的需求,演進到滿足消費者美學與心理需求的設計價值。設計的方向隨著時代的改變也有了不同的變化,看完了台灣區的展覽,接下來我要帶大家到館內的互動區,實際體驗設計師工作的過程喔!
現場	●參觀「台灣區」,由導覽員帶領介紹 ●導覽員介紹展區概念 導覽員主動帶領Alana參觀較特別的設計 Alana對自己感興趣的設計主動提出問題
資料	「互動區」 以虛擬設計工作室讓民眾體驗設計師工作的過程。精選台灣國際獲獎設計產品,以個案分析方式分為資料蒐集、設計發想、細部設計、產品模擬等產品設計四大過程,展現產品在實際量產之前,設計師除了發揮創意之外,還須審慎思考企業核心、技術門檻、使用者導向、市場行銷等因素,最後才能產出令人驚豔的產品。並以設計師現身說法,以及觀眾表達自己的設計思維,讓觀眾與設計產生更多互動。

資料	「互動區」 遇見設計時，你是否對它的誕生感到好奇？台灣設計館的互動區帶你一窺究竟。這是一間虛擬設計工作室，精選台灣國際獲獎設計品，透過數位互動帶你參與設計的四大步驟：設計探索、概念發想、細部設計及模型測試，藉此認識設計的專業內涵，體驗設計師的創意思考與設計故事，最後再留下你對設計的看法！
OS	（實際體驗設計過後的感想）
現場	●介紹設計‧點
參考	現在來到的是位於台灣設計館裡的《設計‧點》，裡頭展售的是目前最流行的設計商品，無論是文具小物、文創商品、創意生活用品等等，都能在裡頭找到喔！
資料	●設計‧點 《設計‧點》位台灣設計館內，展售目前最流行的設計產品，無論是文具小物、3C產品、文創商品、創意生活用品、精品收藏等，都能在《設計‧點》的某個角落找到，送禮自用兩相宜。此外，為讓您能更快掌握新品資訊，找到您所鍾愛的設計小物，《設計‧點》店內特別規劃「主題特展小物專區」、「新品上架」、「品牌推薦」、「得獎專區」，讓您參觀台灣設計館精彩的展覽之餘，還能把經典設計品帶回去。
現場	遇到有興趣又不理解的商品可以問店員 為觀眾介紹自己認為有趣的小商品 對商品發表感想
動畫	園區地圖，紅點標示Alana所在地
現場	●介紹133合作社
參考	哈囉！我現在來到的是南向製菸工廠的133合作社，松山文創園區以合作社的概念，讓許多文創相關組織團體在此空間進駐，期待透過彼此的互動與合作，激盪出更多的創意火花！剛剛看到在我旁邊的這間房間裡有很多漢字，看起來很有趣，一起去看看吧！
資料	●133合作社 松山文創園區是台北城市的原創基地，園區的四大理念是實驗室、合作社、櫥窗、學院，其中合作社是強調合作共生的精神，建立充滿活力的網絡關係，鼓勵跨界創作的發生。因此本園區策劃成立創意合作社（命名為133合作社），讓文創人在此相遇，激發無限創意的可能。此空間除了以合作社的概念，讓文創相關工協會等非營利組織團體進駐外，更期待透過彼此的互動與合作，建構文化與創意相關無線網絡，進而建立跨領域的文創產業育成基地，將文創、時尚、設計、創意工作者群聚，激盪出更多創意火花並提升具體之文創能量，強化跨界交流的功能。

現場	參觀S1漢字文創平台 館內導覽員講解展覽理念 帶領Alana參觀 漢字萬用卡製作
資料	●漢字文化平台 財團法人中文數位化技術推廣基金會成立之初，是為制定共通使用的中文電腦環境而誕生。隨著中文電腦環境成熟，業務範圍亦擴及中文資訊標準的維護及推廣，如參與國際文字編碼會議、建置與推廣全字庫網站、協助教育部字形之審查，或是舉辦漢字文化節等活動。長年耕耘的努力，日積月累的技術，賦予了本會對於推廣「中文」的使命感；近年，積極將版圖延伸至中文（古）漢字的保存及應用，期以發揚「中華漢字文化」為願景，其中又以發展「圖像、故事、動畫三者結合」的數位應用產品為主，以雲端文創數位內容服務平台、行動學習服務等型態為輔，透過激發文化創意，讓中文不僅更加融入市民們的生活，同時，也拉近台灣與國際間的距離。
OS	（Alana感想：漢字的文創） 這裡提供了一個可以認識漢字文化與創作藝術的空間，雖然我看不懂中文，但透過裡頭的圖像、故事、動畫解說，也讓我慢慢了解到漢字文化的美妙。
動畫	園區地圖，紅點標示Alana所在地
現場	●介紹Lab創意實驗室
參考	現在我來到的是菸廠二樓的LAB創意實驗室，為了提供創作者空間資源及創作實驗場域，松山文創園區特別規劃設置「LAB創意實驗室」，期望創作者運用「LAB創意實驗室」呈現實驗風格強烈，或跨界合作之展演。創作者從作品發想、琢磨到製作完成的各個階段，皆可以在這個空間進行並呈現喔！
資料	為提供創作者空間資源及創作實驗場域，松山文創園區特別規劃設置「LAB創意實驗室」，期望創作者運用「LAB創意實驗室」呈現實驗風格強烈，或跨界合作之展演。創作者從作品發想、琢磨到製作完成的各個階段，皆可以在這個空間進行並呈現。 透過「LAB創意實驗室」，松山文創園區期許與各類型的藝術創作者對話，共同激盪出最具有前瞻性與原創性的創作觀點。此外，園區也將以空間連結匯集國際創作者，讓「LAB創意實驗室」成為嶄新的國際交流平台。「LAB創意實驗室」將會是創作者的最佳創意實驗基地。
現場	參觀【設計工藝巡迴展】展覽 館內導覽員講解展覽理念 帶領Alana參觀 工作坊：主持人製作日本工藝品（竹工藝8/10、撕紙書8/16、紙卷花8/17）

OS	（Alana逛展心得）
動畫	園區地圖，紅點標示Alana所在地
現場	●介紹台北文創大樓
參考	現在在我身後的呢，是2013年才新蓋的台北文創大樓，這棟嶄新的綠建築與松山菸廠古蹟共生共榮，成為台灣立足國際文創產業的「文化創意產業資源基地」，現在就跟著我們一起進去瞧瞧吧！
資料	2013年夏季，台北文創開幕營運，嶄新的綠建築與松山菸廠古蹟共生共榮，成為台灣立足國際文創產業的「文化創意產業資源基地」，及華人地區具代表性的新文化地標。 台北文創由富邦建設、台灣大哥大於2009年共同發起，邀請國際知名建築師伊東豐雄，在台北東區後花園——松山文創園區打造地上十四層，地下四層之綠建築，並榮獲第12屆國家建築金質獎「規劃設計類—公共建築組」全國首獎。建築體現文創的多元面貌，不論是文創辦公室、文創展演空間、文創商場、文創旅館等，皆是融合前衛建築與文化生活的嶄新空間，讓創作者和消費者緊密互動，創造文化交流的特殊氛圍。台北文創將重塑台北風格，成為文創繁衍的重鎮。
OS	在這棟台北文創大樓裡的創玩意樓層，為設計者及藝術家提供了平台，這裡有設計師的工作室、有販售許多新奇商品的文創商店，還有不少提供創作課程的工作坊喔！
現場	參觀二樓創玩意店家，並向觀眾介紹其中設計新奇的小商品（參考擇一店家） 在【鹽之有悟】店家中可挑選屬於自己的生日彩鹽
參考	【四一玩做】 記錄情感的互動家具，於是家具不僅是生活精品，更是饒富情感的生活伴侶。把玩「四一玩作」的互動家具，讓它記錄你精彩的人生軌跡。隨著主人的心情變換不同風情，橫直不拘，高矮隨意。是檯燈也是茶几，是書架也是座椅，花瓶變梳妝鏡當然沒問題。設計頑童黃俊盈率領的設計團隊，以童心展現驚喜的生命紋理，於是家具不僅是生活精品，更是饒富情感的生活伴侶。 【鹽之有悟】 皇尚集團於2010年取得夕遊出張所的經營權，為延續鹽業文化，特地打造「夕遊鹽之旅」。讓大家透過寓教於樂的方式，回顧與體驗大台南古時候曬鹽、產鹽、運鹽與賣鹽之鹽業文化，享受傳統鹽SPA與時尚音波科技SPA的呵護。皇尚集團希望以台灣歷史文化為根本，創造文化的延伸與創意的多元，讓世界透過體驗文創認識台灣鹽文化的軟實力。

旁白	（感想：鹽巴的文創or家具的文創） 透過創意的設計，改變人們對原本毫不起眼的鹽巴產生全新的看法，誰能想到鹽可以是五顏六色的呢？誰能想過染過色的鹽巴也能成為每個人獨一無二的誕生顏色？透過創意設計創造文化的延伸，也讓世界透過體驗文創認識台灣鹽文化的軟實力。 接下來Alana我也要實際地來去設計屬於自己的商品喔！
現場	介紹體驗課程店家（以下擇一） 實際體驗課程 訪問其他參與課程的民眾
參考	現在我在的地方是＿＿＿＿，這裡是製作＿＿＿＿的工作坊，我現在要來做出屬於自己的＿＿＿＿＿＿。Hi老師你好……（體驗課程）
資料	【坤水晶】 全國第一座在室內空間內的吹製玻璃工作室 並邀請台灣首位以玻璃工藝類在國際競賽獲獎的新生代玻璃藝術家林靖蓉加入工作團隊 以吹製玻璃體驗及小班制專業教學為主 販售的玻璃商品皆於工作室內由藝術家現場手工製作 並以開放工作室的方式讓民眾近距離接觸及親身體驗玻璃工藝的魅力 【二皿手作紙】 二皿手作紙設計，利用新鮮屋（牛奶盒）、發票等製成再生紙漿，再以手作及原創的理念將一些日用品設計成紙設計產品，如：明信片、各式紙杯墊，植物纖維紙盒及手工紙封面的線裝手工書。午後不妨來這裡，經過也好，休憩也好，做一張手工紙送給自己。 【五行創意陶藝工坊】
OS	（Alana體驗創作感想）
現場	●介紹文創大街
參考	走出台北文創外的這一片文創大街，是遊園民眾的必經之路，無制式的活動空間，也是小型戶外活動的新據點喔。現在在那邊好像就看到有人表演了，我們趕快過去看看吧！
資料	●文創大街 緊鄰園區台北文創大樓廣場，是遊園民眾必經之路，無制式活動空間，適合小型園遊會、簽唱發表會、創意市集等活動申請。
現場	●觀賞表演【周先生與舞者們的旅行計畫】（8月17日17:30文化廣場） ●訪問負責人 （這是一個什麼樣的計畫？計畫理念？為何稱為舞蹈旅行？）
OS	●現代舞的文化創意
現場	中山堂 節目結尾

二、《台灣文創遊》「華山文創園區」企劃書

	開場 華山劇場草皮野餐做開場（介紹華山園區執行長：Emily）
OS	哇！野餐真是人生一大享受，在綠草地席地而坐，親近自然，享受陽光。 歡迎收看台北文創遊，我是主持人Alana。今天要跟大家介紹的地方是台北的華山1914文創園區。在華山文創園區野餐，是我最愜意的一件事。 每到假日，華山1914總會湧入大量人潮，許多人喜歡來到這個充滿藝術的大園地，看表演、逛展覽或是聽音樂演唱會，或是像我這樣與朋友相約來野餐，這裡充滿各種新奇事物的魅力吸引前來。 現在的華山是個充滿著活潑、多元、無可限量氣息的藝術園地。但你可知道，這座充滿特殊歷史建築的園區，從前其實是個製酒工廠呢！在去探索華山裡的文創事物前，讓我的朋友Emily帶著我們一起去認識這座老酒廠的歷史吧！
	段落一 認識華山園區歷史
議題	1.介紹方向 2.透過百年展覽，介紹華山歷史，製酒文化 3.華山建築古今作用 4.華山目前所做的文創相關規劃 5.參觀建築 6.鍋爐室前：兩百釐米短巷　穿越百年長河 7.高塔區 8.煙囪 9.四連棟 10.蒸餾室
訪問 提綱	訪問： 1.各建築過去與今日的作用 2.華山目前做了哪些文創相關的規劃？
回應	1.目前在華山創意文化園區所見的建築物及設施，其前身為創建於1914年的日本「芳釀社」，初期以生產清酒為主，是當時台灣最大的製酒工廠之一。

| 回應 | **1.1高塔區** |

為三層磚造水泥結構,最早是作為釀造米酒的空間,因分別於不同年代逐次修建而成,整區樓高起伏錯落有致,搭配局部木桁架及斜屋頂,呈現不同時代的工法及建材特性。高塔部分的正面、平面都有嚴謹的對稱性,入口處原有一鑄鐵托架的木製雨庇,而正面有山牆、拱圈、飾帶裝飾,牆面為洗細石,並有間隔合宜之溝縫形成立面水平元素,搭配多扇直立木窗及木構弧拱窗,構成極具特色的建築風貌。

1.2煙囪

煙囪係配合鍋爐設置。煙囪底部內徑2.5m,頂上內徑1.2m,初建時高達50m,一度成為台北進步的地標。1970年代,煙囪因鍋爐燃料從煤炭改燃重油,乃截短煙囪3m。

1.3四連棟

最初主要作為「紅酒貯藏庫」,在1981-1987年因金山南路拓寬,面積縮減,而改裝成四棟連續但長度不一的建築。空間特質為獨棟式長形廠房建築,室內為長廊式的空間,鋼骨鋼筋混凝土柱樑系統,加強磚造結構,立面有山形山牆作為建築入口,山牆上拱頂石裝飾,牆面有弧拱窗、洗石子窗楣、洗石邊框裝飾、水平裝飾帶,搭配內部大跨距的鐵桁架石綿瓦屋頂,大尺度室內挑高空間,頗富現代建築特色。

1.4鍋爐室

為鐵骨屋架,挑高一層磚造建築,內遺有與煙囪相連之磚砌爐口、鍋爐機具,表現酒廠記憶的時間魅力。

1.5蒸餾室

樓高三層,與米酒作業場相連,為製作米酒流程一環,樓層有許多因設置蒸餾機留下圓形穿孔。四樓屋突圓弧外觀,三樓露台及大型拱窗,窗緣為北投窯磚。

2.2002年運用閒置的酒廠進行舊空間活化再利用,定位為「創意文化園區」,作為推動文創產業之特別用地。園區規劃為包含公園綠地、創意設計工坊及創意作品展示中心的創意文化園區,目的在於提昇國內設計能力、國民生活美學,提供一個可讓藝術家交流及學習,甚而推廣、行銷創意作品的空間。

目前華山創意園區的規劃分為戶外與室內兩部分,戶外有戶外展演區(華山劇場、藝術大街、森林劇場)、戶外服務(停車場及入口廣場)與北邊公園綠地,可作為大型藝術作品展示、演唱會及小型表演活動場地;休閒區(千層野台)與餐飲服務區結合,平時提供民眾休憩之用,也可變身為小型表演場地。還有停車空間與園區入口藝文資訊站。

室內空間總面積將近四千坪,以展現文創成果、培育未來人才和提供文創資訊及餐飲服務來規劃空間功能。

回應	目前規劃園區東北邊為表演藝術區，有烏梅酒場及再製酒作業場（以中小型藝術表演為主）、包裝室。中間為展、售空間，有四連棟（開放式大型展覽空間，858坪），米酒作業場（1100坪，可作為主題式展覽或創意商品展售空間）。另有小型展覽空間在果酒大樓一樓（畫廊，80坪）、果酒大樓二樓（作為排練空間），清酒工坊二樓（80坪，適合小型發表會、展覽）。還有培育明日之星的數位內容親子館，文創講堂提供各種文創產業人士精進專業知識、技藝及開拓視野的課程；園區南邊有營運管理中心，作為國內外文創諮詢和資源交流及服務的平台，另有園區餐飲休憩空間。
OS	過去美麗的酒廠現在成為文創園區，廣大的戶外與室內空間，讓各種類型的藝術創作能在此進駐，成為許多藝術家的夢想園地。這裡是一個開放的空間和舞台。不僅凝聚了各種藝術人才，舉辦各種活動，也邀請了全台各縣市具創意的藝文展演、有特色的名品名物，齊聚在此。來到這裡，你將會發現各式各樣的文創魅力。現在就跟著我一起去探索有什麼新奇有趣的事物吧！

段落二（10/13）
介紹FabCafe（Tim Wong）

OS	華山1914裡頭充滿各式各樣的文創店家，從販賣文創商品的店家、獨立音樂的演唱廳，到充滿文創氣息的咖啡店家，每間店家都充滿獨特的文創風格。現在我要帶大家來認識這間非常特別的咖啡廳，他的店裡頭放置了超大的雷射切割機，以及3D機，你一定很好奇這是什麼吧？就跟著我一起進去看看囉！
資料	●FabCafe 1.「FabCafe」結合設計、科技、工藝、自造者精神和其他相關跨領域主題。 2.FabCafe透過咖啡館＋3D列印與雷射切割服務，提供創意人聚集連結的國際交流平台，享用咖啡之間，讓創意思維和想像力在此活躍發酵，用好玩、美味、簡單易懂的方式傳達Fab精神。 3.這家咖啡店的特別之處在於，店內放置了超大的雷射切割機，還有更酷的3D列印機，客人可以帶著自己的創意和設計過來，經由店員的協助幫你把想法「列印」出來。這就是Fab，是指Fabrication，你可以來這裡創造屬於你的Fabulous Things。 ●設計圖案＋3D列印機 ●雷射切割

議題	●主題
	1.科技讓設計有了不同的可能性
	2.突破時間限制，縮短了製作過程
	3.突破技術限制，任何你想的到的設計都可以由科技替你完成
	●參觀作品
	1.個別的作品
	2.兩種機台結合的作品
	●Alana體驗活動：（筆記型電腦，《台灣文創遊》字樣上色）
	Alana現場使用筆記型電腦將台灣文創遊Logo做上色及隨興創意插圖，
	後使用3D列印機及雷射切割機將設計圖樣克印在筆記型電腦的面板上。
訪問提綱	1.FabCafe可說是一個實現創意的平台，請問來這裡的專家或一般人士可以做什麼？
	2.You can make anything.這概念對非專業者很有吸引力，你建議我可以嘗試做做什麼設計？
	3.3D列印機近年很熱門，專業或業餘人士，通常來FabCafe做了哪些利用？
	4.我知道Fab MeetUp是個全新分享創意的平台──分享一下活動中所帶出的精彩創意。
	5.什麼是雷射切割器？
	6.請問雷射切割器目前做了哪些利用？設計的巧思？
	7.雷射切割器可適用於哪些材質？（木、紙、玻璃、鋁合金）
	8.FabCafe已經在巴塞隆納、東京開設分店，未來台北總店扮演的角色，想做的突破？
	9.Platform and design to the digital fabrication tool to do photography？
回應	
OS	FabCafe結合了不同領域的主題，透過咖啡館加上3D列印與雷射切割的服務，不僅在裡頭可以悠閒享用咖啡，也可以讓創意思維和想像力活躍發酵。只要有任何想法，透過3D列印機以及雷射切割器，就可以幫你把創意列印及切割出來，真的非常有趣！現在就跟著我一起去體驗Fab的樂趣吧！

段落二之一 體驗Fab創作課程（Irene Yeh）	
OS	在這個可以讓腦中創意成真的地方，Alana將使用店內的3D列印機及雷射切割機，現場設計出《台灣文創遊》的特別Logo印在我的筆記型電腦上。
課程內容	Alana現場使用筆記型電腦將《台灣文創遊》Logo做上色及隨興創意插圖，然後使用3D列印機及雷射切割機將設計圖樣刻印在筆記型電腦的面板上。
OS	分享從創意發想到實際做出物品過程的心得感想

	段落三 參觀水水文創市集（白目町、YiYi & TiTi、古月商品）
OS	華山充滿許多文創店家，每到星期六日，在戶外空間也會舉辦水水市集，吸引許多藝術家前來擺攤，為這美好的週末增添更多彩多姿的文創風格。一起來去看看有什麼有趣的小攤吧！
議題	●介紹有趣的藝術攤販（白目町、YiYi & TiTi、古月商品） ※白目町（李宛蓉）──結合「白目思想」與「人性科學」，將台灣特有的白目文化，結合世界通用的視覺語言符號，發展出獨特趣味的白目商品，目前以白目T恤和白目變身貼紙為載體，未來會繼續開發出更加耳目一新的創意商品。 （利用有趣的鏡子反射原理，製作出會說話的T恤，讓主人一早就有好心情） ※古月商品（胡元塵）──現場手繪作畫，再由細膩的裁縫技術及材質挑選，將畫作注入在商品上，呈現完美的作品。 ※YiYi & TiTi（劉宜宜）──設計出YiYi（116）& TiTi（蜥太郎）的生活漫畫集，配合原創圖像、影片作品，及手工專利品的創意商品，獲得了中國及台灣兩地的心型設計專利。
OS	水水市集，不只讓許多創作者可以在此展售自己的文創商品，也讓許多藝術家在此展售自己的藝術作品。彷彿是小型的行動藝廊，非常有趣！在現場也有許多的DIY教學課程或是人像素寫，讓遊客不只是可以逛，更能實際體驗，貼近並參與其中的藝術創作。分享在小攤中現場體驗的感覺。
	段落四 觀賞街頭藝人表演（氣球頑童Summer、紅鼻子劇團團長──王躍愷）
OS	華山是一個很舒服的空間，沒有圍牆，卻有大片的綠地。走在廣大的戶外空間裡，你也許還會巧遇街頭藝人在空地即興演出，與遊客開心互動。現在就發現那邊看起來十分熱鬧，有一堆人在圍著，不知道是什麼，一起去看看吧～
街頭 藝人	※氣球頑童（氣球、表演） ※紅鼻子劇團（特技、戲劇、表演）
議題	●主題 ※氣球頑童──華山1914文創園區駐園街頭藝人，用繽紛的氣球帶給大家歡樂！ ●訪問題綱 1.氣球賦予你的意義 2.捏氣球帶給你最大的收穫 3.【夢想計畫】轉角遇見微笑的氣球旅程 ※紅鼻子劇團──華山駐園表演團，用幽默的表演讓你意猶未盡，笑掉你的大牙是他們最大的目標。

議題	●現場流程
	1.觀賞表演、與街頭藝人做互動
	2.訪問街頭藝人
	3.學習幾招簡單技巧
	4.發表心得
訪問 提綱	1.劇團的理念
	2.從演出中獲得什麼
	3.表演中最難忘的經驗
回應	
OS	街頭藝術是一種藝術推廣、普及藝術的途徑。街頭藝人以多元的方式將藝術元素注入到公共空間，融入民眾的生活場域。透過與民眾的互動，讓民眾更生活化的貼近藝術。華山提供戶外空間讓街頭藝人在此表演他們的十八般武藝，也讓園區的氛圍變得更佳繽紛！

段落五 總結	
OS	華山擁有獨特的場域空間及優質的人文氛圍，提供跨界創意、前衛新穎、原創新生等多元性質的空間需求。從音樂、表演、設計、美食到科技，各種類型的文創型態，都能在這裡被發現。華山，這裡曾是美麗的老酒廠，如今成了各創作人才揮灑靈感的夢想園地。來到這裡，你可以感受到充滿多元、無限的創意能量！相信未來在這個充滿可能的夢想園區裡，也將會有更多有趣的創意持續發生！

三、《台灣文創遊》「迪化街」企劃書

	開場 主持人出場1920s變裝遊行（Ted——1920s書店創辦人）
OS	Hi！歡迎收看台北文創遊，我是主持人Alana。今天我來到了迪化街。說到迪化街，大家一定會想到最具代表性的年貨大街，以及對這裡充滿歲月痕跡的古老建築印象深刻。看看Alana身上的打扮，今天正好是迪化街一年一度的1920s變裝大遊行，懷舊的復古妝容搭配迪化街魅力的歷史脈絡，彷彿進入了時光隧道。過去這裡曾是台北最繁華富裕的商圈，隨著時間的遷移卻逐漸被人遺忘。不過近年來這裡開始慢慢建立起在地的文創風格！越來越多的年輕創作人進駐此地，讓大稻埕開始有了新的面貌。就先跟著我一起去了解這條歷史悠久的老街道吧！（遇見熱情的Ted，帶領Alana參與遊行及介紹）
	段落一 文史學家帶領參觀迪化街（Ted）
議題	●主題 1.迪化街與大稻埕的關聯 2.迪化街過去的繁榮 3.迪化街商業型態 4.迪化街今昔轉變 5.保存特色建築 ●參觀 1.特色建築 2.商家（茶葉、中藥材、南北貨等等） 3.迪化街道參觀，最後銜接到永樂布市
訪問 提綱	1.介紹一下迪化街 2.當時為何為商圈核心？ 3.過去的商業型態為何？如今仍保留哪些商業型態？ 4.迪化街的建築特色
回應	1.台北市大稻埕的迪化街是著名年貨大街，也是台北市現存最完整也最具歷史意義的老街。它不但是大稻埕最早的市集，從清末迄今也是大稻埕的商圈核心，保存舊日的風貌和活躍的商業交易活動。每年春節前南北貨無不集中至此，成為辦年貨的指標大街。

回應	2.迪化街最早有商店出現，是在清咸豐六年（1856年），當時由於位置靠近淡水河岸的碼頭，因為方便貨品進出運輸，又保有恰當距離，以避免河水暴漲時的災害，再加上貨品上岸後，可直接從後門送進商家之便，因此逐漸形成商店街。
	3.在日治時期的迪化街，主要以南北雜貨、茶行為主，之後米業、布匹和中藥等貨品也逐漸占有一席之地。二次大戰結束之後，迪化街持續成為南北貨、中藥材和布匹等批發商業交易中心，迄今仍是這三大行業的最大批發及零售市場。由於迪化街是台北採買年貨的最佳去處，各種乾糧南北貨全聚集於此且保留了古樸的商店風格，每到過年期間，年節氣氛相當濃厚，車水馬龍，熱鬧非凡。
	4.迪化街大部分的店家，是屬於清代台灣商店的典型形式，店面不寬，但屋身卻長而深，這種長條形連棟式店鋪，前段經營商業，後段作為住家的功能甚佳，十分方便。這裡有著不同建築風貌的房屋，清代型建築多鋪瓦頂，外觀較低，騎樓由紅磚柱支撐，門口上方懸掛匾額店號；民初型店鋪，多為紅磚造，柱樑用磚砌成，外觀具有西歐巴洛克式風格，時人稱為番仔樓，外觀華麗，裝飾精良，屬於當時西方流行的「藝術裝飾派」或「表現主義派」的建築風格。另外，也有在工業革命之後較為現代主義式的建築，少了巴洛克式的華麗，卻擁有了簡單平衡的線條表現，這類建築風格也是在日治時代傳入而形成風潮。其他少數單層樓的閩南式建築，因為改建目前已不多見。
OS	過去繁華的大稻埕迪化街，雖然隨著產業的轉變漸漸沒落，但保存下來的商業型態以及歷史建築，仍然能讓人看見及回味當時的繁華風貌。現在來到迪化街除了還能欣賞到這些傳統建築，附近的永樂市場是許多台北人說到買布一定會想到的地方，是各種布料及成衣的集散地，有各式各樣物美價廉的布料，都可以在此尋獲。
	段落二 **介紹永樂布市（TED）**
議題	●主題 1.永樂布市的興建歷史與演進 2.布市的商場特色 ●參觀 1.不同特色的商家 2.不同材質的布料 ●展示 1.不同布料所做的服裝飾品 2.特色服裝（原住民服、旗袍等等）
訪問 提綱	1.永樂布市從何時開始建立？ 2.為何這裡會成為布匹的集散中心？ 3.裡頭的商家特色是什麼？

回應	1.永樂市場一帶是全台灣最大的布料批發中心，一共聚集了近千家的布行。而這裡會變成布市是從日據時期開始的，當時日本的商人將日本印花的布料大量的輸入台灣，他們將這個地方當作布料進口的批發站。光復以後，日本商人離開台灣，加上政府的鼓勵及廠商的研發，這裡變成全台灣最大的布料批發中心。以前的人習慣到這裡買布回去自己縫製衣服，現在則是成衣加工廠到這裡大量購買布匹，由工廠加工製成成衣販售。 2.由於十九世紀中台灣開港通商，大稻埕商圈已經是商賈雲集，貿易相當熱絡，於是日本人在大稻埕碼頭附近成立「公設永樂町食料品小賣市場」，此即「永樂布業商場」之前身。當初該性質為販賣飲食小吃的小賣市場，但因為船舶也會帶來民生必需品的棉、麻、綢、緞等布料，加上台灣本身不產棉花也沒有蠶絲，因此在大稻埕碼頭附近逐漸形成布市，此地區逐成為北台灣布料的集中批發和零售市場。 3.現今永樂商場二樓為各式各樣布料、窗簾傢飾布買賣的商店，三樓主要是布匹縫製、加工和訂做。
	段落三 介紹小藝埕（Ted）
OS	來到大稻埕，除了逛布市、買年貨、嚐小吃，現在也多了可以逛藝文空間的選擇。坐落於迪化街永樂市場口，有一棟當地最大的老街屋，就是「屈臣氏大藥房」李氏家屋，「小藝埕」就坐落於此。兩年來，原本以傳統產業為主的迪化街突然開始湧進新血與活力，其中很大的原因來自於世代群團隊創立的文化街屋。究竟這小藝埕是什麼呢？現在就帶你去認識！
議題	●主題 1.小藝埕過去建築歷史 2.小藝城創立緣由 3.小藝埕的規劃理念 4.世代群文創團隊的進駐 5.現今的空間利用（各文創工作室與商場的進駐） 6.各商家的特色（共同性、特殊性、在地性） 7.欲傳達的訊息 ●參觀方向 1.特殊建築結構 2.空間規劃 3.郭雪湖作品《南街殷賑》
訪問提綱	1.小藝埕的建立？名稱涵義？ 2.為何想在大稻埕創立文化街屋？ 3.小藝埕的規劃理念？ 4.除了小藝埕，迪化街上還有其他文化街屋嗎？ 5.小藝埕、民藝埕、眾藝埕三者有何不同的規劃？ 6.未來期望？

回應	1.2011年周奕成與他的團隊「世代群」租下迪化街永樂市場口最大的老街屋「屈臣氏大藥房」，開設第一家文化街屋「小藝埕」，取其「大稻埕上賣小藝」之意。新的世代可以在這裡現藝、賣藝（藝術創作）。
	2.世代群團隊認為推動文化應倚靠民間力量，所以在大稻埕傳統街區創立文化街屋，並邀請與吸引有共同理念的民藝品牌或文創店家進駐，也成為許多文藝人士工作、交流的場所。希望以微型創業方式為傳統街屋注入活力，並希望藉此引發更多文化創作與公共討論。
	3.為了體現小藝埕與大稻埕的傳承與發揚，我們指定了五種大稻埕傳統的文化與產業資源：茶、布、中藥、戲曲、建築，作為小藝埕所營事業的要素。
	4.目前在迪化街有三棟文化街屋，除了小藝埕以外，還有民藝埕、眾藝埕。同樣都是以民間企業的方式，向私人屋主承租，經過我們的空間設計，呈現文化魅力，再招募志同道合的文化創意人，以微型企業群聚的方式永續經營。
	5.目前小藝埕、民藝埕規劃都偏向包含陶藝或織品等民藝店家，再結合咖啡館或茶館等可休憩的餐飲空間，而成立才幾個月的眾藝埕，則像是更多小型販售與工作室空間的集合。
	6.迪化街商圈有著台北其他地區沒有的氛圍，且在地居民充滿鄰里情感與對區域的向心力，所以團隊希望能與傳統店家共存共榮，更期盼能吸取這些百年老店的經營祕訣，也許有一天，進駐各藝埕的新式文創店家也會在此變成傳統產業。
OS	文化街屋的創立，成功吸引了許多文創店家的進駐。期望透過集結文創人的力量，為這充滿傳統文化的迪化街注入新生命，向外推廣大稻埕的文化。現在就跟著我一起去去看看裡頭有哪些有趣的店家吧！
	段落三之一 介紹文創商家
議題	●主題 1.介紹各商家特色 2.商品文創性 3.與大稻埕的關聯性（不一定） ●體驗活動 1.印花樂（手作課程） 2.俏皮（復古快照）
介紹	文創商家 ●Bookstore 1920s（Ted） 專賣老台北印象的書店，介紹過去的大稻埕風華 店內多擺放1920年代國內外知名人物傳記，大稻埕過去曾是台北最繁華熱鬧的商圈，雖然沒落不如以往，現在透過文字照片還原當年繁華景象，讓民眾穿越時空，體驗大稻埕的風華。

介紹	訪問題綱：
	1.1920s書店的理念
	2.書店精選的書籍風格
	3.1920s變裝大遊行的發起及意義
	●印花樂（店長Ama）
	設計印花布、以及各式印花產品。將台灣記憶像是老平房的鐵花窗，全
	都轉換成圖案，以新的設計配色將傳統印象保存下來，創作靈感來自我
	們生長的這塊土地。
	※體驗手作印花DIY
	●俏皮CHO-Pi（Poppy）
	一個介紹歐洲平面繪畫和寶麗萊相機的店鋪
	有各式Polaroid骨董相機販售與保養維修，IMPOSSIBLE底片與FUJIFILM
	撕拉片，還有骨董相機與8mm攝影機。
	店內還提供復古快照的服務。在數位攝影當道的今天，很少人知道過去像
	機是用寶麗萊拍攝證件照的，透過此服務讓消失的老證件快照重新復刻
	登場，只要等待兩分鐘就可以看到成果。不再是乏味的大頭照，可以自
	由發揮創意，獨自四張不同表情或是朋友情侶間有趣互動，還有道具可以
	借用！
	※體驗復古快照拍攝
OS	主持人Alana分享參觀此三家特色文創小店的感想
	段落四 **介紹URS計畫（小曼）**
OS	現在來到了迪化街的155號，這裡稱為URS155，URS是「Urban Regeneration
	Station」的簡稱，中文是「都市再生前進基地」計畫，這個計畫到底是
	做什麼的呢？我也很好奇，現在就跟我進去了解一下吧！
議題	●主題
	1.認識URS計畫
	2.URS數字的意義
	3.URS基地由來
	4.URS引進的藝文活動
	5.URS可帶來的影響
	●參觀方向
	1.空間規劃
	2.內部建築特色
	3.藝術展示空間

訪問提綱	1.URS計畫是什麼？
	2.URS計畫理念？
	3.URS基地由來？
	4.URS44、127、155，不同數字所代表的意義？
	5.URS各點的不同規劃方向？
	6.透過URS計畫想達成的目標？
	7.URS引進哪些藝文活動？
回應	1.URS是一個都市改造的任務，有別於先破壞再建立的重建模式，URS的計畫是在舊的輪廓中加入新的概念。
	2.這些舊空間都曾經歷過繁榮的景象，也曾是許多老台北人依靠著的生活重心，卻隨著無情時光的腳步而漸漸破舊荒廢，成為城市裡最不起眼的角落。如今，四周高樓林立，人們漸漸遺忘了它們，它們也彷彿成為了影響城市發展與美觀的絆腳石。因此URS推動計畫，將文化創意的種子埋進這些老舊街廓中。
	3.都市再生前進基地，這些基地是當時地主在修復完以後捐贈給台北市政府的，台北市政府利用這些地方引進一些創意的活動跟團隊，進來帶動地區的發展。
	4.每個URS空間都以其門牌號碼為名。在迪化街有四處URS基地,分別是URS27W.URS44.URS127.URS155。
	5.URS27W名為城市影像實驗室，定位為以影像實驗為主題，透過影像創作者的觀察角度，重新挖掘記錄街區與思考未來的影像實驗空間。
	URS44為大稻埕故事工坊，藉著闡述大稻埕歷史街區上的傳統資源及產業的故事與歷史，如食材、南北貨、藥材、布匹等等喚起街區鄰里間曾擁有的共同記憶。
	URS127為Design Gallery，透過設計、建築、藝術等多元的展演活動，引動跨領域的結合。
	URS155創作分享圈，作為生活創作基地，用烹煮為核心概念，讓新世代族群運用藥草、食材共同創作，透過共享空間與創意，為大稻埕地區舊的傳統產業找出新的出路。
	6.URS計畫的目的是要突顯出URS的精神，也就是將空間開放給每個市民來使用，將老舊房舍視為再生基地的中心點，把創意因子漸漸擴散到社區周邊，進而再擴散到整個城市，讓城市不僅僅擁有現代化的外表，也成為蘊含文化創意的心靈之都，而這種融合地方文化色彩，並將經濟機能充分發揮的做法，則是URS計畫的主要目的。
	7.每個空間根據其定位與規劃會引進不同類型的藝文活動。以URS155為例，以創作、分享為概念出發，在每個月會定期會舉辦好味食堂（Cooking Together）的活動。好味食堂就是透過Cook在地食材的活動，帶領參與民眾在大稻埕採買食材、親自烹調，希望透過這個方式讓民眾認識當地商家、產業特性。

	段落四之一 **URS的天井市集、好味食堂**
議題	●體驗活動 1.好味食堂手洗愛玉體驗 2.參觀URS的天井市集
訪問 提綱	1.好味食堂發起緣由？ 2.好味食堂的活動內容？ 3.透過活動想傳遞什麼？ 4.天井市集的活動理念？ 5.特色攤位的介紹分享
回應	1.URS好味食堂的發起緣由。一開始是一群創作人進駐迪化街，認為迪化街在印象中就是年貨大街，以及一些高檔食材，感覺不那麼平易近人。但進駐的一年多時間，發現其實迪化街是非常平易近人的，生活週遭有很多平易近人的食材或料理，甚至店家都是很好的鄰居。因此發想出這個概念，讓創作人可以跟大家一起Cooking Ideas，同時也可以Cooking Food，也就是Cooking迪化街上的食材，所以這個地方叫做Cooking Together，就是這樣的意涵。 2.URS155會針對二十四個節氣在網路上公開活動行程，號召對烹飪或創作有興趣的人，在迪化街採買當季食材，以Cooking Together的概念將烹煮食物視為集體創作，參加者帶著自己的食材，免費在這裡跟同好一同料理。 3.希望在此計畫的規劃中，創作者、迪化街居民，以及各國觀光客等，可以在URS155的空間以及生活創作中，一起體驗、一起學習，一起分享；在感受創作帶來的改變中，讓迪化街產生新的認同與人文價值，並在傳統食材與創意烹調中，成為迪化街另一個城市人文的新據點。
OS	
	段落五 **南街得意茶房（蕭小姐）** **總結心得**
OS	迪化街除了小藝埕、URS等文創街屋，在巷弄間也會發現不少特色店家，南街得意便是其中一間充滿文創氣息的茶樓。
議題	●介紹南街得意茶房 一步上台北大稻埕迪化街（南街）67號百年歷史建築「民藝埕」的木質階梯，呈現眼前的是挑高木樑下古色古香的樓內樓，以及延伸至屋頂的黑色現代感巨大茶櫃與吧台。這是一座現代都市內的「夢址」（Dream Site），有如時光通道，讓你在不意間踏入1920年代大稻埕儒雅茶商的私人待客廳堂。

| 總結 | 大稻埕曾經是台北最繁華富裕之地，因東區興起而逐漸被人遺忘，這裡隨處都是台北城發跡的美麗故事。如今隨著越來越多的年輕人的進駐，新的、舊的，老的、年輕的，東方的、西方的融合，這些新加入的年輕力量，讓大稻埕有了新的面貌，有別於其他的商圈發展，他們的改變是彼此互相的交流產生新的融合，傳統的依然屹立，新創的也自然地融入，這樣傳統與創新的碰撞，帶出了更具魅力的在地文創風格！ |

四、《台灣文創遊》「處處有創藝」企劃書

開場	
開場	大家早！歡迎收看《台灣文創遊》，我是孫陽。 今天起得特別早，為什麼呢？因為要當採花大盜，不是啦！是因為要來花市買花。買花跟文創有什麼關係？關係可大了，很多熱愛寶島文化的設計師，將觀察台灣的生態或時事，投注到設計作品裡面，透過作品你可以看到台灣的另一種風貌。 但首先要介紹的這位好朋友，他可能天生就有浪漫基因，喜歡拈花惹草，不管是死的還是活的，經過他的巧手，會讓你發出讚嘆聲～美啊！時間差不多了，他應該要出現了。（介紹李霽出場，帶孫陽買花材）

段落一 霽flower（李霽）	
議題	●主題 1.李霽人物介紹（字卡） 2.買花材注意事項、如何挑選花材、植物（哪些適合居家環境） 3.工作室牆上的世界地圖、乾燥壓花 4.記錄書的過程（如果拍攝當天剛好有在進行的話，或者可安排？） 5.主持人DIY植物立體卡片（**設計面**） 6.收藏的花器（因為花市的都很普遍不用特別介紹） 7.利用生活簡單的物件插花（**生活面**。ex.小水杯、碗、盤子……） 8.鮮花搭配乾燥花 9.工作室空景（居家與工作的結合）
訪問 提綱	（內湖花市）**LIVE互動** 36.從建築到花藝的經歷（初次經驗） 37.讓更多人看到興趣變成花藝的過程（因為送給母親的一束花開始） 38.聽說李霽有在教課？今天可以學到什麼？ 39.今天要買哪些花材？（李霽先簡單說要教生活面跟設計面的花藝） 40.買花要注意的事情有哪些？（可以介紹一些特殊花材，像中亞系的花材） （**工作室**） 41.取名霽flower的意思？ 42.花藝與建築如何結合？（提到另一門課） **43.DIY立體卡片** 44.聽說這些發想跟你小時候的生活也有關係？ 45.怎麼看待生態與花藝共同點？ 46.如何去設計一件作品？

訪問 提綱	47.出版一本很不一樣的書？用植物做的？（**拍攝期間正在進行，播出時** 　　**間已上架，所以拍攝當天可以提到及看到部分作品**） 48.介紹哪些花可以怎麼擺，在空間裡面怎麼擺可以展現花的魅力，用最 　　簡單的方式讓生活充滿花藝（**依當天買回來的花材為主**） 49.基本配備？ 50.省錢方式一花二用（乾燥花怎麼做） **51.活化的花藝DIY** 52.靈感來源？
回應	71.中原大學建築系畢業，畢業後室內設計公司上班，因緣際會下幫一間 　　診所設計室內植栽，沒想到老闆很喜歡，而且新鮮花材要定期更換， 　　所以從2007到2011那幾年就持續幫他們換花做造景，發現自己對花藝 　　創作別有天賦跟熱情，對於花的了解也是去了花市才慢慢明白，因為 　　有了這些年的累積，慢慢得心應手。 72.花藝設計真的沒有相關的經驗，有了上述經驗後變成興趣。有次母親 　　節要買花做花束送給媽媽，朋友說可不可以利用剩下的花材做花束放在 　　他店裡，嘗試了之後沒想到大受好評，所以接下來的七夕情人節、父親 　　節就做了七樣作品放在店裡，讓喜歡的人可以買回去送家人朋友。 73.我有開一堂很有意思的課，主題是「旅行」，利用植物做地圖，以及 　　用護照轉化的一個物件，所以要從對植物的認識開始，花材的了解再 　　做出屬於自己性格的作品。 **74.（依李霽跟主持人現場購買的花材為主做介紹）** **75.（依現場實際互動為主）** 76.朋友覺得如果只在他們的臉書公告有花束的服務項目，這樣好像不夠 　　專業，所以我就成立了自己的粉絲專頁，當初直覺可以用我的本名李 　　霽的「霽」當作名稱，因為「霽」意思是指雨過天晴，植物經過雨水 　　的滋養轉化成另一個形式，用不同的植物堆疊出一個物件，傳達不同 　　的故事，像是送花禮的過程，對象一定是很重要的人，從一個人的手 　　送到另一個人的手上，也是另一個轉化的過程，透過花表達是讓人覺 　　得溫暖開心的。 77.還有一門課也很有趣，選擇九位建築師的作品為基礎，每一堂課介紹 　　一位，介紹建築師在執行建築時的想法及作品，分析建築師的結構 　　行為，以及用材與環境間的關係是什麼，用這個概念主題找到對應 　　的植物，再與房子做連結。學生要選擇用什麼樣的植物去架構做一棟 　　房子，這是建立在一片紙上。這跟我們一開始學建築時，思考發想的 　　設計圖、施工圖，一定是要畫在紙上，即便有電腦可以畫，但還是得 　　列印出來看，所以要在一張白紙上讓事情發生，不是平面的而是立體 　　的。上完九堂課做九張立體卡片，最後一堂總結時可以將九張立體卡 　　片做成一本立體書。那本書就是你觀看空間、跟體驗空間跟植物環境 　　的關係與自己的認知，DIY完成一本屬於自己的植物書。 **78.（做立體卡片LIVE互動）**

回應	79.小時候只要下課之後，家人會帶我去山上郊遊爬山，我又是花蓮人，所以寒暑假就會回去住一段時間，因為這樣的影響我對自然界很感興趣。我對花藝是完全沒有上過課、花錢學習的，不過開始接觸之後可以從從事花藝的朋友身上學到知識，然後自己看書，看別人的作品，結合建築的概念而來的。

80.植物是生態界最重要的一環，關於花藝，只是擷取了自然的樣貌，依照它原有的形式，賦予它藝術層面的樣式。花藝對我來說是單純，反而要去了解生態背後的意涵是什麼，畢竟我做的是建築，透過植物的生長，跟人生活之間的連結，配合生態的樣貌，是一個**生態學建築化**。撇開建築專有的知識，關於形式的堆疊，然後我要做的作品的結構行為，花藝跟整個空間的連結與架構，建築的影響當然是非常多的。

81.我會先看對象的第一印象是什麼，如果對方可以跟我說些故事（為什麼想要），再看空間的屬性、建材、燈光、想放置的地方，然後從他的居家擺設了解性格，就會更符合該對象的需求。例如我不會在設計師的桌上放太多需要水的花藝作品，怕弄濕了桌面。另外，也要考慮作品的放置的時間長度，如果要當成藝術品可能就會使用乾燥花材居多。

82.書的內容是以植物來呈現，說的是植物這樣的物種，放在城市的時候，已經不是它原來的狀態，而是我們附加給它的，我們希望它變成什麼樣。對人為的景觀、花藝、花圃、空間大小是不是符合這棵樹種的狀態，它有它自然成長的過程及延伸出來的畫面，書要說的就是這件事。

83.對每個人來說，最簡單的意義可能不一樣，有些人可能會覺得花要插得很漂亮或是搭配美麗的花盆，要有空間概念，其實只要在自己有限的預算裡，設定喜歡的顏色、放置的空間，然後去找喜歡的植物或花會比較容易。回到家也不用想很多，如果是買切花就拿一個現成的容器放進去就好，放個一二種不用太複雜；如果是買盆栽型，選個好看的容器換掉，不過要注意盆栽會牽涉到每種植物的吃水量不同，所以買多肉就多肉放一起，就這麼簡單。

84.**一把花剪就可以了。**把花整理好，找個容器放進去加水就會變成空間裡的某一個裝飾（每天換水是基本的，然後修剪一點點莖部，會讓花維持得比較漂亮比較久，放冰塊也可以延長花開的時間）。

85.乾燥花只要倒吊就好了！例如玫瑰花，二三支綁一塊晾乾才不會發霉。（介紹工作室裡的乾燥花、牆上的地圖、辦公室裡用玻璃瓶裝的乾燥花）

86.**（生活化的花藝DIY。**ex.小水杯、碗、盤子）（**可結合乾燥花與鮮花**）

87.靈感的來源有很多，看書，看電影，跟人溝通（**主持人反問跟她聊了這麼久得到了什麼靈感**），生活的很多事都可以是靈感。（**請李霽插一小盆以主持人為主題的花，主持人看了說感覺**）

OS	一朵花可以創造一個美感、一個獨一無二的符號；從花與空間，從生態與環境，進而變了一個創意。李霽非科班出身的花藝魔術師，用他對自然界的尊敬與熱情，讓我們看到了即便是一片葉子，也會有它的靈魂與生命。這樣的人格特質，我們也在另一位朋友身上看到了同樣的態度與意念。
	段落二 **島民工作室（郭馥茗）**
議題	●主題 1.郭馥茗人物介紹（字卡） 2.工作室成立目的 3.作品作紹（每年設計主題月曆、荔枝杯、羅哈恰拉島花器、「燭巢」保育動物系列燭台、花間小鹿花器、保育動物燈罩、伊莉沙白項圈）
訪問提綱	20.島民工作室成立由來 21.介紹年度月曆（從**2013年《島嶼的養分》**，介紹用台灣的保育動物為主題），郭小姐**請主持人猜動物背包包是要去哪裡？做什麼？（山羌、雲豹、黑熊、黑面琵鷺等等動物）** 22.這些資料怎麼蒐集？然後放在創作裡面？ 23.2014年月曆主題**《當下最美好》**代表的又是什麼樣的創作思維？ 24.時事的議題發揮於創作（老屋的保留概念） 25.2015主題**《動物工作室》**又是什麼樣的一個概念？ 26.2015年有一張狗狗戴眼鏡，一個男生躺在床上**（請主持人看圖說故事）** **27.介紹動物燈罩＋主持人DIY** 28.介紹「燭巢」保育動物系列燭台**（像樂高一樣，主持人組合）** **29.（請主持人猜白色石頭是作什麼用的）** 30.介紹羅哈恰拉島花器 31.介紹伊莉沙白項圈 32.介紹荔枝杯 33.聽說也從故宮的鼎中得到了一些設計靈感？ 34.怎麼看待文創的價值？
回應	19.於2006年4月成立，工作室由一群從事藝術與設計相關工作成員組成，主要以結合藝術、設計、人文與生活為發展方向，遊走於世界各城市島嶼與台灣之間、穿梭於各種不同形式空間，參與、思考並觀察台灣島的文化與社會脈動，從中找尋新創意、新概念。 20.我們的作品都以台灣為主題，像2013年月曆以台灣保育動物為主角，每位主角都有背包包**（主持人看圖說猜，設計者再解釋目的）**。以萬花筒為概念，畫面好像很和諧，就某種程度達到一種平衡。把跟畫的這個主角動物有關的細節元素全部都構築在畫裡面。雖然畫的是動物，但是擬人化的。

回應	21. 會去找文書資料、瀏覽網站，像雲豹就是消失了，你只能上網看。或是去動物園看，但會覺得動物被關著是很可憐的，所以透過這些圖像提醒大家，要愛護這個環境。畢竟文字不是我們的專長，而且大家比較容易被圖像吸引。
	22. 2014年的主題叫《當下最美好》，因為台灣有狂犬病的發生，所以以米格魯為主。而且讀了一位名人說的一句話：「**要進步的話，有一些很陳舊的規則要打破再重新建立。**」很多事情要自發性，不要等待別人的Purpose。過多的追求會讓人害怕，要有一個基本的價值，不該建立在金錢上，所有東西都歸咎到金錢就變得很空洞。很像在訓練馬戲團裡的台灣黑熊，追求到那樣的標準後大家就會給予掌聲，但其實是被束縛在裡面的。
	23. 拆老屋一直都在發生，老屋對我們的生活是有故事的，很重要的，而不是蓋一座凡爾賽宮，變成唯一鑑定我們價值的東西，我們的文化價值不該如此。**因為話題都很巨大，所以我們盡量創作讓大家可以懂的，因搞得太藝術會讓人覺得很難消化，所以用簡單的圖像表達比較能得到共鳴。**
	24. 2015年的主題叫《動物工作室》。用動物來隱喻一件事，像第一張就是在說：「你可以穿毛衣，不要用我的毛。」人類剝奪、利用了牠們很多的資源，做成貂皮，認為華麗是美感的標準，這是不對的。我們強調所有設計都是以「與人的互動」、「台灣的文化遺產」、「台灣本土的氛圍」為主要發想概念，不管是快要絕種、復育成功的動物植物，都希望能夠加以調味加入作品中，把每一件作品當作自己的小孩一樣照顧。
	25. （主持人回答後請受訪者解答）
	26. 主持人DIY貓頭鷹（順便介紹各種保育動物燈罩）（經過無數次的淘汰、監工、重製、修改才確定推出販售的紙製燈具。利用與紙類似的純白色塑料片，一整片紙張利用摺紙的趣味手法，重現樹蛙融於溼地樹叢之間的精巧倩影，並提醒人們應重視保育自然環境，才能留住野生動物們唯一的歸宿）
	27. 組合「燭巢」保育動物系列燭台（**像樂高一樣**）
	28. （主持人猜白色石頭作品是什麼）
	29. 羅哈恰拉島花器（由於工業化所造成的溫室效應，全球海平面不斷上升，使得羅哈恰拉島在2006年成為地球上首座在地圖上消失的有人小島。島上居民唯一的歸宿，從此成為歷史。大自然強烈地對人類的魯莽與貪婪反擊回應，地球上的每一份子都開始具體反省，以保護我們的環境。種滿花草的花器與周遭優游的小魚，恍若島嶼的重生，**象徵著一個沒有汙染的下個世代**）
	30. 伊莉沙白項圈（概念：這世上有太多得不到幸福的小生命，以認養取代購買，以結育取代撲殺，發自內心地愛牠們，讓牠們變漂亮可愛是不二法門）（項圈是動物生病時才需要戴的，所以好好照顧牠們，別讓牠們生病）

回應	31.荔枝杯（以荔枝為發想設計製作的陶杯，超可愛的圓滾滾造型，因為外表的仿荔枝質感而不會手滑滾落，內層塗裝的白色釉料就好像荔枝裡面的薄膜一樣，不管是冬天還是夏天，光是手握著看著就相當生津止渴。荔枝表面上有尖棘狀外皮，內在的果肉卻給人水嫩、晶瑩的美好印象，將生活中剝荔枝的觸覺記憶：從刮手的棘刺，至吹彈可破的光滑細緻，轉化成常伴日常生活的趣味手感，突破杯具外形的傳統印象，利用簡單的鄉土元素，帶動都市生活中的詼諧） 32.去參觀故宮時，從鼎上的元素及花紋，做一些置物的小東西。 33.比如剛才介紹的那麼多主題，如果用我們的藝術背景做起來就會很衝擊，中間跟伙伴有討論很多，很掙扎，也試了很多的方法，最後的結論是，如果要養活自己就要接案，如果做文創就不能想市場，作品一定要有故事一個概念在裡面。

主持人W&F Part Ending	
總結	創意無所不在，這幾位文創工作者在各自的領域，以他們細微的觀察，展開無限可能的作品。當創意超越、跳脫既有的框架，再重新組合定義物件之間的關係，不管是相似處或是異樣性，就是創意。今天我們學習到了如何為自己的生活增添色彩；了解到與生態和平共處的重要，還有築夢不計代價的態度，我們也都可以是夢想創意的實現者。

段落三 W&F（方老師）＋三樓設計室（林昀萱、范皓鈞）	
議題	●主題 1.方老師人物介紹（字卡） 2.W&F的成立的緣由 3.白色為主的空間概念 4.一樓空間運用 5.二樓空間運用 6.三樓空間運用 ●參觀 1.一樓空間（白色小花園、各設計師作品、模特兒設計手飾、方老師為天母地區活動設計的印章） 2.二樓展覽室（依拍攝當期展覽內容為主） 3.三樓設計室 ●展示 1.各設計師作品（挑幾件給主持人試穿） 2.白色花園、白色收納袋、店章、工作檯、設計師衣服、包包、筆記本、方老師做《我愛天母》的繪本

訪問 提綱	1.首先老師給人的第一印象應該是重金屬搖滾歌手,怎麼會做設計師? 　**(Kuso)**（所以,父母親自由開放的觀念讓方老師可以天馬行空地往 　創作之路發展) 2.成立W&F的由來 3.近幾年消費結構都集結在東區,為何選擇落腳在天母? 4.目前看到的都是女裝,是有特別的原因嗎?**(主持人著不同女裝介紹 　特色)** 5.老師對「穿著」的看法是? 6.為什麼空間設計會以白色為主? 7.對入門的白色花園很有興趣,可以請老師教怎麼做嗎?**(DIY白色小花)** 8.是天性就有藝術天分,還是後天的學習? 9.2013年老師有幫聽障奧運設計衣服? 10.聽說二樓是一個展覽空間而且是免費的?為什麼有這樣的堅持? 11.在經營的過程中沒有困難嗎? 12.以老師的角度提供大家一個創作的基礎? 13.介紹設計師(林昀萱Benny+范皓鈞Till)(方老師在實踐的學生) 14.二人介紹目前正在進行的作品(男裝),不一樣創作方向的二個人如 　何溝通、共同創作? 15.主持人看二人最新設計作品(主題:回憶)(設計草圖) 16.二位設計師請主持人幫忙摺好設計圖**(看似不易但很簡單,小小的 　趣點)** 17.二位怎麼看待「好衣服」這三個字? 18.二人對方老師的看法?
回應	1.高中畢業開始蓄長髮,原因是小時候看卡通漫畫裡的男主角,總有一頭 長髮。「長髮,讓我想到王子般的氣息。」性格率真的他,有一回挑 染成金色,自己也覺得有點太金時,媽媽的反應是:「你的頭髮怎麼 了?」然後哭了。爸爸本來生氣地罵他:「你想當外國人嗎?」氣消後 卻補上一句:「看一看也滿好看。」家人給我的空間與自由,就是給我 很大的創作動力。 2.「Wow Bravo」是男主人方廷瑞還在當研究生時,幫女朋友(現在的 老婆、女主人、孩子的媽)翁邦鳳取的英文名字(有點用諧音惡搞的意 味)。因為當時以雙人組經營藝術創作比較吃香,指導老師陸蓉之建議 他找個搭檔。好一陣子過去了,方廷瑞的腦中遲遲沒有人選,直到某天 一瞬間驀然回首,才發現那人也可以是牽手。於是為了雙人組的名字, 方廷瑞再次玩湊出自己姓名的諧音「Funky Rap」。之後,兩人在各處發 表的作品和展覽便都掛起了這個招牌。後來,他們開始接案,陸陸續續 找了指導學生來幫忙,成員越來越多,W&F的團隊和品牌也逐漸成型。

回應	3.天母是我成長的地方，我的老家以及我現在的住所都是在天母，我對這裡很有感情，可以說我的生活的一切都是在這裡發生的，而且這裡有價格合理的大空間，能讓我跟設計師在這裡發表作品，開放展覽，所以我會選擇這裡。
	4.也沒有什麼特別的原因，還是有在計畫要做男裝、童裝。畢竟我們不像成衣，可以一直生產很多衣服，我們這裡的每一件衣服，都是設計師自己設計，親手一針一線地縫製，無法量化，所以未來還是可以看到其他風格的衣服（**主持人換穿不同衣服，後製做效果。請方老師挑適合主持人的服裝，並解釋設計概念**）。
	5.我常常觀察行人的穿著，我會想著他們穿得好像有點保守，比較規矩，如果可以像法國人的穿著一樣，可以花俏一點，帶有各人的風格，那應該是很美好的。記得我去日本表參道旅行，那裡的學生穿得很獨特，或許把他們擺在東區會覺得他們穿的很怪，但因為他們是在表參道，所以你就不會覺得他們怪，反而很好看，我很鼓勵大家勇敢去嘗試平常不敢穿的衣服。
	6.當初設計這個空間的時候就想著，要找一種不被干擾的顏色，因為你看衣服可以有五顏六色，所以用白色為底，就像一個大畫布一樣，設計師的衣服可以為這塊白色畫布填上色彩，而且所有的東西都變得很夢幻了。
	7.（方老師教主持人DIY白色小花）
	8.我最早的記憶是在二三歲，很奇怪，我可以記住很多小時候發生的事，所以對畫畫有興趣大概就是三歲左右，就只是很單純地塗鴉。記得老師在我的圖畫上會打「甲上上」，畫的是太空飛鼠。然後，小一開始媽媽要我去跟老師學畫畫，一直到小學畢業。不過，我不畫人像，因為盯著一個人一直看，我的手會發抖，除非二個人像在戀愛，那種眼睛的交會就不會尷尬。我也會透過很多的旅行，獲得不同的世界觀點，因為世界各國的人聚在一起，就會有不同的火花，珍惜現在是很重要的，「知足就是惜福」，從中找到創意的來源。
	9.因為拿公家的錢做事，有預算考量，創作也需符合他人的需求，幸運的是我們仍保有很大的空間，過程中統籌者與設計工作者會互相討論作品，而不是專制地要求你怎麼做。這是個相當開放的集體創作經驗，而我們也成為了創造故事的參與者。很多角色、情節都在討論中互相激盪而發生，非常有趣。這種自由度很高的創造過程也同時影響了我們自己的創作，比方說有時候又會為了解決劇場裡的某些特殊的問題而發想出新的設計方案，後來也沿用到我們自己的品牌系列中。
	10.要給藝術家、設計師、來參觀的人能有一個開放的空間，設計師可以發揮創意，來觀賞的人可以自在，你要讓這些人有「造夢」「創作」的希望，透過這樣的一個空間，分享設計者的思維，也會不定期更換展覽。如果你想讓大家看到你的作品，都歡迎來跟我們聊聊，討論如何展覽可以讓看的人更有感觸，來看的人愛待多久就待多久，可以很自由，不需要被定位成有商業行為的模式（主持人可以提出所有的可能問方老師，例如：分享在世界各地出外景的照片，或是談公事、冥想、唱歌跳舞等等，都可以提出申請，除非有買賣行為）。

回應	11.「這就像你告訴大家要環遊世界一樣，沒有人會問你環一趟下來能賺多少錢，因為你是在做開心的事。」
	12. 舉例來說：寫作文不一定要用美麗的字彙去形容一個人，可以用卡通的角色來詮釋；也很有可能你從走路或吃東西中得到靈感，生活中的每個小細節其實都可能引發你的創作來源，**藝術是不能被定義的。**
	13. 介紹二位設計師（Benny是個風格前衛，做自己喜歡的創作，走到哪都會被注意的攝影、平面、服裝、影像集一身的創作者）（Till畢業一年多，參加馬德里服裝比賽，八大名校第一名，剛結束國際服飾品牌實習，正要邁向人生里程碑下一個階段的暖男青年）**（請方老師Promo二位設計師）**
	14.（B：當時Till在國外實習，二人越洋聯繫初步合作的想法。難免會有意見相左的時候，一個人要做的事，跟二個人要做的事都一樣的步驟，所以反而二個人可以做更多。主要的構思還是貼近我們二人的年紀。）（T：因為二個人作品跟性格完全不一樣，產生的對比性就會比較高，擷取二人的特色融合到作品裡，而不是專注某一種風格。再不一樣也會有相同的時候，B的作品就年輕化，我的就屬於優雅。）
	15.（B：因為工作的關係，外公總是會從國外蒐集一些物品回家，記憶中是物品的材質，他那個年代的塑膠製品、水晶感的東西很多。而且他很愛漂亮，整櫃子的西裝，而且都只穿一次。所以，把這樣的元素放在這次的作品裡。）（T：我記得的是一種感覺、嗅覺、觸覺，陽光曬在背上的溫度，小時候掛在聖誕樹的玻璃材質吊飾，我們二個對回憶其實就有共同點。）
	16.（主持人摺設計圖）
	17.（B：喜歡就好，衣服是你自己在穿的，就算穿得不舒服，但有自信，那就是好衣服。）（T：穿得自在、有受保護、不綁手綁腳，依賴它，覺得好看，就是一件好衣服。）
	18.（B：老師天生的無私奉獻，有這麼好的空間給大家使用，自由地追逐藝術。）（T：放任性地讓我們成長。）
主持人W&F Part Ending	
總結	創意無所不在，這幾位文創工作者在各自的領域，以他們細微的觀察，展開無限可能的作品。當創意超越、跳脫既有的框架，再重新組合定義物件之間的關係，不管是相似處或是異樣性，就是創意。今天我們學習到了如何為自己的生活增添色彩，了解到與生態和平共處的重要，還有築夢不計代價的態度，我們也都可以是夢想創意的實現者。

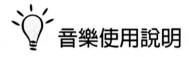

音樂使用說明

第一集　台北原創基地──松菸

序號	曲名	時間長度	樂曲類型	節拍
1	ALL028-3 Cartwheels Handstands（固定片頭）	00'01"-00'21" 05'23"-05'33" 15'46"-15'56"	POP	F
2	5SM002-1 Lemon Drop	00'22"-01'16"	POP/Folk/Vocal	M
3	ALL028-01 Big Love（串場）	01'16"-01'29" 05'23"-05'33" 15'57"-16'11"	POP	F
4	ALT058-16 Forever	01'55"-03'27"	POP/Folk	M
5	ALT058-14 To Memory Lane and Back	04'02"-05'23"	Folk	M
6	ALT058-4 Life's Good	05'57"-07'40" 08'59"-09'47"	Folk	F
7	CSS-TT-39-10	10'12"-11'16" 11'49"-12'02"	POP	M
8	中國風1-42	12'24"-13'38"	Chinese	S
9	Fandango043-13	13'53"-14'17"	World	S
10	CSS-ST-43-17	14'17"-15'48"	POP/Folk	M
11	5SM002-12 Midori Shower	16'21"-17'07" 18'44"-20'48"	Bossa/Vocal	F
12	5SM002-07 OLELO	21'24"-22'03"	POP	F
13	ALT058-5 Make Every Right（片尾）	22'03"-23'02"	POP/Vocal	F

第二集　百年華山　轉型文創

序號	曲名	時間長度	樂曲類型	節拍
1	ALL028-3 Cartwheels Handstands（固定片頭）	00'01"-00'21" 06'50"-07'00" 13'09"-13'18"	POP	F
2	ALT058-6 All To You	00'22"-01'23"	POP/Vocal	M
3	ALL028-01 Big Love（串場）	01'23"-01'41" 07'00"-07'25" 13'19"-13'55"	POP	F
4	5SM002-11 Breakfast in Love	01'45"-03'30"	Bossa/Vocal	F
5	DEM100-74 That`s not The Way	04'31"-06'50"	POP/Folk	M
6	ALL016-6 CareFfree Day	07'51"-09'29" 10'31"-11'05"	POP/Tech	F
7	ALL016-7 Flash Photograghy	11'08"-12'38"	POP/Dance/Tech	F
8	WOM327-80 Nice and Sprightly	12'41"-13'08"	POP/Childish	F
9	CSS-ST-28-19	14'00"-16'23"	Country	F
10	CSS-ST-28-35	16'29"-18'15"	Country	M
11	AD2156-4 Bright Eyed	18'17"-20'32"	POP	F
12	DEM100-88 Whims Move Limbs	20'35"-22'18"	Country/Child/Jazz	F
13	ALT058-5 Make Every Right（片尾）	22'20"-23'23"	POP/Vocal	F

第三集 品嚐在地人情味——迪化街

序號	曲名	時間長度	樂曲類型	節拍
1	ALL028-3 Cartwheels Handstands（固定片頭）	01"-22"	POP	F
2	SQ075-7 The Girl I Love	23"-01'25"	Jazz/Swing	F
3	ALL028-1 Big Love（串場）	01'25-01'57 06'24"-06'41"	POP	F
4	SQ075-1 Flapper Fashion	03'26"-05'20	Jazz/Swing	F
5	SQ075-19 Bright Young Thing	07'09"-08'37"	Jazz/Swing	F
6	SQ075-25 Stars in Your Eyes	08'47"-09'29"	Jazz/Swing	M
7	MODE116-5 London Rag	10'03"-12'31"	Calssical	M
8	WOM320-10	12'48"-15'53"	Folk/POP	F
9	PRCD176-1 Chez Felix	16'04"-16'18"	POP	M
10	SQ075-31 Fool in Love	16'42"-19'23"	Jazz/Vocal	M
11	PRCD176-15 Dans Paris La Promenade	204'0"-22'04"	France	M
12	ALT058-5 Make Every Right（片尾）	222'5"-23'32"	POP/Vocal	F

第四集　老城區的讚嘆──西門

序號	曲名	時間長度	樂曲類型	節拍
1	ALL028-3 Cartwheels Handstands（固定片頭）	00'01"-00'21" 06'50"-07'00" 14'36"-14'46"	POP	F
2	5SM006-18 Bubbles	00'22"-01'26"	POP/Vocal	F
3	ALL028-1 Big Love（串場）	01'26"-01'45" 07'01"-07'18" 12'29"-12'47" 14'46"-15'08"	POP	F
4	5SM002-26 Midori Shower	01'50"-02'27"	Bossa	F
5	AD2082-06 Light Lunch	02'54"-04'15"	Funk	MF
6	DEMO007-10	04'15"-06'50"	Classical	M
7	ALT055-5 Statue of RIO	07'39"-12'30"	Latin Jazz	F
8	ALT055-8 Stadium Club Beats	12'46"-14'35"	Latin	F
9	AAM517-07 Crystal Cube	15'26"-17'57"	POP/Hip-Hop	M
10	AAM517-49 10am	18'12"-20'00"	POP/Funk	F
11	WOM297-22	20'04"-21'13"	POP/Rock	M
12	ALT058-5 Make Every Right（片尾）	22'33"-23'30"	POP/Vocal	F

第五集　老舍新創──寶藏巖

序號	曲名	時間長度	樂曲類型	節拍
1	ALL028-3 Cartwheels Handstands（固定片頭）	00'01"-00'18" 09'20"-09'30" 14'23"-14'33"	POP	F
2	IVOX80290-10 Spring Walk	00'20"-00'50"	POP/Folk	F
3	ALL028-1 Big Love（串場）	00'48"-01'14" 02'51"-03'06" 09'30"-09'46" 14'33"-15'05" 18'40"-18'56"	POP	F
4	IVOX80290-1 Happy Pets	01'17"-02'52"	POP/Folk	F
5	IVOX80290-29 Out of Town	03'19"-06'50"	Folk	M
6	SQ038-21 Summer Day	06'49"-09'20"	POP/Folk	M
7	SQ038-26 You and I（Bversion）	09'45"-12'32"	Folk/Vocal	M
8	5SM005-10 We Hope	12'33"-14'23"	Classical	M
9	DEM120-2 When We Were	16'00"-18'40"	Classical	S
10	5SM002-37 Balloon Song	19'04"-21'00"	Bossa/Vocal	F
11	WOM318-01	21'07"-22'23"	Bossa	F
12	ALT058-5 Make Every Right（片尾）	22'21"-23'44"	POP/Vocal	F

第六集　巷弄找設計

序號	曲名	時間長度	樂曲類型	節拍
1	ALL028-3 Cartwheels Handstands（固定片頭）	00'01"-00'18" 09'18"-09'28" 15'11"-15'22"	POP	F
2	ALT058-8 C`est La Vie	00'22"-01'27"	POP/Vocal	M
3	ALL028-1 Big Love（串場）	01'27"-01'53" 09'29-09'48" 15'22"-15'38"	POP	F
4	WOM297-17	02'19"-03'25"	POP/Rock	F
5	IVOX80268-5 Up to No Good	04'09"-06'28"	POP	F
6	IVOX80268-17 Badabada	06'56"-07'06" 07'11"-09'18"	Jazz/Acappella	M
7	IVOX80268-39 Homework in the Fridge	09'56"-12'14"	Rock	F
8	DEM100-15 Toodaloo	12'50"-15'11"	Jazz	F
9	DEM100-37 Barry and Pauls Stall	15'49-18'39"	POP/Folk	M
10	DEM100-88 Whims Move Limbs	19'08"-20'56"	Jazz	F
11	SQ038-29 Step It Up	21'32"-23'49"	POP/Folk/Vocal	MF

第七集　搖滾地景──台灣創作音樂

序號	曲名	時間長度	樂曲類型	節拍
1	ALL028-3 Cartwheels Handstands（固定片頭）	00'01"-00'20" 06'00"-06'11" 13'14"-13'23"	POP	F
2	MFPL026-004	00'21"-00'32"	ROCK	F
3	ALL028-1 Big Love（串場）	01'41"-01'59" 06'25"-06'42" 13'24"-13'41"	POP	F
4	MFPL026-009	01'59"-03'42"	POP/Rock	F
5	MFPL026-058	06'52"-08'40"	ROCK	F
6	MFPL026-053	09'08"-10'30"	Rock	F
7	DNB754-07	10'46"-12'02"	Techno	F
8	IT019-40	12'03"-13'13"	Rock	F
9	DEM100-23 Quarter Turn	13'54"-16'42"	Rock/ Alternative	F
10	DEM100-26 Handclap Indie	18'22"-19'24"	Rock/ Alternative	F
11	DEM100-29 Young for Always	20'33"-21'38"	Rock	F

第八集　創意啓發的渴求——學學文創

序號	曲名	時間長度	樂曲類型	節拍
1	ALL028-3 Cartwheels Handstands（固定片頭）	00'01''-00'20'' 07'39''07'50'' 17'00''-17'11''	POP	F
2	MODE114-9 Fun Time	00'21''-01'14''	POP/Whistle	F
3	ALL028-1 Big Love（串場）	01'14''-01'26'' 05'10''-05'25'' 07'51''-08'03'' 10'19''-10'34'' 13'41''-13'55'' 17'11''-17'25'' 20'17''-20'31''	POP	F
4	5SM002-5 Sunday Morning Driver	01'44''-04'25''	Bossa/Vocal	F
5	DEM017-1 Cinefolk	05'29''-07'39''	World	F
6	IVOX80243-26 El HermOSo Dia	08'07''-10'19''	Folk	M
7	IVOX80268-21 Class Dismissed	10'39''-13'41''	Folk/Ska	F
8	IPM022-7 Rubber	14'04''-15'10'' 15'37''-17'01''	POP/Bossa	M
9	IVOX80290-10 Spring Walk	17'41''-20'18''	POP/Folk	F
10	PP013-9 Wake Up	20'38''-23'34''	POP/Vocal	M

第九集　文創嘉年華會──簡單生活節

序號	曲名	時間長度	樂曲類型	節拍
1	ALL028-3 Cartwheels Handstands（固定片頭）	00'01"-00'21" 05'23"-05'33" 12'57"-13'08"	POP	F
2	ALT058-13 Brother Love	00'20"-01'35"	POP/Country	F
3	ALL028-1 Big Love（串場）	01'34"-01'50" 05'33"-05'58" 11'17"-11'33" 13'08"-13'30"	POP	F
4	ALT058-12 Do It Again	02'00"-04'07"	Country	F
5	DEM100-37 Barry and Pauls Stall	04'07"-05'23"	POP/Folk	M
6	DEM100-68 Banter Levy	06'08"-08'51"	Piano/Child	F
7	IVOX80290-10 Spring Walk	09'15"-10'32" 10'59"-11'18"	POP/Folk	F
8	IVOX80290-19 New Puppy	11'41"-12'57"	Folk	F
9	PR0013-5 Sand Castle	13'44"-16'52"	Folk	F
10	MODE114-1 A Walk in The Park	22'55"-23'15"	Folk/Vocal	F

第十集　處處有創藝

序號	曲名	時間長度	樂曲類型	節拍
1	ALL028-3 Cartwheels Handstands（固定片頭）	00'01"-00'20" 10'17"-10'27"	POP	F
2	SQ059-41	00'20"-00'59"	POP/Vocal	M
3	ALL028-1 Big Love（串場）	00'59"-01'19" 08'01"-08'24" 16'49"-17'26"	POP	F
4	SQ059-06	01'22"-04'03"	POP/Whistle	MF
5	SQ059-35	04'42"-05'34	POP/Folk	MF
6	IVOX80243-15 Blessed with You	05'42"-07'42"	Country	F
7	AXS2291-1 In The Move	08'27"-10'17"	Dance/House	F
8	AXS2291-15 Delicious Routine	10'28"-13'49"	Trip Hop	M
9	IT015-08	14'01"-14'59"	POP	F
10	IT014-18	15'00"-16'49"	Funk/Jazz	M
11	SPRT049-16 Island Fun	17'30"-19'38"	World/Caribbean	F
12	WOM320-14	19'46"-22'13"	POP/Vocal	F
13	SQ021-02	22'37"-24'00"	POP/Vocal	M

第十一集　在地文創博物館

序號	曲名	時間長度	樂曲類型	節拍
1	ALL028-3 Cartwheels Handstands（固定片頭）	00'01"-00'20" 11'13"-11'23"	POP	F
2	SQ059-19	00'20"-00'57"	POP	M
3	ALL028-1 Big Love（串場）	00'56"-01'22" 08'33"-08'47" 15'53"-16'03" 17'07"-17'32"	POP	F
4	CPM4510-07	01'33"-02'38"	Child	F
5	DNB758-20	02'42"-03'48"	World	M
6	IVOX80155-2 Evolution Fight	04'23"-04'37"	Crystal/Drama	S
7	SQ059-03	04'39"-06'32"	POP	M
8	WOMG017B-07	06'32"-07'23"	Percussion/Action	F
9	WOM327-12 Keeping Cool	07'47"-08'32"	POP/Vocal	M
10	DEM007-10	08'50"-11'13"	Classical	F
11	ALT058-14 Memory Lane and Back	11'24"-14'32"	Folk	MF
12	5SM006-25 Balloons	14'56"-15'53"	Folk	M
13	AD2156-10 Mango	16'07"-17'07"	Folk	F
14	SM004-10 Kemptown Ska	17'33"-20'30"	Ska	F
15	IVOX80290-10 Spring Walk	20'40"-22'43"	Country	F
16	ALT058-5 Make Every Right（片尾）	22'41"-23'50"	POP/Vocal	F

第十二集　說故事的力量

序號	曲名	時間長度	樂曲類型	節拍
1	ALL028-3 Cartwheels Handstands（固定片頭）	00'01"-00'20" 10'58"-11'08"	POP	F
2	ALT058-15 The Right Side of Summer	00'19"-00'43"	POP	F
3	ALL028-1 Big Love（串場）	00'43"-01'19" 08'16"-08'54" 16'02"-16'29"	POP	F
4	MFPL036-10	01'23"-02'38"	POP/Rock	M
5	SM010-19 Shadubie Wabah	02'44"-04'23"	POP/Vocal	F
6	IVOX80290-17 Crazy Cat	04'43"-06'15"	POP/Country	F
7	AXS2287-8 Beautiful Surprise	06'25"-08'16"	Jazz/Acid	F
8	ARTFCD39-3 Parisian Café	08'56"-10'58"	Country	M
9	DEM100-60 Bygone Bumps	11'08"-13'20"	Jazz/Swing	M
10	PP013-2 Forest Fires	13'22"-16'02"	Folk/Country	F
11	WOM320-02	16'31"-18'17"	Folk/Vocal	F
12	AXS2268-04	18'55"-21'33"	Jazz	F
13	5SM002-15 Blue Margarita	22'03"-23'41"	Bossa/Whistle	MF

第十三集　品味生活

序號	曲名	時間長度	樂曲類型	節拍
1	ALL028-3 Cartwheels Handstands（固定片頭）	00'01"-00'20" 11'11"-11'22"	POP	F
2	SQ038-18 Shufflin	00'20"-00'42"	Acapella	F
3	ALL028-1 Big Love（串場）	00'42"-01'21" 08'13"-08'49" 16'10"-16'45"	POP	F
4	PRCD197-7 Rolling Kids	01'21"-01'53"	Rock/Bookie	F
5	MFPL018-03	02'42"-03'19"	Jazz（頑皮豹）	S
6	DEM100-88 Whims Move Limbs	03'51"-05'26" 05'57"-06'28"	Country	F
7	MODE116-5 The London Rag	06'30"-08'13"	Jazz	F
8	ALT058-6 All To You	08'49"-11'12"	Folk/Vocal	MF
9	DEM100-74 That's not The Way	11'22"-13'12"	POP/Rock	M
10	AD2082-06 Light Lunch	13'12"-15'27"	POP/Funk	MF
11	SQ038-07 Could You Be The One	15'30"-16'12"	POP	S
12	5SM005-08 Happy Memory	16'58"-18'52"	Folk	M
13	DEM100-9 Spring in My Step	18'53"-20'24"	Folk	M
14	DEM100-15 Toodaloo	20'24"-22'40"	Jazz/Swing	F
15	ALT058-5 Make Every Right（片尾）	22'43"-23'53"	POP/Vocal	F

《台灣文創遊》 每15分鐘收視率

2015/4/14

Analysis: DayParts
  2 of 2 days included;
Reported date(s): 2015/03/28 - 2015/03/29;
Selected date(s): 2015/03/28 - 2015/03/29;
Selected channel(s): TVBS/TVBS;
Selected day part(s): 18:00 - 18:59 15 Minutes Split(-----S-); 09:00 - 09:59 15 Minutes Split(------S);
Selected variable(s): 000s; TVR;
Selected target(s):
  4+ Universe: 22'082 Sample: 6'976
  25-54A [年齡(25-29, 30-34, 35-39, 40-44, 45-49, 50-54)] Universe: 10'805 Sample: 3'465
  30-54A [性別(男性, 女性) AND 年齡(30-34, 35-39, 40-44, 45-49, 50-54)] Universe: 9'253 Sample: 3'039
Ranking: None;
Notes:

	Target	4+				25-54A				30-54A			
	Date	2015/03/28		2015/03/29		2015/03/28		2015/03/29		2015/03/28		2015/03/29	
Channel	Day Part \ Variable	000s	TVR	000s	TVR	000s	TVR	000s	TVR	000s	TVR	000s	TVR
TVBS/TVBS	18:00:00 - 18:14:59	33	0.15			19	0.17			18	0.20		
	18:15:00 - 18:29:59	22	0.10			11	0.10			11	0.12		
	18:30:00 - 18:44:59	26	0.12			13	0.12			11	0.12		
	18:45:00 - 18:59:59	56	0.25			31	0.29			25	0.27		
	09:00:00 - 09:14:59			31	0.14			21	0.20			20	0.22
	09:15:00 - 09:29:59			25	0.11			21	0.19			20	0.22
	09:30:00 - 09:44:59			20	0.09			18	0.16			18	0.19
	09:45:00 - 09:59:59			28	0.13			19	0.18			19	0.21
Average Columns		34	0.16	26	0.12	19	0.17	20	0.18	16	0.18	19	0.21

圖附三-1　ep1每15分鐘收視率

2015/4/14

Analysis: DayParts
  2 of 2 days included;
Reported date(s): 2015/04/04 - 2015/04/05;
Selected date(s): 2015/04/04 - 2015/04/05;
Selected channel(s): TVBS/TVBS;
Selected day part(s): 18:00 - 18:59 15 Minutes Split(-----S-); 09:00 - 09:59 15 Minutes Split(------S);
Selected variable(s): 000s; TVR;
Selected target(s):
  4+ Universe: 22'082 Sample: 6'937
  25-54A [年齡(25-29, 30-34, 35-39, 40-44, 45-49, 50-54)] Universe: 10'805 Sample: 3'445
  30-54A [性別(男性, 女性) AND 年齡(30-34, 35-39, 40-44, 45-49, 50-54)] Universe: 9'253 Sample: 3'020
Ranking: None;
Notes:

	Target	4+				25-54A				30-54A			
	Date	2015/04/04		2015/04/05		2015/04/04		2015/04/05		2015/04/04		2015/04/05	
Channel	Day Part \ Variable	000s	TVR	000s	TVR	000s	TVR	000s	TVR	000s	TVR	000s	TVR
TVBS/TVBS	18:00:00 - 18:14:59	18	0.08			11	0.10			10	0.11		
	18:15:00 - 18:29:59	20	0.09			12	0.11			12	0.13		
	18:30:00 - 18:44:59	20	0.09			14	0.13			13	0.14		
	18:45:00 - 18:59:59	22	0.10			13	0.12			10	0.11		
	09:00:00 - 09:14:59			16	0.07			5	0.05			5	0.05
	09:15:00 - 09:29:59			7	0.03			2	0.02			2	0.02
	09:30:00 - 09:44:59			13	0.06			8	0.07			7	0.08
	09:45:00 - 09:59:59			13	0.06			11	0.10			10	0.11
Average Columns		20	0.09	12	0.05	12	0.11	6	0.06	11	0.12	6	0.07

圖附三-2　ep2每15分鐘收視率

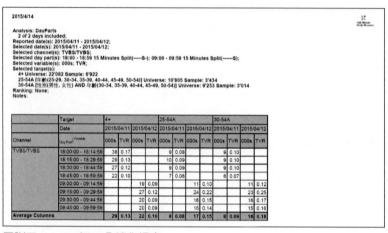

2015/4/14

Analysis: DayParts
2 of 2 days included;
Reported date(s): 2015/04/11 - 2015/04/12;
Selected date(s): 2015/04/11 - 2015/04/12;
Selected channel(s): TVBS/TVBS;
Selected day part(s): 18:00 - 18:59 15 Minutes Split(-----S-); 09:00 - 09:59 15 Minutes Split(------S);
Selected variable(s): 000s; TVR;
Selected target(s):
4+ Universe: 22'082 Sample: 6'922
25-54A [年齡(25-29, 30-34, 35-39, 40-44, 45-49, 50-54)] Universe: 10'805 Sample: 3'434
30-54A [性別(男性, 女性) AND 年齡(30-34, 35-39, 40-44, 45-49, 50-54)] Universe: 9'253 Sample: 3'014
Ranking: None;
Notes:

Channel	Day Part / Variable	4+ 2015/04/11 000s	TVR	2015/04/12 000s	TVR	25-54A 2015/04/11 000s	TVR	2015/04/12 000s	TVR	30-54A 2015/04/11 000s	TVR	2015/04/12 000s	TVR
TVBS/TVBS	18:00:00 - 18:14:59	38	0.17			9	0.08			9	0.10		
	18:15:00 - 18:29:59	29	0.13			10	0.09			9	0.10		
	18:30:00 - 18:44:59	27	0.12			9	0.09			9	0.10		
	18:45:00 - 18:59:59	22	0.10			7	0.06			6	0.07		
	09:00:00 - 09:14:59			19	0.09			11	0.10			11	0.12
	09:15:00 - 09:29:59			27	0.12			24	0.22			23	0.25
	09:30:00 - 09:44:59			20	0.09			16	0.15			16	0.17
	09:45:00 - 09:59:59			20	0.09			15	0.14			15	0.16
Average Columns		29	0.13	22	0.10	9	0.08	17	0.15	8	0.09	16	0.18

圖附三-3　ep3每15分鐘收視率

2015/4/20

Analysis: DayParts
2 of 2 days included;
Reported date(s): 2015/04/18 - 2015/04/19;
Selected date(s): 2015/04/18 - 2015/04/19;
Selected channel(s): TVBS/TVBS;
Selected day part(s): 18:00 - 18:59 15 Minutes Split(-----S-); 09:00 - 09:59 15 Minutes Split(------S);
Selected variable(s): 000s; TVR;
Selected target(s):
4+ Universe: 22'082 Sample: 6'941
25-54A [年齡(25-29, 30-34, 35-39, 40-44, 45-49, 50-54)] Universe: 10'805 Sample: 3'443
30-54A [性別(男性, 女性) AND 年齡(30-34, 35-39, 40-44, 45-49, 50-54)] Universe: 9'253 Sample: 3'020
Ranking: None;
Notes:

Channel	Day Part / Variable	4+ 2015/04/18 000s	TVR	2015/04/19 000s	TVR	25-54A 2015/04/18 000s	TVR	2015/04/19 000s	TVR	30-54A 2015/04/18 000s	TVR	2015/04/19 000s	TVR
TVBS/TVBS	18:00:00 - 18:14:59	19	0.09			5	0.04			6	0.05		
	18:15:00 - 18:29:59	16	0.07			4	0.03			4	0.04		
	18:30:00 - 18:44:59	11	0.05			6	0.06			6	0.06		
	18:45:00 - 18:59:59	15	0.07			2	0.02			2	0.02		
	09:00:00 - 09:14:59			22	0.10			12	0.11			12	0.13
	09:15:00 - 09:29:59			14	0.06			10	0.09			7	0.07
	09:30:00 - 09:44:59			16	0.07			13	0.12			7	0.07
	09:45:00 - 09:59:59			15	0.07			13	0.12			9	0.10
Average Columns		15	0.07	17	0.08	4	0.04	12	0.11	4	0.04	9	0.09

圖附三-4　ep4每15分鐘收視率

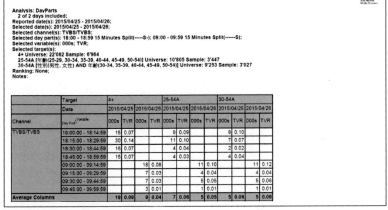

圖附三-5　ep5每15分鐘收視率

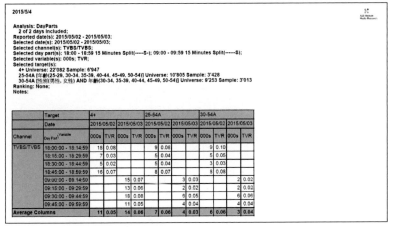

圖附三-6　ep6每15分鐘收視率

Analysis: DayParts
  2 of 2 days included;
Reported date(s): 2015/05/09 - 2015/05/10;
Selected date(s): 2015/05/09 - 2015/05/10;
Selected channel(s): TVBS/TVBS;
Selected day part(s): 18:00 - 18:59 15 Minutes Split(-----S-); 09:00 - 09:59 15 Minutes Split(-----S);
Selected variable(s): 000s; TVR;
Selected target(s):
  4+ Universe: 22'082 Sample: 6'963
  25-54A [年齡(25-29, 30-34, 35-39, 40-44, 45-49, 50-54)] Universe: 10'805 Sample: 3'435
  30-54A [性別(男性, 女性) AND 年齡(30-34, 35-39, 40-44, 45-49, 50-54)] Universe: 9'253 Sample: 3'019
Ranking: None;
Notes:

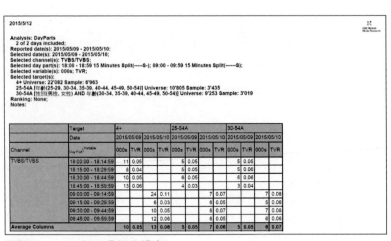

Channel	Target	4+				25-54A				30-54A			
	Date	2015/05/09		2015/05/10		2015/05/09		2015/05/10		2015/05/09		2015/05/10	
	Day Part Variable	000s	TVR	000s	TVR	000s	TVR	000s	TVR	000s	TVR	000s	TVR
TVBS/TVBS	18:00:00 - 18:14:59	11	0.05			5	0.05			5	0.05		
	18:15:00 - 18:29:59	8	0.04			5	0.05			5	0.06		
	18:30:00 - 18:44:59	10	0.05			6	0.05			6	0.06		
	18:45:00 - 18:59:59	13	0.06			4	0.03			3	0.04		
	09:00:00 - 09:14:59			24	0.11			7	0.07			7	0.08
	09:15:00 - 09:29:59			6	0.03			6	0.05			5	0.06
	09:30:00 - 09:44:59			10	0.05			8	0.07			7	0.08
	09:45:00 - 09:59:59			12	0.06			6	0.05			6	0.06
Average Columns		10	0.05	13	0.06	5	0.05	7	0.06	5	0.05	6	0.07

圖附三-7　ep7每15分鐘收視率

《百年華山》：
歷史與當下的對話　時間與空間的交融

文／謝寒

　　在《台北文創遊》的大主題下，《百年華山，看見台灣的創意和未來》這一期節目帶我們遊覽了台北華山文創園區，在歷史與當下交織的對話中，在空間和時間的交融裡，讓我們品嚐了百年華山的這一壺好酒，看盡當下華山園區的生機與活力，從中一窺台北文創的風貌。

一、歷史與當下的對話

　　幾乎每一個文創園區都有自己的故事，這一集一開篇，主持人和台北文創發展基金會執行長Emily便帶領我們走進華山1914文創園區的歷史——原來華山創意園區原址建立於1914年，是日據時代由兩位日本人建立的酒廠，製作的清酒主要出口日本，後來棄置荒廢。跟隨鏡頭，穿梭於日式的工廠中，滿眼都是古舊的牆壁和窗戶、攀緣而下的植物、無處不見的青苔。沿著螺旋而上的樓梯，來到一處視野開闊的茶房屋頂，鋪滿綠植的地面旁闢出一段木質小徑，沿著小徑一直向前，是一座有火燒焦痕的松木小屋。凡此種種，無一不印刻著歷史的印記，訴說著百年前的故事。

　　跟隨主持人的步伐，遊歷於歷史的長廊之時，我們也開始走進當下文化創意的世界——經營現代科技設計產品的創意咖啡店、文創商品市集水水市集。當我們飽覽鐳射切割和3D模型的創意設計過程、體驗各種新鮮的文創產品時，也不得不感慨，誰能想得到，一百年前和今時今刻，以如此讓人意想不到的方式交織在一起：古老的磚石激發了當今的創意思維，工業生產的殘骨注入了創意生產的血液，而塵封的歷史正在填充無數可能性的未來。

二、時間與空間的交融

除了歷史與當下的對話，在《百年華山》這一集裡，我們可以看到多重時間與空間設置。

在時間的流淌中，我們從1914年跨越到2014年，在這一百年的時間裡，酒廠與今日的華山1914雖然擁有同一個空間，卻各自在歷史上寫下一筆，擁有，或即將擁有它在歷史中的獨特位置。

一百年前的日據時代，這裡是日本人創立的酒廠，生產的清酒遠赴日本，酒廠的存在見證了那一段歷史；一百年後，華山成為文化創意的聚集地、青年們休閒娛樂的場所，成為當今台灣的文化、創意與活力的代名詞。

在空間上，我們既飽覽了華山文創的整體景觀，也從屋頂的茶園、高科技創意咖啡館FabCafe、聚集多家文創作者的水水市集來深入觀察，從不同視角一窺華山文創園區全貌。

屋頂茶園坐落於某座廠房屋頂，在空間上可以俯瞰整個華山園區；創意咖啡館FabCafe是華山高科技文創的代表，坐落於華山最核心的內部，讓我們得以從內部一窺華山園區；水水市集是一個特殊的空間集合（集合了眾多文創作者），同時，在時間上，它展示了華山文創的特殊風貌（每個週末舉辦）。

在錯落有致的時空構建中，華山文創園區的歷史與今天、內部與外延、局部與整體逐漸清晰，浮現眼前。

三、清新明快的風格

華山雖然承載著百年歷史，但如今成為文創園區，更多地是呈現出生機勃勃的一面。整集節目選用了清新明快的風格，恰如其分地展現出如今華山的生機與活力。

主持人雅文是一個年輕、漂亮的混血台籍女孩，反應機敏，語速輕快，由她導覽，自然為節目增添清新魅力。而雅文與文創區負責人、店主、設計者進行的對話，不僅擴增了信息量，同時提升了節奏，給節目帶來明快、鮮亮的色彩。如在對水水市集的介紹段落中，在與手工棉質T恤的店主、手繪T恤畫家、帆布包的母女設計組合、可以捏出任何卡通造型的創意者的交流中，文雅機敏的發問、活潑的對答以及熱情的回饋都增加了對此創意的內容介紹，推動了節目的敘事節奏。

另外，畫面色調明媚乾淨，飽和度適中，鏡頭語言跟隨著內容時而舒緩移動，時而跳接，配合活潑靈動的動效字幕，使得整個節目在視覺上清新愉悅，風格上明快輕鬆，渾然一體，觀賞性極佳。

謝寒

紀錄片導演，北京電影學院博士。參與策畫五集系列紀錄片《皮村紀事》，編導第二集《歌者》，在CCTV9紀錄片頻道播出；獨立編導完成短紀錄片《舞動人生》、《追風者》、《老楊的農場夢》、《冰雪賽車手》、《野性尋蹤》等，合作編導完成短紀錄片《騎行路上》、《為你而歌》，在CCTV9紀錄片頻道播出。

◎獲獎經歷

1.紀錄片《舞動人生》獲2013年「金熊貓」國際紀錄片節人文類短紀錄片入圍獎。

2.五集系列紀錄片《皮村紀事》獲中央新影集團2012年「星花獎」年度最佳錄音獎、優秀系列片二等獎，國家新聞出版廣電總局2012年度優秀國產紀錄片。

3.短紀錄片《我的小升初》入選第五屆北京獨立電影展國際學生電影展映單元。

4.短紀錄片《我的小升初》獲「2009年平遙國際攝影大展」DV影像單元獎。

《台灣文創遊》：
體悟生活的文化與創意

文／張明超

　　也許在現代的語境下，「文化」與「創意」是最難解釋的兩個詞彙，但細想起來，這又與我們的生活息息相關。一本經典的書可能讓我們與古聖先賢、中外大師對話，有時一碗粥也能讓我們體味到生活的香甜；「文化」可以是智慧，也可以是日常飲食；它既是聖德大道，也是生活的點點滴滴。「創意」也是如此，它可以是藝術家們手中巧奪天工的作品，也可以是小朋友筆下一朵奇異的花朵。創意帶給我們的是對生活的不斷探索，它讓我們的生活有了更多的可能，它讓我們的生活更加精彩。也許對於每一個普通人，「文化創意」的抽象涵義並不重要，重要的是我們能在其中感悟生命的意義與活力。由草根影響力文教基金會所出品的《台灣文創遊》正是這樣一部帶領我們領略台灣文創，體會生活之美的節目。

一、舊空間與新創意

　　事物的發展總需要一定的空間，在現代都市不斷發展，鋼筋水泥叢林不斷擴大之時，尋找一個適合文創發展的空間甚為不易。此外，文創不同於其他事業產業，它的發展空間還需要有文化與藝術的氛圍。眾多台灣的文創事業正是在各方的支援下，尋得這一系列的發展空間：日據時代作為菸廠的松菸、作為酒廠的華山、作為餐廳的紀州庵、作為領事館的光點台北，還有西門町、大稻埕、寶藏巖等等，現在它們都成為台北文創的基地。節目將其發掘與整理，展現在我們面前，把雲集在此的各種各樣藝術家、設計師，如何發揮自己的創意，豐富台北的文化創意展現在我們面前。這些空間無不留存著台灣既有文化記憶，歲月的流逝使原來實用的空間增加藝術文化氛圍，這正與文創的發展相得益彰，讓舊空間也能激盪出新創意，在這一新一舊中，感受到時光的流逝與生活的和美。

節目在進行當下的文創體驗時，並沒有忘記對這些歷史空間的追述與探訪，主持人的探訪、攝影機的移動、講述者的訴說，讓觀眾不僅從視覺感官上看到空間之美，也能知曉它們的歷史，讓一個「遊」的節目，增添了不少歷史的韻味與文化的氣息。

二、巧創意與生活美

有不少人在思考文化創意的方法，希望藉由一套方法或理論來解釋文創的內涵。但相比於方法而言，其實創作的心態，對生活美的發現更為重要，生活美的發現才是創意的源泉，生活美的創造才是創意的力量。正如花藝設計師李霽所說，他的花藝來自於生活，是對植物重新觀察與設計，通過他的設計，將植物「重新詮釋在我們的生活周遭」（第十集《處處有創藝》）。的確，創意來自於生活，也服務於生活。在本片中我們沒有看到高高在上的「高端藝術家」，而是一群有著生活趣味的設計者與藝術家，他們沒有將文創當作追逐功名利祿、追逐榮華富貴的手段，而是將文創融入到自己的生活之中。這是一群追求生活的創意與美學的人，用自己的心靈與妙思裝點著生活，豐富著世界。

影片在表現這些內容時基本上用兩種手法進行表現。其一，主持人的深度介入與參與，例如主持人Alanan與松菸文創園區的玻璃藝術家Neil一起動手製作玻璃器皿、街頭剪紙藝人陳振福以主持人高伊伶作為模特進行剪紙創作、主持人梁正群與學學文創的美育老師李育榮一起製作彩繪雕塑、主持人孫陽與樹火紙博物館美術師湯予嫣一起製作手工紙等等，幾乎每到一處都會有主持人與與創意者一同製作文創作品，鏡頭不但記錄下他們一起創作的過程，也將參與者見到創意作品時的驚喜表情真實地記錄下來，彷彿觀眾也參與其中，一同感受到創意的樂趣與生活的美感。其二，通過旁白與當事者的敘述，將其觀念直接表達，這一點上，不少文化紀實節目會做得較為直白與突兀，但本片在這方面卻較為巧妙，這些表述往往安排在交談過程、製作過程或者製作結束之後，此時，觀眾的注意力已經深入到文創之中，在接受上就顯得較為容易，讓這些觀念的表達與呈現就顯得自然流暢、渾然天成。

三、散結構與妙製作

《台灣文創遊》共有十三集，其中第一集到第五集以及第八集是以文創空間為線索，來進行文創的展現；而第六、七集以及第九集到第十三集則主要以文創內容為線索進行內容的呈現。從此我們可以看出，該系列節目並不是按照一個統一的結構進行結構全篇的，整體上呈現出一種自由活潑、揮灑自如的樣態。就每一集而言，具體一個一個的文創內容（故事）在敘事上也沒有必然聯繫，不構成一個完整的敘事鏈條，有如散文，帶領觀眾領略文創的魅力，在「遊」中也能發現生活的樂趣。以上的分析中，我們可以看出該系列從整體和各集的內容上而言都呈現出「散」的特點，其實這並不是缺點，這樣可以包羅萬象，盡可能多元地將台灣文創內容展現給觀眾；同時，「散」也帶來了輕鬆自在的講述氛圍與欣賞環境，不至於將觀眾完全帶入「故事」之中，而是將主要的注意力集中於主題——文創之上。但這也需要創作者在製作上進行精妙的設計，讓這些散的內容完整地整合於一個統一的節目之下。

在影像風格上，明快的色彩，適中的飽和度，自然流暢的剪輯，拍攝對象流暢的表達，讓節目呈現出清新自然的特點。在主持人群體選擇上，四位主持人都青春靚麗且表現出對文創的極大興趣，透露出文創的時代感和時尚性，引人注目，觀眾也樂於接受。在節目的包裝與加工上，流暢自如的配樂讓整體氛圍不僅統一了結構還營造了一種輕鬆時尚的氛圍；小節與小節之間穿插的水彩畫，增添了文創空間的意境與美感；各種圖文字幕字體多變、形式靈活、或動或靜，與內容結合得十分貼切，不僅介紹著節目內容，提示著重要資訊，還使節目變得流暢清新，增添著整個節目藝術質感與時尚美感。

文化紀實節目製作難點就在既要將所要表達的內容表現清楚，又要將節目做得具有藝術氣息，《台灣文創遊》兼顧這二者，既將文創的內容與生活的美感表現得恰到好處，充分地闡釋了台灣文創的各個面向，又在製作上呈現出極強的藝術性，應當說這部片子在一定程度也可稱得上一次文化創意。

張明超
山西師範學院講師，中國傳媒大學傳媒藝術與文化研究中心碩士。
曾擔任專業期刊《中國電視（紀錄）》編輯。
曾擔任央視（CCTV）紀錄片《互聯網時代》助編。

Live House與獨立樂團
——台灣音樂創作的源動力

文／吳麗穎

　　看《台灣文創遊》，一直有一種身未動心已遠的感覺。從百年的文創園區到復古的迪化街、從現代獨立音樂聖地到獨到藝術氣息的影院，總能讓你在台灣的美景中感受更多超越原本事物意義之外的一種文化生活氣息、暖暖的人情味兒及富有創造力的趣味想法。

　　《台灣文創遊》節目的整體風格輕快明瞭，敘事節奏緊湊、不拖沓。在視聽語言的鏡頭使用上，固定的靜止鏡頭配合不同角度與方向的運動鏡頭，更是增添了這種亮麗多變的明快風格。在配樂上，片頭、片尾曲是固定不變的原創音樂，其四拍子的音樂，節奏輕快，旋律簡單動聽易記憶，再配合人聲的哼鳴，朗朗上口，豐富了節目的聲音表情與表現力。每一集的節目中還穿插著不同類型的歌曲，有輕快的民謠風也有慵懶動感的爵士風，配合畫面中的人與物都讓你迎面感受到一種清新的氣息。

　　在《搖滾地景：台灣創作音樂》這集中，主持人梁正群帶大家領略了台灣音樂與生活空間結合的Live House，數位音樂與互聯網出現後的音樂新平台Street Voice，以及緊密與歌迷互動的獨立音樂團體Hi Jack等。讓觀眾從實體音樂展演空間到線上音樂雲端，再到背後推動音樂產業發展的獨立樂手與樂團的變遷發展中，認識到台灣流行音樂創作與發展的新興力量。

　　Live House是小型現場表演空間，近十年來逐漸成為台灣最受矚目的流行音樂地景。大量湧現的獨立樂團,既是台灣當前流行音樂產業中最具原創性的音樂創作能量,也是最活躍的青年次文化與創意勞動場景之一。Live House的表演空間給新興的獨立樂團提供了展演的舞台,不僅帶動及影響了商業、主流流行文化的走向,而且玩兒樂團、聽音樂現場、參加各種主題風格的音樂節,越發成為一種潮流和一種新的文化經濟力量。這不僅拉動了歌迷與樂手的互動距離,且音樂銷售及現場演出市場都得以不斷發展壯大。這種新興的音樂力量又可以反過來帶動民眾,讓他們的生活更加豐富多彩。

節目的一開始就是獨立樂團現場表演的鏡頭,剪輯也配合搖滾曲風的音樂節奏變化,加上主持人帶有感染力的一句「Rock and Roll is here to stay」,讓觀眾迅速感受到音樂表演現場的魅力。緊接著點題到台灣音樂在華語流行音樂中的重要地位以及這背後的音樂人為其注入的音樂養分與力量。

Legacy Taipei:Legacy位於華山1914創意文化園區的中五館,場館由歷史古蹟改建而成。自1914年起,成為台北市的重要地標,近年更以文化創意活動的發展成為台北重要的藝文活動聚集地。總監Arthur(陳彥豪)從事音樂展演事業多年,他談到Legacy的場地採用無柱的設計以及合理的聲場設計讓樂聲傳播更均勻,不論哪個角度都能聽得過癮,看得清楚,讓觀眾能夠近距離感受音樂的魅力並與樂手進行面對面的交流與互動。現在的主流音樂產業由於受到數位音樂與互聯網的衝擊,傳統的唱片行業凋落,音樂的宣發更傾向於通過Live House的方式進行,Legacy就提供了很好的一個音樂平台。

The Wall:位於台北市公館商圈,原為電影院地下室小吃街。後將隔間規劃為搖滾樂相關產品店面,進駐The Goods音樂創意商品、J's Tatoo刺青工作室和地下酒吧等。執行長Orbis談到The Wall重在促進台灣音樂的多元化發展，將台灣獨立樂團帶往國際演出，同時也引進國際樂團在台灣展演。除了創辦不同主題的大型音樂節，在大學進行巡演與外，也不斷發掘具有新興創作潛力的藝人與好音樂，進行唱片發行，在各種音樂活動策畫上面面俱到，使其逐漸成為台灣獨立搖滾音樂通往世界的視窗，為音樂夢想者們提供了良好的演出平台。

The Wall其中的場地Korner，是為音樂愛好者提供聽音樂和休憩的地方。在這樣的空間內承辦派對，主辦獨立電子音樂派對，逐漸建立了台北獨特的派對音樂文化，為台灣本土的獨立電子音樂人提供場所來展演他們的原創電子音樂。The Goods售賣各種與音樂相關的產品，例如不同風格的CD和黑膠唱片，在主推台灣本土音樂人的唱片同時也代理國外唱片，收藏各樂團經典限量版的T-shirt，並定期引進很多音樂風格與類型迥異的黑膠唱片，為樂迷與大眾提供全面的音樂服務。

StreetVoice在2007年創辦，是台灣最大的線上獨立音樂分享平台。為音樂人提供展示自己作品的機會，並藉此平台拉近大眾與獨立音樂的距離。他們在不斷發掘好的音樂人與作品的同時，培育著新的音樂和觀眾群體。

Indievox與StreetVoice一樣，創辦人最早是希望建立一個平台來售賣自己的音樂，後來有很多獨立音樂人陸續加入。平台上的歌曲一般是市面上很少接觸到的另類好歌曲，且提供下載服務，促進台灣音樂產業的互惠互利。在傳統唱片行業趨於瓦解的情況下，找尋到新的運營模式：線上音樂販賣——以數位音樂代替實體唱片進行網路銷售。比如曲風為日系流行Punk（朋克，由一個簡單悅耳的主旋律和三個和弦組成的最簡單的搖滾樂）的Hi

Jack樂團與StreetVoice合作五年，他們通過此平台，上傳自己的Demo與獨立發行的EP，用這種方式直接接觸消費者，得到聽眾對作品最直接的回饋。

除線上音樂平台之外，就是與獨立音樂進行互動的主要線下活動「大團誕生」，他們與Legacy合作，為音樂人舉辦現場演出。這種方式有機會吸引觀眾、有名氣的音樂製作人及台灣獨立音樂廠牌，增加新的合作機會。「獨立音樂」——「獨立」也者，不靠大公司行銷企劃包裝，從創作、演出到製作，一切自己來，對作品擁有絕對的主見。比如「宇宙人」樂團，其音樂風格融合了Funk（放克，不再強調旋律與和聲而強調電貝斯與鼓的強烈節奏律動）的曲風，加上他們新興的創作想法與現場演出的獨特魅力，以「獨立」精神成功地從「地下」走入了「主流」。同時，在很多大牌明星如張惠妹、林宥嘉等一線音樂人的現場演出中，也會邀請優秀的獨立音樂製作人參與創作，也就是我們看到的經典音樂人與新興創作音樂人合作的演出。例如獨立搖滾樂團「大象體操」，他們來自高雄，先後與林宥嘉等音樂人合作，雖然樂手們是古典音樂的學習背景，但熱衷於搖滾。他們的音樂旋律輕巧，以貝斯為主要樂器，展現編曲中獨特的節奏變化與律動，也可以說是古典音樂的叛逆者。這些線下活動與獨立樂團的互動合作，對流行音樂與獨立音樂的發展，提供了更多元的力量與動力。

在《搖滾地景：台灣創作音樂》這一集節目中，節目在很短的時間內鋪排了大量的內容，可讓觀眾在短時間內，迅速了解不同的Live House以及整個台灣音樂產業的大致走向與分布。在逐一介紹這些不同的Live House中，同時穿插著各種不同風格樂隊的表演現場。如黃玠×Suming（舒米恩）樂隊，其歌曲風格就不是純搖滾，而是在民謠曲風中加入了山歌（人們在田野勞動或抒發情感時即興演唱的歌曲，曲調爽朗，情感質樸且節奏自由）的元素，透出了原住民族的音樂味道。此外，在簡單生活節中，音樂創作人林生祥的「生祥樂隊」，也把傳統音樂元素融入搖滾樂，創作出具有鄉土情懷的客家搖滾樂。他們的音樂有著鮮明的本土元素，用月琴與吉他一起配合音樂的風格進行變換使用，既適應了現代的音樂潮流，又讓傳統的本土音樂元素得到保護與流傳，也讓我們感受到不同於大眾流行音樂的另一種與眾不同的獨立音樂風格。所有這些不同風格的音樂表演，在Live House這樣與之契合的空間，配合自身的演繹方式，結合鏡頭的鋪排運用，把音樂所要傳達的情感真切地烘托出。

說到搖滾樂，為什麼如此受青年觀眾群的歡迎與喜愛，就是因為它的音樂技巧簡單，不需要太複雜的和弦與節奏，一般都是四拍子，其旋律跟隨節拍容易演唱與記憶，再配合不加修飾而鏗鏘有力的歌詞，且歌詞所唱，都反映著社會中物質與慾望的糾纏、理想與現實的撞擊等情感，似乎更適合年輕人對理想烏托邦世界的渴望與對現實汙濁環境的一種強力批判之聲，也或者說是對他們個性中自由不羈的一種精神寫照與宣洩。

有句話說：「搖滾這門藝術的生命，起碼有一半是活在舞台上的。」Live House的存在，便是另外那一半生命之托。這些獨立樂團為台灣流行音樂的發展注入了新興的創造力，並引領與推動著流行音樂多元化風格發展的新潮流，他們的音樂更可能成為一種藝術，一種思想，甚至一種人生。

吳麗穎

北京聯合大學講師，北京電影學院錄音系博士。中國高等院校影視學會會員，中國電影家協會中國電影聲音藝術工作委員會委員。中國傳媒大學音樂學士學位，香港城市大學創意媒體藝術碩士學位。主要研究方向：電影聲音藝術創作與理論、電影聲音美學、電影音樂美學。專長創作領域：音樂表演與影視配樂。

新銳藝術38　PD0056

新銳文創
INDEPENDENT & UNIQUE

尋找生命的春光
——行腳節目導演技術與美學

作　　者	何懷嵩
責任編輯	辛秉學、徐佑驊
圖文排版	楊家齊
封面設計	蔡瑋筠

出版策劃	新銳文創
發 行 人	宋政坤
法律顧問	毛國樑　律師
製作發行	秀威資訊科技股份有限公司
	114 台北市內湖區瑞光路76巷65號1樓
	電話：+886-2-2796-3638　傳真：+886-2-2796-1377
	服務信箱：service@showwe.com.tw
	http://www.showwe.com.tw
郵政劃撥	19563868　戶名：秀威資訊科技股份有限公司
展售門市	國家書店【松江門市】
	104 台北市中山區松江路209號1樓
	電話：+886-2-2518-0207　傳真：+886-2-2518-0778
網路訂購	秀威網路書店：https://store.showwe.tw
	國家網路書店：https://www.govbooks.com.tw

出版日期	2018年12月　BOD一版
定　　價	450元

國家圖書館出版品預行編目

尋找生命的春光：行腳節目導演技術與美學 / 何懷
嵩著. -- 一版. -- 臺北市：新銳文創,
2018.12
　　面；　公分. -- (新銳藝術；38)
BOD版
ISBN 978-957-8924-39-0(平裝)

1. 電視節目製作　2. 電視編導　3. 電視美學

557.776　　　　　　　　　　　107019974

讀 者 回 函 卡

感謝您購買本書,為提升服務品質,請填妥以下資料,將讀者回函卡直接寄回或傳真本公司,收到您的寶貴意見後,我們會收藏記錄及檢討,謝謝!
如您需要了解本公司最新出版書目、購書優惠或企劃活動,歡迎您上網查詢或下載相關資料:http:// www.showwe.com.tw

您購買的書名:_____

出生日期:_____年_____月_____日

學歷:□高中 (含) 以下　　□大專　　□研究所 (含) 以上

職業:□製造業　□金融業　□資訊業　□軍警　□傳播業　□自由業
　　　□服務業　□公務員　□教職　□學生　□家管　□其它____

購書地點:□網路書店　□實體書店　□書展　□郵購　□贈閱　□其他

您從何得知本書的消息?

　　□網路書店　□實體書店　□網路搜尋　□電子報　□書訊　□雜誌

　　□傳播媒體　□親友推薦　□網站推薦　□部落格　□其他_____

您對本書的評價:(請填代號　1.非常滿意　2.滿意　3.尚可　4.再改進)

　　封面設計____　版面編排____　內容____　文／譯筆____　價格____

讀完書後您覺得:

　　□很有收穫　□有收穫　□收穫不多　□沒收穫

對我們的建議:_____

_____

_____

_____

11466
台北市內湖區瑞光路 76 巷 65 號 1 樓

秀威資訊科技股份有限公司　　　收

BOD 數位出版事業部

....

（請沿線對折寄回，謝謝！）

姓　　名：＿＿＿＿＿＿＿＿　年齡：＿＿＿＿　性別：□女　□男

郵遞區號：□□□□□

地　　址：＿＿＿＿＿＿＿＿＿＿＿＿＿＿＿＿＿＿＿＿＿＿

聯絡電話：(日)＿＿＿＿＿＿＿＿＿＿　(夜)＿＿＿＿＿＿＿＿＿＿

E - m a i l：＿＿＿＿＿＿＿＿＿＿＿＿＿＿＿＿＿＿＿＿＿＿